EBS
이재훈의
지텔프
문법 **2**급
뽀개기

이재훈 지음

G-TELP

PREFACE

안녕하십니까, 지텔프 수험생 여러분.
한국 지텔프 공식 영어 강사 이재훈 선생입니다.

과감하게 말씀드립니다. 이제 대한민국 영어인증시험의 대세는 단연코 지텔프로 빠르게 넘어가고 있습니다. 몇 년 전까지만 해도 각 기업체의 신입사원 및 기존사원 평가시험 뿐만이 아니라, 각종 국가고시 영어대체시험에서 대한민국의 성인 영어시험을 대표해왔던 것은 토익이었으나 최근 토익이 신토익 유형으로 바뀌면서 난도가 급격히 올라, 신토익의 평균점수가 전국적으로 60점이나 하락되는 양상을 보이는 반면, 그 동안 많이 알려지지 않았던 지텔프의 여러 가지 장점들, 예를 들어 ① 시험에서 다루어지는 내용들이 비즈니스용이 아닌 아카데미 영어 즉 우리가 수능이나 공무원시험을 준비하면서 배워왔던 영어지식들을 그대로 활용할 수 있다는 점. ② 수험생들이 가장 부담스러워하는 문법 영역의 출제 범위와 출제 유형이 명확하게 정해져 있기에 최단시간에 문법 고득점이 보장된다는 점. ③ 토익에 비해 상대적으로 더 적은 문항 수와 더 넉넉한 시험 시간 [지텔프 : 80문항에 90분 & 토익 : 200문항에 120분]으로 시험 스트레스가 월등히 적다는 점. ④ 세 가지 영역의 총점을 내서 평균을 내는 시스템으로 영역 별 과락이 없다는 점 ⑤ 시험일로부터 1주일 이내로 인터넷을 통해 빠른 성적조회가 가능하다는 점 [토익은 점수발표까지 3주 소요]. ⑥ 토익처럼 상대평가가 아닌 절대평가 시스템이기에 다른 응시생들의 점수에 상관없이 자신의 점수를 객관적으로 예상할 수 있다는 점 등 수많은 지텔프의 장점들이 제대로 인정을 받기 시작하면서 지텔프는 최단시간의 준비로 최대의 효과를 낼 수 있는 최고의 영어인증시험으로 주목을 받기 시작한 것입니다.

지텔프의 이러한 장점을 일찍이 간파한 저 이재훈은 2010년부터 한국 지텔프 위원회 집필위원의 자격으로, 지텔프 기출문제집 집필[2013년] 및 현장 강의 그리고 유튜브 등을 통한 인터넷 강의를 통해 지난 수년간 지텔프의 홍보대사 역할을 해 오던 중, 지텔프 수험생들이 마땅한 교재가 없어 인터넷에 떠돌아다니는 검증되지 않은 프린트 몇 장으로 대비를 한 다는 소식을 접하게 되었고, 이에 정말 제대로 된 지텔프 영역별 기본서를 세상에 내 놓자는 발심을 하여, 재작년 초부터 집필을 시작, 이제야 만시지탄의 심정으로 제 모든 노하우가 담긴 지텔프 뽀개기 시리즈의 첫 번째 작품, '지텔프 뽀개기-문법편' 을 내 놓게 된 바, 그 감개무량함은 실로 크기만 합니다.

이 책의 가장 큰 특징이자 장점은 국내에서 가장 많은 최신 기출문제와 가장 풍부한 예제를 담고 있다는 것입니다. "과거란 미래를 비추는 거울이다." 라는 말이 있듯 지텔프 시험에서 기출문제의 중요성은 아무리 강조해도 지나침이 없을 것입니다. 기출문제 즉 지텔프 시험에서 이미 출제되었던 문제들은 그 출제영역과 난이도를 파악 하는데 있어 절대적인 기준을 제시할 뿐만 아니라, 그 기출 문제들은 다시 유사 혹은 동일하게 반복 출제 되는 것이 지텔프 시험의 엄연한 경향이기에, 기출문제의 면밀한 분석과 거기에 대한 적극적인 대비는 모든 지텔프 수험생들에게 있어 필수적인 과제일 것입니다. 이에 저는 최신 기출문제들을 근간으로 이론을 정리하고 순도 100%짜리 기출문제 및 거기에 맞는 적중률 높은 예제들을 자세한 해설 그리고 명확한 해석과 함께 실은 대한민국 유일의 지텔프 영역별 기본서를 세상에 내 놓게 되었습니다.

가장 최적의, 그리고 가장 이상적인 지텔프 대비서가 될 것이라고 감히 자부하는 바입니다.

Thanks to

이 책이 나오기까지는 실로 많은 분들의 노고가 있었습니다.

이 책이 갖게 될 중차대한 사명감에 몇 날 며칠을 압박감에 눌려 원고가 많이 지체되는 순간에도, 끝까지 사람 좋은 미소로 인내해 주시고 온갖 조언을 아끼지 않으신 권정인 차장님께 우선 큰 감사인사 드립니다. 또한 이번 기본서 출간을 필자보다 더 기쁜 마음으로 기다려 주신 지텔프코리아 김현중 대표님과 조윤숙 부장님을 비롯한 지텔프코리아 전체 임직원 여러분들께도 고맙다는 인사 꼭 드리고 싶습니다.

또한 절박하게 힘든 상황 속에서도 저를 믿고 물심양면 지원을 아끼지 않았던 우리 왕글리쉬닷컴 식구들, 김승진 대표, 이성훈 실장, 신긍식 과장, 최재수 팀장, 신명훈 팀장, 김경진 피디 그리고 많은 세상풍파 나를 흔들어 힘들고 힘들 적에 곧 좋은 날 온다며 줄기차게 격려 퍼부어 주는 참말로 고맙기만 한 '나인 드림즈'의 장선규 대표, 한광희 이사, 장진호 본부장, 최선희 팀장, 주병준 고문, 사업하느라 너무나 바쁜 와중에도 늘 필자의 건강과 안위를 신경 써 주는 영스파킹 황종찬 동생과 영스파 선생님들 그리고 이제는 멋진 인터넷 사업가로 우뚝 선 선태, 언제나 시의적절한 조언과 명쾌한 분석으로 나를 안심케 하는 마케팅 황제 박창호 동생과 서연 동생, 영어는 물론이려거니와 한시에도 능통한 이 시대의 진정한 로맨티시스트 찰스 브라더, 가공할 필력으로 다시 화려한 재기를 꿈꾸고 있는 영어 참 실력자 홍규 형, 늘 지근거리에 있으면서 바쁜 시간 쪼개가며 필자의 원고 교정을 도와 준 나의 수제자 김태중, 오늘도 간절한 은빛 피날레 사랑 노래 부르고 있을 안산 철권 음유시인 철주형, 지금도 어느 곳에선가 힘든 이웃들을 위해 자신의 몸 아끼지 않고 열심히 봉사하고 있을 맹수동생, 자신들보다 나를 더 아낀다며 몸에 좋은 소주를 수시로 먹이던 고마운 내 의형제들 파주댁 호준, 서초댁 대혁, 대전댁 연보, 방이댁 대만, 우정국 화동, 늘 무한긍정의 웃음으로 필자에게 마음의 평화 안겨 주시는 EBS 마숙창 차장님과 여러 고마운 EBS 직원과 피디 여러분들, 재정 동생을 비롯한 EBS 교수님들, 교재 기획당시부터 전폭적 지지 아끼지 않았던 든든한 강태호 대표와 멋쟁이 길벗 유현우 동생, 오늘도 우렁차게 용트림하는 EBS 변형의 넘사벽 호랑이 성님 길준이형, 답은 정해져 있으니 너만 맞히면 된다는 자신감으로 오늘도 진격하는 문동균 동생, 이제는 하늘이 소원을 들어주어야 하는 재야의 영어고수 박력동생 영어천사, 바쁜 방송생활 중에도 틈틈이 전화로 용기와 웃음 주시는 대한민국 최고 지성파 개그맨 형만이형, 몸이 천 냥이면 눈이 구백 냥인데, 다 망가질 대로 망가진 필자의 눈을 맑고 밝은 기운으로 단박에 치유해 주신 마산의 성자 홍정숙 선생님, 아직까지 한없이 능력 없는 필자를 시원한 막걸리 손수 따라 주시며 크게 격려해 주시는 대한민국 영어의 태두 김영로 어르신, 마지막으로 절절히 사랑하는 우리 부모님과 동생들에게 특별한 고마움을 전하고 싶습니다.

성공으로 이르는 길이 분명히 있음에도 그 길을 가지 않는 수없이 많은 사람들이 있습니다. 모를 일이라 하나, 그것이 또한 많은 보통 사람들의 현실인 것을 또 어찌하겠습니까..
한편 스스로의 우유부단함과 게으름에 타협하지 않고 자욱하게 안개 낀 광야에서도 무소의 뿔처럼 묵묵히 자신의 길을 걸어 마침내 자신이 원했던 바를 성취해 낸 사람들도 적지 않습니다. 그 결정은 오롯이 자신의 몫일 것입니다.

새벽 맑은 공기 가득한 서초동 서실에서
저자 이재훈 선생

CONTENTS

1. 접속어 (Connectors)
   - 의문사   14
   - 관계사   16
   - 접속사   34
   - 접속부사   50

2. 조동사 (Auxiliary Verbs)
   - Must   100
   - May   102
   - Can   103
   - Will   106
   - Should   110

3. 시제 (Tense)   132

4. 가정법 (Conditionals)   198

5. 부정사와 동명사 (Infinitive & Gerund)
   - 부정사   222
   - 동명사   229

6. 분사 (Participle)   274

- 정답 및 해설   281
- 불규칙 동사표   349

이 책의 특성

1. 지텔프 특유의 출제방식을 [지텔프 기출패턴으로] 정리

2. 지텔프 시험에 빈출되는 내용을 별도 중요 표기해서 우선순위 학습이 가능

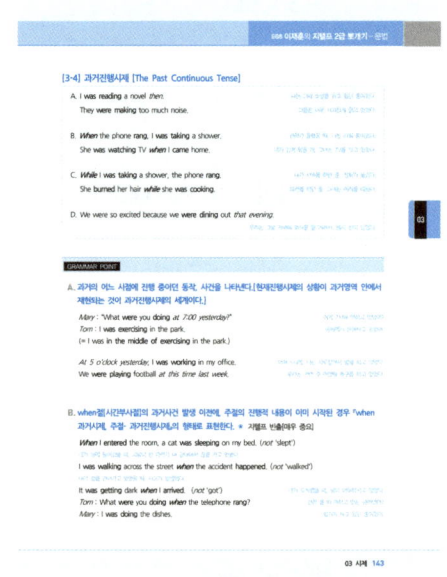

3. 적중률 높은 필수 예제

필수 예제

1 Finally he went to Arizona, _____ for the rest of his life.
(a) when he settled down
(b) wherever he settled down
(c) where he settled down
(d) which he settled down

2 The evidence will cast light on _____.
(a) that responsibility it is
(b) whose responsibility it is
(c) who responsibility it is
(d) whom responsibility it is

3 I will live a happy life, doing _____.
(a) which I really enjoy
(b) how I really enjoy
(c) why I really enjoy
(d) what I really enjoy

4 The symbol of Singapore is the Merlion, _____.
(a) that is a half-fish and half-lion animal
(b) where is a half-fish and half-lion animal
(c) why is a half-fish and half-lion animal
(d) which is a half-fish and half-lion animal

5 The only thing _____ was to see her.
(a) who was in his mind
(b) that was in his mind
(c) what was in his mind
(d) why was in his mind

4. 순도 100% 최근 기출문제

기출문제 및 실전문제

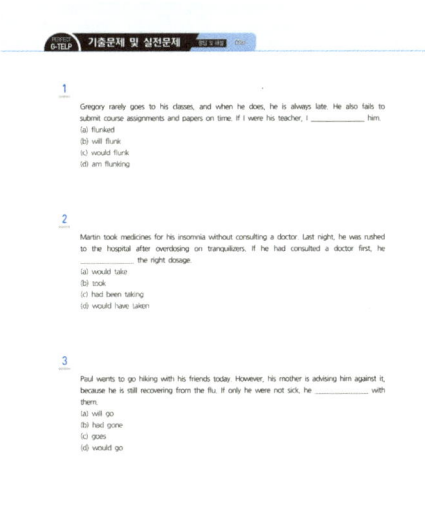

1 Gregory rarely goes to his classes, and when he does, he is always late. He also fails to submit course assignments and papers on time. If I were his teacher, I _____ him.
(a) flunked
(b) will flunk
(c) would flunk
(d) am flunking

2 Martin took medicines for his insomnia without consulting a doctor. Last night, he was rushed to the hospital after overdosing on tranquilizers. If he had consulted a doctor first, he _____ the right dosage.
(a) would take
(b) took
(c) had been taking
(d) would have taken

3 Paul wants to go hiking with his friends today. However, his mother is advising him against it, because he is still recovering from the flu. If only he were not sick, he _____ with them.
(a) will go
(b) had gone
(c) goes
(d) would go

G-TELP 소개

1. G-TELP란

G-TELP는 General Tests English Language Proficiency 의 약자로 "지텔프"라 통칭합니다.

미국의 국제 테스트 연구원(ITSC, International Testing Services Center)과 국제교육원(International Training Center)에서 주관하고, 국제적으로 시행하는 공인 영어 테스트 입니다. 1985년 개발완료 검증된 이래 세계 50여 개 나라 정부기관, 교육기관, 기업 및 단체에서 일반 영어 및 실용영어 활용능력 평가교육 도구로 활용되고 있는 국제표준 공인영어 시험입니다.

G-TELP는 1988년 서울올림픽 통역 안내 자원 봉사자 선발 및 배치시험을 시작으로 국가고시의 영어 대체시험, 변리사, 행정자치부 전 공무원의 장·단기 해외훈련 자격시험, 건설교통부 항공 종사자 영어구술 자격시험 외에도 SK그룹, LG그룹, 현대그룹, 두산그룹, 한진그룹 등 대기업의 신입사원 및 기존사원 평가시험과 대학(원) 입학 및 졸업 자격시험, 특목고 입학자 선발 및 초·중·고등학교 영어평가시험 및 교육자료로 활용되고 있으며, 현재 세계 500여개 나라에서 영어능력을 평가하는 자격시험으로 널리 활용되고 있습니다.

2. G-TELP 시험의 종류

G-TELP는 크게 GLT, GST, GWT로 구분할수 있으며, 이외에 특수 목적형으로 EPTA, Junior Test 시험이 있습니다.
별도의 구분 없이 G-TELP라고 하면 문법+청취+독해/어휘 시험인 GLT를 뜻하며, 각종 국가고시에서는 G-TELP 2급을 대상으로 합니다.

- GLT (G-TELP Level Test) : Grammar, Listening, Reading&Vocabulary를 평가하는 등급 시험
- GST (G-TELP Speaking Test) : 영어 말하기 능력을 평가하는 구술 시험
- GWT (G-TELP Writing Test) : 일상생활에서의 영어 쓰기능력을 평가하는 시험
- EPTA : 항공종사자들의 영어 청취능력과 말하기 능력을 평가하는 영어능력 전문 평가시험
- G-TELP Junior Test : 초중학생을 대상으로 한 실용영어 능력을 평가하는 시험

3 GLT(G-TELP Level TEST 지텔프 등급시험)

4지 선다형으로 문법, 청취, 독해 및 어휘를 평가하는 문항으로 구성되어 있습니다.
문법, 청취, 독해 및 어휘 모두 75%이상 획득한 경우, Mastery 한 것으로 인정됨으로 영어 능력을 종합적으로 평가하여 수험자의 정확한 영어 활용 수준을 판단할 수 있습니다.

| TEST Contents 시험구성 Level별 출제방식, 평가기준, Mastery의 영어 구사능력

구분	출제방식 및 시간	평가 기준	합격자의 영어 구사 능력
Level1	청취 30문항(약 30분)	Native Speaker에 준하는 영어 능력 : 상담, 토론 가능	일상 생활은 물론 상담, 토론 등에서 영어를 모국어로 하는 외국인과 거의 대등한 의사 소통이 가능하며 국제회의 통역도 가능한 수준입니다.
	독해 60문항(70분)		
	전체 90문항(약 100분)		
Level2	문법 26문항(20분)	다양한 상황에서 대화 가능:업무상담 및 해외 연수 등이 가능한 수준	일상 생활 및 업무 상담 등에서 어려움 없이 의사소통 할 수 있으며 외국인과의 회의 및 세미나 참석, 해외 연수 등이 가능한 수준입니다.
	청취 26문항(약 30분)		
	독해 28문항(40분)		
	전체 80문항(약 90분)		
Level3	문법 22문항(20분)	간단한 의사소통과 친숙한 상태에서의 단순 대화 가능	간단한 의사 소통과 친숙한 상태에서의 단순한 대화가 가능하며 해외 여행과 단순한 업무 출장을 할 수 있는 수준입니다.
	청취 24문항(약 20분)		
	독해 24문항(40분)		
	전체 70문항(약 80분)		
Level4	문법 20문항(20분)	기본적인 문장을 통해 최소한의 의사소통이 가능한 수준	기본적인 어휘의 짧은 문장을 통해 최소한의 의사 소통이 가능한 수준으로 외국인이 자주 반복하거나 부연 설명을 해주어야 이해할 수 있는 수준입니다.
	청취 20문항(약 15분)		
	독해 20문항(25분)		
	전체 60문항(약 60분)		
Level5	문법 16문항(15분)	극히 초보적인 수준의 의사소통 가능	영어 초보자로서 일상의 인사, 소개 등을 듣고, 이해할 수 있으나 말 또는 글을 통한 자기표현은 거의 불가능한 수준입니다.
	청취 16문항(약 15분)		
	독해 18문항(25분)		
	전체 50문항(약 55분)		

→ 응시자격은 1급에만 있으며, 1급 응시자격은 2등급 합격자 입니다.

| Mastery Standard 합격기준

Section	점수비율	Mastery 기준
문법(Grammar)	100점	- 각 Section별 (문법·청취·독해 및 어휘) 75% 이상 획득시 해당 등급 Mastery
청취(Listening)	100점	
독해 및 어휘 (Reading &Vocabulary)	100점	
총점	300점	- 한개 Section이 75% 미만인 경우 Near Mastery
평균	100점	

→ GLT는 등급시험이나 국가 고시 영어를 대체하는 경우, Mastery 여부와 관계없이 지정된 점수 이상을 받으면 됩니다. 공무원 7급 영어의 경우 2급 시험이 대상이며 평균 65%의 점수를 받으면 됩니다.

| Level 2 점수별 능력평가표

점수분포	등급	평가지침
90% 이상	2 - A	외국인과 대화해야 하는 실제 환경에서 영어를 다양하게 구사 할 수 있으며, 국제 회의와 같은 상황하에서 동시 통역까지도 수행할 수 있는 고도의 영어실력을 완성한 사람
75% 이상으로 Level 2의 합격자	2 - B	외국인과 실제 다양한 환경에서 의사 소통을 수행할 수 있는 수준으로 일반적인 대화와 다소 복잡한 내용도 제한된 범위에서 자유롭게 대화 할 수 있으며 외국에서의 여러 다양한 상담도 수행할 수 있는 사람
75%이상으로 청취력 60% 이상 획득	2 - C	외국인과 제한된 환경에서 일반적인 대화를 수행할 수 있는 사람으로 예를 들어 해외에 여러 가지 목적의 연수를 받을 수 있는 사람
60%이상으로 청취력 40%이상 획득	2 - D	외국인과 간단한 의사소통을 수행할 수 있는 사람으로 외국인이 비외국인을 의식해 비교적 간단한 일반적인 대화를 진행할 때 참여할 수 있는 사람
50% 이상	2 - E	외국인과 최소한의 의사소통을 수행할 수 있는 기초적인 영어 능력을 가진 사람. 즉, 기초적인 일상 영어 의사소통 상황하에서 최소한의 영어를 사용해야 하는 사람에게 요구되는 수준

| level 2 문항구성

Section	문법 (Grammar)	청취 (Listening)	독해 및 어휘 (Reading &Vocabulary)	합계
배점	100점	100점	100점	300점
문항수	26문항	26문항	28문항	80문항
시간	20분	30분	40분	

level 2 Section별 출제분야

- 문법(Grammar) : 기본적인 문법구조와 아울러 어느 정도 복잡한 문장구조를 이해해야 합니다.

  - 가정법: 가정법 과거, 가정법 과거완료 등
  - 시제: 진행형, 완료형, 완료진행형 등
  - 조동사: 다양한 조동사의 쓰임 및 요구/제안/명령 동사와 should 생략 등
  - To 부정사와 동명사: 역할 및 목적어로 취하는 동사들 등
  - 접속사: 종속접속사, 등위접속사, 접속부사
  - 관계사: 관계대명사, 관계부사 등

- 청취(Listening) : 영어를 모국어로 사용하는 사람이 정상속도로 말하나, 쉽게 변형하여 부연 설명해서 말하는 아래의 내용과 같은 것을 이해해야 합니다.

  - 개인적인 이야기
  - 어떤 결정에 이르고자 하는 비공식적인 협상 등의 대화
  - 어떤 특정한 행동의 진행상황을 설명하거나 특정한 상품을 추천하는 공식적인 담화
  - 일반적인 어떤 일의 진행이나 과정에 대한 설명

- 독해와 어휘(Reading&Vocabulary) : 아래와 같은 내용의 글을 읽고 이해해야 합니다.

  - 과거 역사속의 사건이나 현시대의 이야기
  - 최근의 사회적이고 기술적인 묘사에 초점을 맞춘 잡지나 신문의 기사
  - 전문적인 것이 아닌 일반적인 내용의 백과사전
  - 어떤 것을 설명하거나 설득하는 상업서신

G-TELP Level 2 영어대체시험 활용현황

영어대체시험		G-TELP 점수	영어대체시험	G-TELP 점수
군무원	9급	32	변리사	77
	7급	47	입법고시	65
	5급	65	행정고시	65
군지원 (육군)	카투사	73	외무고시	77
	어학병	90	관광통역안내사	74
노무사		65	호텔관리사	66
세무사		65	호텔경영사	79

| G-TELP Level 2 TOEIC와 TOEFL(iBT)과의 점수변환표

G-TELP	TOEIC	TOEFL(iBT)	G-TELP	TOEIC	TOEFL(iBT)
99	969	111-112	74	786	88-89
98	962	110	73	779	
97	954	109	72	771	86-87
96	947		71	764	84-85
95	940	106-108	70	757	83
94	932		69	749	
93	925		68	742	81-82
92	918	105	67	735	79-80
91	910		66	720	77-78
90	903		65	713	76
89	896	103-104	64	706	
88	889	101-102	63	698	
87	881		62	691	74-75
86	874	100	61	684	72-73
85	867		60	676	
84	859	98-99	59	669	71
83	852		58	662	
82	845	96-97	57	654	69-70
81	837		56	647	68
80	830	94-95	55	640	66-67
79	823		54	632	
78	815	92-93	53	625	65
77	808		52	618	64
76	801	90-91	51	610	
75	793	88-89	50	603	

01

EBS 이재훈의 지텔프 2급 뽀개기 – 문법

접속어

Connectors

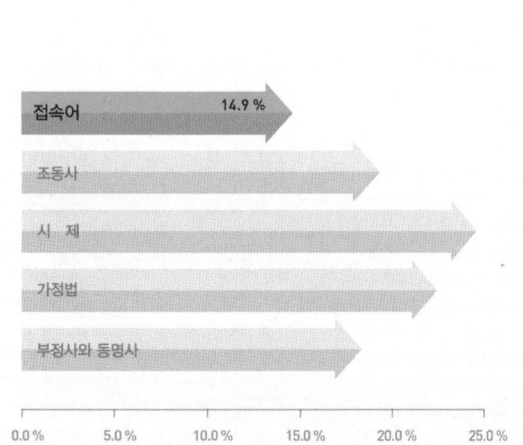

01-1 의문사와 관계사

1 의문사

의문사를 문두에 놓아 직접의문문을 만들기도 하고, 문장의 일부를 구성하는 간접의문문을 만들기도 한다. 의문사에는 의문대명사, 의문형용사, 의문부사가 있다.

1) 의문대명사 : 의문대명사는 주어, 목적어, 보어 역할을 한다.

Who, Whom, Whose, Which, What

(1) 사람 관련: Who[주격], Whom[목적격], Whose[소유격]

Who broke the window? 누가 창문을 깼습니까?
Who is he? 그는 누구입니까?
Whom[Who] do you love? 당신은 누구를 사랑하십니까?
Whose is this house? 이 집은 누구의 것입니까?
 cf **Whose** house is this? [**의문형용사** Whose] 이것은 누구의 집입니까?

(2) 사물[사람] 관련: Which[주격, 목적격], What[주격, 목적격]

■ Which : (범위가 정해진 일정수의 사물·사람 중에서) 어느[어떤] 쪽[것, 사람]

Which is better exercise for the elderly, swimming or walking?
연세가 드신 분에게 수영이나 걷기 중에서 어느 게 더 좋은 운동인가요?
Which do you like better, tea or coffee? 차와 커피 중 어느 것을 더 좋아하나요?
Which is taller, Kevin or Jack? 케빈과 잭 중에 누가 더 키가 큰가요?
Which of the boys were you talking to? 어느 소년하고 이야기하고 있었습니까?

■ What : (범위를 정해 놓지 않은 막연한 상황에서) 무엇, 무슨 일

What makes her so sad? 그녀는 무엇 때문에 그렇게 슬퍼합니까?
What is your name? 당신의 이름은 무엇입니까?
What did he buy yesterday? 그는 어제 무엇을 샀습니까?

※ [남의 직업 등을 물어] 무엇을 하는 사람
 What is he? He is a doctor. 그는 무엇을 하는 사람입니까? 그는 의사입니다.

2) **의문형용사** : 의문형용사는 뒤에 오는 명사를 수식하는 역할을 한다.
   Whose(누구의), Which(어떤[어느]), What(무슨)

   Whose *fault* is this? 이것은 누구의 잘못입니까?
   Which *way* is the wind blowing? 어느 방향으로 바람이 불고 있나요?
   What *color* do you like? 당신은 무슨 색깔을 좋아하시나요?

3) **의문부사** : 의문부사는 의문의 뜻만 곁들이는 부사역할을 한다.
   When(언제), Where(어디에), Why(왜), How(어떻게)

   When did you meet him? 당신은 그를 언제 만났습니까?
   Where does she live? 그녀는 어디에 삽니까?
   Why was he late? 그는 왜 늦었습니까?
   How does it work? 그것은 어떻게 작동하나요?

4) **직접의문문과 간접의문문 [지텔프 핵심 출제부분]**

   Ⓐ. **What did you buy?** [**직접 의문문**] 당신은 무엇을 샀습니까?
   Ⓑ. I don't know **what you bought**. [**간접 의문문**] 나는 당신이 무엇을 샀는지 모릅니다.

   Ⓐ처럼 『의문사+(조)동사+주어~?』의 형태로 상대방에게 직접 묻는 형식의 의문문을 직접의문문이라고 하고, Ⓑ처럼 의문문이 문장의 일부분 -주어자리, 목적어자리, 보어자리- 즉, 명사 자리에 들어가 종속절[명사절]이 되는 형식의 의문문을 간접의문문이라고 한다. 간접의문문의 어순은『의문사+주어+동사』이다.

   Why he lives alone *is* a question to me. [**주어자리**] 왜 그가 혼자 사는지가 나에겐 의문이다.
   He *asked* me whose car this is. [**타동사 목적어자리**] 그는 나에게 이것이 누구의 자동차인지를 물었다.
   Didn't he mention anything *about* when he'll return? [**전치사 목적어자리**]
   그가 언제쯤 들어오신다는 것에 대한 말씀은 없었나요?
   The important thing *is* who will perform the surgery. [**보어자리**] 중요한 건 누가 수술을 할 것인가 이다.

2 관계사

1) 관계사의 종류 및 개요

관 계 사 [Relatives]	관계대명사 [Relative Pronoun]	who, whom, which, that, what 관계라는 말은 문장 간의 관계를 이어주는 **접속사, 연결어(=and)**의 역할을 동시에 수행함을 뜻한다. 관계사절에서 관계**대명사는 주어, 목적어, 보어의 기능**을 수행한다. ★ 관계대명사가 이끄는 절은 불완전하다. `매우중요` 1. 접속사+대명사 → 관계대명사 2. 관계대명사는 '주격, 목적격'이 있다. 3. 관계대명사는 선행사 뒤에 오는 것이 원칙이다. 4. **명사를 수식하는 형용사절이므로 해석은 '~은, ~는'**으로 한다. 5. 관계사절에는 한정적 용법과 계속적 용법이 있다. `주의` what은 선행사를 자체에 포함하기 때문에 선행사와 같이 쓰지 않는다. what은 명사절을 이끌어 주어, 목적어, 보어의 역할을 한다.
	유사 관계대명사	but, as, than
	관계형용사	whose+명사/ what+명사 / which+명사
	관계부사	when, where, why, how **접속사와 부사 역할**: 시간, 장소, 방법, 이유를 나타낸다. ★ 관계부사가 이끄는 절은 완전하다. `매우중요`
	복합관계대명사	[관계대명사+ever] whoever, whomever, whichever, whatever whosever 자체에 선행사를 포함하여 "선행사+관계대명사"의 역할을 하며 "**명사절과 양보 부사절**"을 이끈다.
	복합관계형용사	whichever+명사 / whatever+명사
	복합관계부사	whenever, wherever, however 시간이나 장소의 부사절 또는 양보부사절로 사용된다.

2) 관계 대명사

선행사[antecedent]	격[case]	주격	목적격	소유격
사람		who (=that)	whom (=that)	whose N
사물, 동물		which (=that)	which (=that)	whose N (N of which)
1. 복합선행사(사람+동물, 사람+사물), 의문대명사, 서수, 최상급 2. all, every, any, no 3. the very, the same, the only		that	that	x
선행사를 포함하는 경우 (= the thing which, all that)		what	what	x
no, not, hardly, never 등 부정문의 주절 혹은 수사의문문에서		but (=that ~not)	x	x
such, the same, as가 앞에 있는 경우		as	as	x
비교급		than	than	x

[1-1] 관계 대명사 who, whom, whose, which

A. I know the boy **who** broke the window.　　　　　나는 창문을 깬 소년을 안다.
　　The boy **who** broke the window is my son.　　　창문을 깬 소년은 내 아들이다.

B. That's the lady **whom** James loves.　　　　　　저 분이 제임스가 사랑하는 아가씨다.
　　The people **whom** I know admire him.　　　　내가 알고 있는 사람들은 그를 존경한다.
　　This is the man **whom** I spoke of.
　　(=This is the man **of whom** I spoke.)　　　　이 사람이 내가 이야기한 사람이다.

C. She is a girl **whose** *heart* is true to all.　　　　그녀는 모든 이에게 마음이 진실한 소녀이다.
　　I met a boy **whose** *parents* are English.　　　나는 부모님이 영국사람들인 한 소년을 만났다.

D. The iPad **which** is on the desk is mine.　　　　책상 위에 있는 아이패드는 내 것이다.
　　The iPad **which** I bought yesterday is missing.　어제 산 아이패드가 없어졌다.
　　This is the house **which** he was born in.　　　이 집이 그가 태어난 집이다.
　　(= This is the house **in which** he was born.)

E. Look at the mountain **whose** *top* is covered with snow.　정상이 눈으로 덮인 저 산을 보렴.

GRAMMAR POINT

관계대명사 who, whom, which는 『대명사+접속사』역할을 하며 (선행사를 수식하여) 형용사절을 이끈다. 이 때 형용사절[종속절]의 동사의 수는 선행사에 일치 시킨다.

A. 선행사를 사람으로 하는 주격 관계대명사 who

주격 관계대명사 who는 형용사절에서 사람을 선행사로 하여 주어 역할을 한다.
I know **the boy** + **He** broke the window.
⇒ I know the boy **who** broke the window. [who=관계대명사]　나는 창문을 깬 소년을 안다.
　　　선행사　관계대명사 동사
　I know who broke the window. [who=의문대명사]　나는 누가 그 창문을 깼는지 안다.
　타동사　·목적어자리[간접의문=명사절]

B. 선행사를 사람으로 하는 목적격 관계대명사 whom

목적격 관계대명사 whom은 형용사절에서 사람을 선행사로 하여 목적어 역할을 한다.
That's **the lady** + James loves **her**.
⇒ That's <u>the lady</u> [whom] James loves (∨).   저 분이 제임스가 사랑하는 아가씨다.
        선행사   관계대명사   목적어생략

This is **the man** + I spoke of **him**.
⇒ This is <u>the man</u> [whom] I spoke of (∨).   이 사람이 내가 이야기한 사람이다.
       선행사   관계대명사   목적어생략
= This is the man **of whom** I spoke. [전치사가 목적격 관계대명사 앞으로 이동]

C. 선행사를 사람으로 하는 소유격 관계형용사 whose

소유격 관계형용사 whose는 whose+명사의 형태로 형용사절에서 사람을 선행사로 하여 소유격 역할을 한다.
She is **a girl**. + **Her** *heart* is true to all.
⇒ She is <u>a girl</u> [whose heart] is true to all.   그녀는 모든 이에게 마음이 진실한 소녀이다.
       선행사   whose+명사

D. 선행사를 사물, 동물로 하는 주격, 목적격 관계대명사 which

which는 형용사절에서 사물, 동물을 선행사로 하여 주어나 목적어 역할을 한다.
The iPad is mine. + **It** is on the desk
⇒ <u>The iPad</u>/ [which] is on the desk/ is mine.   책상 위에 있는 아이패드는 내 것이다.
    선행사   관계대명사 동사

The iPad is missing. +I bought **it** yesterday
⇒ <u>The iPad</u>/ [which] I bought (∨) yesterday/ is missing.   어제 산 아이패드가 없어졌다.
    선행사   관계대명사   목적어생략

This is **the house**. + He was born in **it**.
⇒ This is <u>the house</u> [which] he was born in (∨).   이 집이 그가 태어난 집이다.
       선행사   관계대명사   목적어생략
= This is the house **in which** he was born. [전치사가 목적격 관계대명사 앞으로 이동]

E. 선행사를 사물, 동물로 하는 소유격 관계형용사 whose[= of which]

whose는 형용사절에서 사물, 동물을 선행사로 하여 소유격역할을 한다.
Look at **the mountain**. + **Its** *top* is covered with snow.
⇒ Look at the mountain whose top is covered with snow.   정상이 눈으로 덮인 저 산을 보렴.
           선행사   whose+명사

Look at **the mountain**. + The top of **it** is covered with snow.
⇒ Look at **the mountain which** the top **of** is covered with snow.
= Look at **the mountain of which** the top of is covered with snow.
= Look at **the mountain** the top **of which** is covered with snow.

[1-2] 관계 대명사 that/ what

A. I spoke of *the men and the animals* **that** I had seen.   나는 내가 본 사람들과 동물들에 대해서 이야기했다.
Who that has common sense can do such thing?   상식이 있는 누가 그런 짓을 할 수 있겠는가?
I know *the boy* **that** broke the window.   나는 창문을 깬 소년을 안다.
Alice spends *all the money* **that** she earns.   엘리스는 버는 돈을 다 써버린다.

B. **What** is beautiful is not always good.   아름다운 것이 항상 좋은 것은 아니다.
Alice spends **what** she earns.   엘리스는 버는 돈을 다 써버린다.
There is some truth in **what** he says.   그가 말하는 것에는 얼마간의 진리가 있다.
This is **what** I want.   이것이 내가 원하는 것이다.

GRAMMAR POINT

A. 관계대명사 that

관계대명사 that은 모든 선행사를 받아 who, whom, which를 대신하여 사용되지만, 모든 관계사 중 한정성이 가장 강하기에 그 앞에 콤마를 두는 계속적용법 그리고 전치사 뒤에서는 쓰일 수 없다. 특히 선행사가 『복합선행사(사람+동물[사물]), 의문대명사』일 경우 관계대명사는 that이 온다는 점에 유의한다.

Look at *the girl and her dog* **that** are coming here.   이쪽으로 오는 여자와 그녀의 개를 보아라.
The boy **that** broke the window is my son.   창문을 깬 소년은 내 아들이다.
The iPad **that** is on the desk is mine.   책상 위에 있는 아이패드는 내 것이다.

※ 관계대명사 that을 쓸 수 없는 경우.
　① 전치사 뒤에 올 경우
　　This is the dog **which[that]** I complained **of**. (o)　　　　이 개가 내가 불평했던 개다.
　　= This is the dog **of which** I complained. (o)
　　*This is the dog **of that** I complained. (x)

　② 계속적인 용법에서
　　He said nothing, **which** made me angry.(o)　　　그는 아무 말도 하지 않았고, 그것이 나를 화나게 했다.
　　He said nothing, **that** made me angry.(x)

※ 관계대명사의 두 가지 용법

한정[제한]적 용법	계속적 용법
관계대명사 앞에 콤마(,)를 두지 않는다.	관계대명사 앞에 콤마(,)를 둔다.
선행사를 한정[제한, 수식]한다.	선행사를 보충설명 한다. '접속사(and, but, for, though) +대명사' 의 역할을 하며 생략이 불가능하다.
모든 관계대명사가 가능	who, whom, whose, which만 가능

There were very few passengers **who** escaped without serious injury. [**한정적 용법**]
　　　　　　　　　　　　　　　　　　　　　　　　심각한 부상을 입지 않고 탈출한 승객은 거의 없었다.
There were very few passengers, **who** escaped without serious injury. [**계속적 용법**]
　　　　　　　　　　　　　　　　　　　　　　　　승객은 거의 없었는데, 모두 심각한 부상 없이 탈출했다.

※ 관계대명사의 생략
　① 한정적 용법으로 쓰인 목적격 관계대명사 whom, which, that은 생략가능하다.
　　(계속적용법과 전치사가 목적격관계대명사 앞에 위치할 경우 생략 불가능)
　　That's the lady (**whom**) James loves. [whom 생략 가능]
　　This is the man (**whom**) I spoke of. [whom 생략 가능]
　　This is the man **of whom** I spoke. [whom 생략 불가능]
　　This is the house **in which** he was born. [which 생략 불가능]

　② 『주격 관계대명사+be동사』는 함께 생략이 가능하다.
　　The girl (**who is**) singing on the stage is my daughter. [who is 생략 가능]
　　　　　　　　　　　　　　　　　　　　　　무대에서 노래를 부르고 있는 소녀는 내 딸이다.
　　I received a letter (**which was**) written in English. [which was 생략 가능]
　　　　　　　　　　　　　　　　　　　　　　나는 영어로 쓰인 편지 한 통을 받았다.

B. 관계대명사 what

관계대명사 what은 선행사를 자체에 포함하여 명사절을 이끈다.

▶ 관계대명사 what = the thing(s) which / that[those] which / all that

Happiness is (∨) **what** every one seeks after (∨). 행복은 모든 사람들이 추구하는 것이다.
= Happiness is <u>the thing</u> which every one seeks after (∨).

<u>What</u> is beautiful is not always good.   Alice spends <u>what</u> she earns.
(= The thing which)   (=all that)

※ 관계대명사 what과 접속사 that의 구별

구분	관계대명사 what	접속사 that
차이점	what - 관계대명사 -> 뒤에 따르는 절의 형태가 불완전하다.	that - 접속사 -> 뒤에 따르는 절의 형태가 완전하다.
예문	I know **what** you want. [불완전한 절]	I know **that** you want money. [완전한 절]

[1-3] 유사[의사] 관계대명사 but, as, than

A. There is *no* one **but** knows him.   그를 모르는 사람은 아무도 없다.
   (=*Who* is there **but** knows him?)

B. *As* many men **as** came were caught.   온 사람은 모두 붙잡혔다.
   Don't read *such* books **as** you can't understand.   네가 이해할 수 없는 그런 책은 읽지 마라.
   He is absent today, **as** is often the case.   그는 흔히 그러하듯이 오늘도 결석이다.

C. Tom has *more* money **than** is needed.   탐은 필요 이상의 돈을 가지고 있다.
   Jane spends *more* money **than** she earns.   제인은 버는 돈보다 더 많은 돈을 쓴다.

GRAMMAR POINT

본래 접속사인 것이 때로 관계대명사로 쓰일 경우가 있는데 이를 유사 관계대명사라고 부른다.
❗ 지텔프의 직접적인 출제영역은 아니나, 문장 분석 능력 강화 차원에서 공부할 가치가 충분하다.

A. 유사 관계대명사 but

『부정어구[no, not, few] ~but』,『수사 의문문 ~but』에서 유사 관계대명사 but은 『that ~not』의 의미로 쓰인다.

There is *no* one **but** knows him. (= There is *no* one **that** doesn't know him.)
Who is there **but** commits errors? (= *Who* is there **that** does **not** commit errors?)
(**누구나 잘못을 저지른다.**= Everybody commits errors.)   잘못을 저지르지 않는 사람이 누가 있겠는가?

B. 유사 관계대명사 as

- 선행사에 as, such, the same이 포함되어 있을 때.
  This is *the same* cell phone **as** I lost. [같은 종류]   이것은 내가 잃어버린 것과 같은 종류의 휴대폰이다.
  This is *the same* cell phone **that** I lost. [동일물]   이것은 내가 잃어버린 것과 같은 종류의 휴대폰이다.

- 앞뒤에 오는 절이나 절의 일부를 받는 경우.
  As is often the case with sailors, **he is fond of alcohol.**
  (= **He is fond of alcohol, as** is often the case with sailors.)
  뱃사람들에게는 흔히 있는 일이지만, 그는 술을 너무 좋아한다.

C. 유사 관계대명사 than

선행사에 **비교급**이 있을 때 유사 관계대명사 than이 쓰인다.
He has *more* books **than** I have.   그는 나보다 더 많은 책을 소장하고 있다.

[1-4] 관계부사

A. Do you know *the day* **when** he arrived? 그가 도착한 날을 알고 있습니까?
  = Do you know the day **on which** he arrived?

B. Tell me *the place* **where** you met her. 네가 그녀를 만난 장소를 말해주렴.
  = Tell me the place **in which** you met her.

C. I don't know *the reason* **why** she got angry. 나는 그녀가 화를 낸 이유를 모르겠다.
  = I don't know the reason **for which** she got angry.

D. This is **how** he did it. 이것이 그가 그것을 한 방법이다.
  = This is *the way* he did it.
  = This is the way **that** he did it.
  = This is the way **in which** he did it.
  *This is the way how he did it. (x)

GRAMMAR POINT

관계부사는『접속사+부사』의 역할을 하며, 『전치사+which』로 바꿔 쓸 수 있다.

A. 관계부사 when은 선행사가 시간명사일 때 쓴다.

  Do you know **the day** + He arrived on **the day**.
  ⇒ Do you know *the day* **which** he arrived **on**?
  ⇒ Do you know *the day* **on which** he arrived?
  ⇒ Do you know *the day* **when** he arrived?

B. 관계부사 where는 선행사가 장소명사일 때 쓴다.

  This is **the place**. + I first met her in **the place**.
  ⇒ This is *the place* **which** I first met her **in**.
  ⇒ This is *the place* **in which** I first met her.
  ⇒ This is *the place* **where** I first met her. 이곳이 내가 처음 그녀를 만난 곳이다.
  ⇒ This is **where** I first met her. [선행사 the place가 생략됨으로써 명사절이 됨]
  * 관계부사의 선행사가 시간(time, day), 장소(place), 이유(reason)명사 일 경우 선행사를 생략하기도 한다
  ex Sunday is (the day) when I am busy. 일요일은 내가 바쁜 날이다

C. 관계부사 why는 선행사가 이유명사일 때 쓴다.

This is the reason. + I left early for the reason.
⇒ This is *the reason* which I left early for.
⇒ This is *the reason* for which I left early.
⇒ This is *the reason* why I left early.   이것이 내가 일찍 떠난 이유이다.
⇒ This is why I left early. [**명사절**]

D. 관계부사 how는 선행사 the way[방법명사]를 수식하지 않고 단독으로 쓰인다. 즉 the way how는 현대영어에서 쓰이지 않고 the way나 how 중 하나만을 쓴다.

Teach me the way. + You solved it in the way.
⇒ Teach me *the way* which you solved it in.
⇒ Teach me *the way* in which you solved it.
⇒ Teach me *the way* that you solved it. [**관계부사 that**]
⇒ Teach me *the way* you solved it.   당신이 그것을 해결한 방법을 내게 가르쳐주시오.
⇒ Teach me how you solved it.
* Teach me *the way* how you solved it. [x]

> ※ 관계부사 that
>
> where를 제외한 관계부사를 that이 대용해서 쓸 수 있다.
>
> Do you know *the day* that (=when) he arrived?
> This is *the reason* that (=why) I left early.
> This is *the way* that he did it.

> ※ 관계부사의 계속적 용법
>
> when과 where는 계속적용법으로도 쓰인다. [how, why는 불가]
>
> I went to Rome, where (=and there) I first met my wife.
>   나는 로마에 갔고, 거기에서 내 와이프를 처음으로 만났다.
> I was in bed till noon, when(=and then) she came.   나는 정오까지 침대에 누워있었는데, 그 때 그가 왔다.

[1-5] 복합관계대명사와 복합관계부사

A. **Whoever** comes late will be punished.   늦게 오는 사람은 누구나 벌을 받을 것이다.
Whoever may come late, he will be punished.   늦게 오는 사람이 누구일지라도, 그는 벌을 받을 것이다.

B. Give the book *to* **whoever** wants it.   원하는 사람이라면 누구에게나 그 책을 주렴.
Give the book *to* **whomever** you'd like to give.   네가 주고 싶은 사람이면 누구에게나 그것을 주렴.

C. **Whenever** I am in trouble, I consult him.   곤경에 빠져 있을 때 나는 언제나 그와 의논한다.
Wherever you may go, I'll follow you.   당신이 어디로 갈지라도, 나는 당신을 따를 것입니다.
However rich you may be, you can't buy love.   네가 아무리 돈이 많아도, 사랑은 살 수 없다.

GRAMMAR POINT

- **복합관계대명사** : whoever, whomever, whosever, whichever, whatever의 형태로 자체 내에 선행사를 포함하고 있으며, (강조의) 명사절을 이끄는 경우와 양보 부사절을 이끄는 두 가지 용법이 있다.

A. 명사절과 양보부사절을 이끄는 복합관계대명사

주 격	소 유 격	목 적 격
whoever V = anyone who V [명사절] = no matter who V [양보부사절]	whosever N = anyone whose N [명사절] = no matter whose N [양보부사절]	whomever S+V = anyone whom S+V [명사절] = no matter whom S+V [양보부사절]
whichever V = anything (that) V [명사절] = no matter which V [양보부사절]		whichever S+V = anything (that) S+V [명사절] = no matter which S+V [양보부사절]
whatever S+V = anything (that) V [명사절] = no matter what V [양보부사절]		whatever S+V = anything that S+V [명사절] = no matter what S+V [양보부사절]

해석은 명사절인 경우에는 "~이든지[나]"이고 양보부사절인 경우는 "~(라) 하더라도[일지라도]"로 한다.

복합관계대명사의 핵심 사항:
1. 선행사를 포함하고 있으므로 선행사와 같이 사용할 수 없다.
2. 복합관계대명사의 격은 관계사절 안에서 비어있는 문장의 구성 필수 요소에 따라 결정된다.

Anyone will be punished. + He comes late.
⇒ Anyone who comes late will be punished.
　　선행사　　　형용사절

⇒ Whoever comes late will be punished.
　　명사절(주어)　　　동사

Whoever may come late, he will be punished.
　　양보 부사절　　　　주절
= No matter who may come late, he will be punished.

Whatever exists has meaning in itself. [명사절]　　　존재하는 것은 무엇이나 그 자체로 의미가 있다.
(=Anything which exists has meaning in itself.)

Whatever may happen, I will be with you. [양보 부사절] [ever = no matter] 중요
(= No matter what may happen, I will be with you.)　　무슨 일이 일어나더라도, 나는 당신과 함께 있겠다.

He flatters whosever position is high. [명사절]　　　그는 지위가 높은 사람은 누구에게나 아첨한다.
(= He flatters anyone whose position is high.)

Whichever you may want to have, I will give it to you. [양보 부사절]
(= No matter which you may want to have, I will give it to you.)
　　　　　　　　　　　　　　　당신이 갖고 싶은 것이 어느 것 이든지 간에, 나는 그것을 당신에게 주겠다.

B. 복합관계대명사의 격의 결정은 관계사절 안에서 결정한다.

Give the book *to* whoever wants it.
⇨ 관계사절에 wants의 주어가 없으므로 주격인 whoever가 쓰였다

Give the book *to* whomever you'd like to give.
⇨ 관계사절에 give의 목적어가 없으므로 목적격인 whomever가 쓰였다

C. 복합관계부사

when, where, how에 ever를 붙인 whenever, wherever, however를 말하는데, 복합관계부사 역시 선행사를 포함하여 부사절을 이끈다.

구 분	구조 및 의미	예 문
whenever	시간부사절: ~할 때는 언제나 (= at any time when) ~할 때 마다(매번) (= every time)	You can visit me **whenever** you want. = **At any time when** you want, you can visit me. 원하면 언제든 날 방문해도 좋다. I'll see you **whenever** you like to come. 네가 오고 싶은 때는 언제나 너를 만나겠다.
	양보부사절: 언제 ~할지라도 (= no matter when)	**Whenever** you (may) come, you'll be welcomed. 언제 오더라도 환영을 받을 것이다.
wherever	장소부사절: ~하는 곳은 어디든지 (= at any place where)	Sit **wherever** you like. 어디든지 마음에 드는 곳에 앉으세요. I'll be with you **wherever** you are. = I'll be with you **at any place where** you are. 네가 어디에 있든지, 나는 너와 함께 할 거야.
	양보부사절: 어디에서 ~할지라도 (= no matter where)	**Wherever** he may be[is], he thinks of you. 그가 어디에 있을지라도[있든지], 그는 너를 생각한다.
however	양보부사절: 아무리 ~할지라도 (= no matter how)	**However carefully** I explained, she still didn't understand. 내가 아무리 세심하게 설명을 해도 그녀는 여전히 이해하지 못했다.
	접속부사: 그렇지만, 그러나	He was feeling bad. He went to work, **however**, and tried to concentrate. 그는 몸이 좋지 않았다. 하지만 출근을 하여 집중해 보려고 애를 썼다. I cannot agree with you, **however**. 그렇지만 나는 당신에게 찬성할 수는 없다

주의 "however+[형용사 또는 부사] S+V"어순에 주의하라.
however가 이끄는 부사절 내에 부사 또는 보어로 사용되는 형용사가 있으면, 그 부사와 형용사는 however의 뒤로 이동시켜서 "however+[형용사 또는 부사] S+V"의 형태가 되어야 한다.

She has the window open, **however cold** it is outside.
= She has the window open, **no matter how cold** it is outside.
* She has the window open, **however it is cold** outside. (x)
그녀는 바깥 날씨가 아무리 추워도 창문을 열어 둔다.

However carefully I explained, she still didn't understand.
= **No matter how carefully** I explained, she still didn't understand.
* **However** I explained **carefully**, she still didn't understand. (x)
* **However careful** I explained, she still didn't understand. (x)

※ 삽입절이 있는 문장의 관계대명사의 격

관계대명사가 이끄는 절에 '**주어**+think, believe, suppose, guess, imagine, know, feel, say, claim, I am sure 등' 이 있는 경우, 우선 이들이 없다고 생각하고 (삽입 부분이 없는 것처럼 생각하고) 격을 결정한다.

He is the man **who** (we believe) **is** very competent. 우리가 믿기에 그는 아주 유능하다.
He is the man **whom** (we believe) is very competent. (x)

Mom gave some money to the man **who** (she thought) **was** poor. [she thought**는 삽입절**]
엄마는 가난하다고 생각되는 그 남자에게 약간의 돈을 주었다.
Mom gave some money to the man **whom** she thought poor. [she thought**는 삽입절이 아님**]
엄마는 가난하다고 생각되는 그 남자에게 약간의 돈을 주었다.

I bought some oranges **which** I supposed to be organic. [which=**목적격 관계대명사**]
나는 내가 유기농이라 여기는 오렌지를 몇 개 샀다. [I supposed**는 삽입절이 아님**]
I bought some oranges **which** (I supposed) **were** organic. [which=**주격 관계대명사**]
나는 내가 유기농이라 여기는 오렌지를 몇 개 샀다. [I supposed**는 삽입절**]

★ 관계대명사/의문사 + to 부정사

영어는 축약을 통해 경제성을 추구하기도 한다. 이는 관계사절과 의문사절에도 적용이 되는데, 의미가치가 없는 단어를 제거하는 방식으로 이루어진다. 중요

1. 전치사 + 관계대명사 + to 부정사

『관계대명사+to 부정사』는 형용사구를 이루어 앞에 있는 명사를 수식하는 역할을 한다.
He had no house **which** he can[should] live **in**. 그는 살 집이 없었다.
= He had no house **in which** he can[should] live.
= He had no house **in which to** live.
= He had no house to live in.

The bookstore offers comfortable chairs **in which to** sit, relax, and read.
= The bookstore offers chairs **in which** we can sit, relax, and read.
그 서점은 앉아서, 쉬고, 읽을 수 있는 편안한 의자를 제공한다.

2. 의문사 + to 부정사
　『의문사 + to 부정사』는 명사구를 이루어 문장에서 명사 역할[주어, 타동사 및 전치사의 목적어, 보어 역할]을 한다.

> **cf** why는 **부정사와 결합할 수 없다.**

How to spend money *is* more important than how to earn it. [**주어자리**]
(= How you should spend money is more important than how to earn it.)
　　　　　　　　　　　　　　　　　　　　　돈을 어떻게 쓰느냐가 돈을 어떻게 버느냐보다 더 중요하다.

I don't *know* which dictionary to buy. [**타동사 목적어자리**]　　나는 어떤 사전을 사야 할 지 모르겠다.
An early decision *about* when to book your flight is needed [**전치사 목적어자리**]
　　　　　　　　　　　　　　　　　　　　　비행기 예약 날짜를 일찍 정할 필요가 있다.

The question *is* what to call the new product. [**보어자리**]　문제는 새로운 상품을 무엇이라고 부르냐는 것이다.

 **지텔프 기출패턴**

기출패턴 01

The number of people _____ is increasing every year.
(a) who take the G-TELP test
(b) that take the G-TELP test
(c) which take the G-TELP test
(d) what take the G-TELP test

해석 지텔프 시험을 치고 있는 인원은 매년 증가하고 있다.
해설 사람(people) 선행사를 수식하면서 take의 주어 역할을 하는 주격관계대명사 who가 적합하다. [일반 수험영어에서는 that도 가능하나, 지텔프에서는 선행사가 사람일 경우 who가 우선한다.]
정답 (a) who take the G-TELP test

기출패턴 02

The number of people _____ is increasing every year.
(a) who takes the G-TELP test
(b) who take the G-TELP test
(c) that takes the G-TELP test
(d) that take the G-TELP test

해석 문제 1번 해석과 동일
해설 문제 1번 해설 참조 및 (a) 선택지는 선행사가 복수명사(people)이므로 수 일치에서 어긋난다.
정답 (b) who take the G-TELP test

기출패턴 03

The number of people _____ is increasing every year.
(a) whom take the G-TELP test
(b) that take the G-TELP test
(c) which take the G-TELP test
(d) what take the G-TELP test

해석 문제 1번 해석과 동일
해설 관계대명사 who가 선택지에 없을 시, who를 대신하는 that이 정답이다.
정답 (b) that take the G-TELP test

기출패턴 04

The firefighter _____ was Frank Simpson.
(a) that took part in the London 2012 relay
(b) which took part in the London 2012 relay
(c) who took part in the London 2012 relay
(d) what took part in the London 2012 relay

해석 2012 런던 릴레이에 참가한 그 전직 소방관은 Frank Simpson이었다.
해설 사람(firefighter) 선행사를 수식하면서 took의 주어 역할을 하는 주격관계대명사 who가 적합하다.
정답 (c) who took part in the London 2012 relay

기출패턴 05

The firefighter _____ was Frank Simpson.
(a) that took part in the London 2012 relay
(b) which took part in the London 2012 relay
(c) who takes part in the London 2012 relay
(d) what takes part in the London 2012 relay

해석 문제 4번 해석과 동일
해설 주절의 동사가 과거이므로 (c)는 시제가 일치하지 않는다. who를 대신하는 that이 정답이다.
정답 (a) that took part in the London 2012 relay

기출패턴 06

A man _____ came to see me.
(a) who I had not seen before
(b) whom I had not seen before
(c) where I had not seen before
(d) when I had not seen before

해석 전에 한 번도 만나 본 적 없는 한 남자가 나를 보러 왔다.
해설 사람(A man) 선행사를 수식하면서 타동사 seen의 목적어 역할을 하는 목적격관계대명사 whom이 적합하다. [선행사가 사람일 때, 목적격 관계대명사 대용으로 who도 가능하나, whom과 who 둘 모두가 선택지에 나올 경우, 지텔프 시험에서는 whom이 우선한다.]
정답 (b) whom I had not seen before

기출패턴 07

A man _____ came to see me.
(a) who I had not seen before
(b) what I had not seen before
(c) which I had not seen before
(d) when I had not seen before

해석 문제 6번 해석과 동일
해설 관계대명사 whom이 선택지에 없을 시, whom을 대신하는 who가 정답이다.
정답 (a) who I had not seen before

01-2 접속사와 접속부사

1 접속사

1) **접속사** : 단어(word), 구(phrase), 절(clause)을 연결하는 역할을 한다. 기능상으로는 "등위 접속사와 종속 접속사"로 구분한다.

★ **접속사의 문법적인 기능에 의한 분류**

두 개의 절이 동등한지 혹은 종속되었는지에 따라	■ 등위 접속사: 동등한 비중을 가지는 단어, 구, 절을 연결하는 접속사 (and, but, or, yet, so, for, as well as) ★ 문장 앞에 올 수 없고, 절과 절 사이에 위치한다. 중요 회화체에서는 화제를 바꿀 때, 또는 앞말에 이어서 무언가를 말할 때는 and가, 상대방의 발언에 반대를 하거나, 역시 화제의 전환을 나타내고 싶을 경우 but을 문두에 두는 경우도 있으나, 지텔프 시험에서는 틀린 용법으로 간주한다. 중요 ★ 등위 접속사 중 and, but, or, yet, as well as 만이 단어, 구, 절의 병치가 가능하며, so, for는 절과 절만을 접속한다. 중요 ■ 종속 접속사: 종속절을 주절에 연결시키는 접속사 ★ 등위 접속사와 달리, 단어와 구의 병치가 불가하며, 절과 절만을 접속한다.
종속접속사가 이끄는 종속절의 역할에 따라	■ 명사절: 주어, 목적어, 보어, 동격 자리에서 사용 ⇨ that, whether, if, 의문사, 관계대명사 what, 관계부사 how, 복합관계대명사 ■ 형용사절: 명사 뒤에서 앞 명사(선행사)를 수식 (관계대명사, 관계 부사, 관계형용사) ⇨ who, whom, whose, which, that, where, when, why ■ 부사절: 문장 전체 수식 ⇨ 원인(because), 조건(if), 시간(when), 동시나 연속동작(as), 양보(though), 결과(so ~ that), 목적(so that), 장소(where), 양태(as), 비교(as/than), 대조(while, whereas)등

[1-6] 등위접속사

A. Travis **and** Alice **are** my good neighbors.   트레비스와 앨리스는 나의 좋은 이웃이다.
   Work hard, **and** you will succeed.   열심히 공부해라. 그러면 성공할 것이다.
   He is **both** kind **and** diligent.   그는 친절하고도 부지런하다.

B. He is poor **but** honest.   그는 가난하지만 정직하다.
   Not money **but** wisdom is what I want.   내가 원하는 것은 돈이 아니고 지혜이다.

C. Would you take coffee **or** tea?   커피를 드시겠습니까, 차를 드시겠습니까?
   Work hard, **or** you will fail in life.   열심히 공부해라. 그렇지 않으면 인생에서 실패할 것이다.
   Either Jack **or** Mike knows.   잭이나 마이크 둘 중 한 사람은 알고 있다.

D. I'm tired, **yet** I can't sleep.   나는 피곤한데도 잠이 오지 않는다.

E. He is still young, **so** he can work.   그는 여전히 젊다. 그래서 일을 할 수 있다.

F. Jaehoon must be very happy, **for** he is dancing.   춤을 추고 있는 것을 보면, 재훈이는 무척 기쁜가 보다.

GRAMMAR POINT

★ **등위접속사[coordinate conjunction]**

아래의 도표처럼 두 개의 절을 서로 대등하게 연결을 한다. 즉, 등위접속사는 문법적으로 대등한 관계에 있는 **"단어, 구, 절"**을 연결한다. [for와 so는 절과 절만을 연결하다.]

| S+V+O+M | + | 등위 접속사

and 순접, 나열(그리고)
but(=yet) 역접(그러나)
or 선택(또는)
as well as(~도 또한)
so 결과(그래서)
for 이유(왜냐하면) | + | S'+V'+O+M |

(1) 단어(word)을 연결할 때
   I was <u>watching</u>, and <u>gasping</u>, and <u>weeping</u>.   저는 보는 동안 숨이 막히고 눈물이 났습니다.

(2) 구(phrase)를 연결할 때
   <u>To be</u> or <u>not to be</u>, that is the question.   죽느냐, 사느냐 이것이 문제로다. (William Shakespeare)

(3) 절(clause)를 연결할 때
   <u>He is poor</u>, but <u>he is contented</u>.   그는 가난하지만 만족해한다.

A. 등위 접속사 and

1) "~와, ~과, 그리고" 라는 나열[연속], 순접의 의미. [단어, 구, 절 병치 가능]
   The store sells <u>vegetables</u> and <u>meat</u>. [**단어 병치**]   그 가게에서는 채소와 고기를 판다.
   <u>To love</u> and <u>to be loved</u> is the greatest happiness in the world. [**구 병치**]
   사랑을 하고 사랑을 받는 것은 세상에서 가장 큰 행복이다.
   <u>I went to his house</u> and <u>he came to mine</u>. [**절 병치**]   나는 그의 집으로 가고 그는 내 집으로 왔다.

2) 명령문, and S+V: "해라, 그러면 ~할 것이다"
   Turn to the right, **and** you'll find the building.   오른쪽으로 돌면, 그 건물을 발견할 것이다.
   A step further, **and** you will topple down.   한 걸음 더 나아가면 앞으로 고꾸라질 것이다.

3) 등위 상관접속사 both[alike, at once] A and B : A, B 둘 다[모두]
   He is **both** strict **and** tender.   그는 엄격하지만 자상하기도 하다.
   The cell phone is **alike** good **and** cheap.   그 휴대폰은 품질이 좋기도 하고 값도 싸다.
   James is **at once** rich **and** handsome.   제임스는 부유한데다 미남이기도 하다.

- and는 접속부사와 함께 사용하여, 그 의미를 더욱 분명하게 전달하기도 한다.
   - and therefore 그러므로
   - and yet 그런데도
   - and also 또한
   - and so 그래서
   - and then 그리고 나서

B. 등위 접속사 but

1) 앞의 단어·구·절과 반대 또는 대조되는 단어·구·절을 이끌어 "그러나, 하지만, 그런데 등"의 의미로 쓰인다.
   [단어, 구, 절 병치 가능]
   My house is small but beautiful. [단어 병치] 나의 집은 작지만 아름답다.
   She taught me how to love but not how to stop it. [구 병치]
   그녀는 나에게 사랑을 가르쳐주었으나, 그것을 그만두는 법은 가르치지 않았다.
   The situation looked desperate, but I didn't give up hope. [절 병치]
   상황은 절망적으로 보였지만, 나는 희망을 포기하지 않았다

2) 등위 상관접속사 not A but B : A가 아니고 B이다 [B가 앞에 올 때는 B and not A가 된다]
   It is **not** red **but** black. 그것은 붉은색이 아니고 검은색이다.
   Not that I loved Caesar less, **but that** I loved Rome more.
   Caesar를 사랑함이 덜해서가 아니고 로마를 더 사랑했기 때문이다.

C. 등위 접속사 or

1) 선택해야 할 단어·구·절을 동격적으로 결합하여 "또는, 혹은, ~이든가"라는 "선택"의 의미를 나타낸다.
   [단어, 구, 절 병치 가능]
   Which do you like better, apples or oranges? [단어 병치] 사과와 오렌지 중 어느 것을 좋아합니까?
   To be, or not to be; that is the question. [구 병치] 사느냐 죽느냐, 그것이 문제로다.
   Shall I call you, or will you call me? [절 병치] 제가 전화를 걸까요, 그렇지 않으면 전화를 해주시겠습니까?

2) 명령문 뒤에서; 때때로 else를 동반하여 부정 조건의 결과를 나타내어: 그렇지 않으면
   Go at once, **or** (else) you will miss the train. 지금 당장 가거라. 그렇지 않으면 기차를 놓칠 거다.

3) 등위 상관접속사 either A or B: A나 B 어느 한 쪽
   Either you are lying, **or** I am dreaming. 네가 거짓말을 하고 있거나, 내가 꿈을 꾸고 있거나 둘 중 하나다.

■ or 앞에 보통 콤마가 있으면 환언의 의미로 쓰인다: 즉, 다시 말하면
   [= that is (to say), namely, in other words]
   It is **psychology**, or *the science of the mind*. 그것은 심리학, 즉 마음을 연구하는 과학이다.
   It weighs **a kilo**, or *just over two pounds*. 그것은 무게가 1킬로, 즉 2파운드를 약간 넘는다.

D. 등위 접속사 yet

'~이지만 그래도, 그런데도'의 의미로 역접의 but보다 조금 더 뜻이 강하면서, 앞 문장에 대해 비교, 대조의 의미를 갖는다. [이론적으로는 단어, 구, 절의 병치가 가능하나 구를 병치하는 경우는 드물다.]

The driver drove <u>quickly</u> yet <u>safely</u>. [**단어 병치**]   운전사는 차를 빨리 몰기는 했으나 안전 운전을 했다.
<u>He tried hard</u>, yet <u>he could not succeed</u>. [**절 병치**]   열심히 했음에도 불구하고 그는 성공하지 못했다.

■ yet은 종속절에서 although, though와 상관적으로 쓰이는 경우도 흔하다.
He[=Though he] seems happy, yet he is worried.   그는 행복하게 보이지만 그래도 걱정이 있다.

cf yet은 흔히 부사로도 쓰인다.
① 아직; 여전히
I have never talked to Mary yet.   나는 아직까지 한 번도 메리와 말을 해본 일이 없다.
He is yet alive.   그는 아직도 살아 있다.

② [and·but 뒤에서] 그런데도, 그럼에도 불구하고, 그래도
Mr. Smith is wealthy, but yet modest.   스미스 씨는 부자지만 겸손하다.
I feel sleepy, and yet I must finish this work.   졸리지만 그래도 나는 이 일을 마쳐야 한다.

E. 등위 접속사 so

결과를 나타낸다.: 그래서, 그러므로 (절의 연결에만 쓰인다.)

It grew darker, so I went home.   날이 더욱 어두워져서 집으로 돌아갔다.
He worked hard, so he succeeded in life.   그는 열심히 일해서 출세했다.

F. 등위 접속사 for

앞서 진술한 것에 대하여 **추가적인 부연 설명**을 할 때 쓰인다. (반면 because는 직접적인 원인을 설명한다.) (절의 연결에만 쓰인다.)

Mary must have been ill, for she was absent.   결석한 것을 보니, 메리는 아팠음에 틀림없다.
cf Mary was absent because she was ill.   메리는 아파서 결석했다.
It is morning, for the birds are singing.   아침이다, 새가 지저귀고 있으니까.

※ rather than : ~보다는; ~ 대신에

rather than은「rather[부사]+than[접속사]」의 개념으로 등위접속사의 병치 기능을 갖기도 하고, 「rather[부사]+than[전치사]= instead of」의 전치사로 뒤에 명사나 동명사가 오기도 한다. 중요

I went to bed at <u>9</u> rather than <u>10</u>. [**단어 병치 - 접속사 기능**] 나는 10시가 아니라 9시에 잠을 잤다.
She is <u>elegant</u> rather than <u>pretty</u>. 그녀는 예쁘다기보다는 기품이 있다.
It <u>rained</u> rather than <u>snowed</u>. 눈이 아니고 비가 내렸다.

She is a woman <u>of heart</u> rather than <u>of mind</u>. [**구 병치 - 접속사 기능**]
그녀는 이지적이라기보다 감정적인 사람이다
They used umbrellas for protection <u>from the sun</u> rather than <u>from the rain</u>.
그들은 비 보다는 태양으로부터 보호하기 위해 우산을 사용했다.

You'd better <u>call him</u> rather than <u>wait for him here</u>. [**병치 - 접속사 기능**]
그를 여기서 기다릴 바에야 전화를 거는 게 낫겠다.

G You'd better call him rather than *waiting* for him here. [**전치사** = instead of]
= Rather than *waiting* for him here, you'd better call him.
Their action precipitated the war rather than *averting* it. [**전치사** = instead of]
그들의 조치는 그 전쟁을 막는 대신 오히려 촉진시켜 버렸다.

[1-7] 명사절을 이끄는 종속 접속사

A. It is true **that** he is innocent.   그가 결백하다는 것은 사실이다.
I know **that** you love me.   나는 네가 나를 사랑한다는 것을 알아.
The truth is **that** your girl friend likes me.   사실은 네 여자 친구가 나를 좋아 해.
There is no doubt **that** he is guilty.   그가 유죄라는 것은 의심의 여지가 없다.

B. I'll see **whether[if]** she's at home.   그녀가 집에 있는지 내가 (알아) 볼게요.
Whether the new medicine is safe lacks confirmation.   신약이 안전한지는 아닌지는 확실치 않다.

c. **Who** did it is a question to me.   누가 그것을 했느냐가 나에겐 의문이다.
I don't know **whom** you love.   나는 네가 누구를 사랑하는지 모르겠다.

D. **What** I want is money.   내가 원하는 것은 돈이다.
Whoever breaks this law will be punished.   이 법을 어기는 사람은 누구나 처벌 받을 것이다.

GRAMMAR POINT

★ **명사절은 문장의 주어, 목적어, 보어, 동격 역할을 한다.**

명사절을 이끄는 접속사	that: ~것 whether / if: ~인지, 아닌지 의문사: who, whom, whose, what, which, why, when, where, why, how 관계사: • 관계대명사: what, 복합관계대명사 • 관계부사 how

A. 명사절을 이끄는 종속접속사 that: ~것

It's possible **that** he has not received the letter. [**주어자리**]   그가 그 편지를 못 받았을 가능성이 있다.
She said **that** the story was true. [**목적어자리**]   그녀는 그 이야기가 사실이라고 했다
The trouble is **that** we are short of money. [**보어자리**]   문제는 우리가 돈이 부족하다는 것이다.
The idea (/) <u>that</u> (learning is merely information absorption) / may be wrong. [**동격자리**]
    배운다는 것이 단지 지식의 흡수라는 생각은 잘못된 생각일 수도 있다.

■ 동격의 that절은 'fact, doubt, idea, possibility, rumor, claim 등' 주로 추상명사 뒤에서 그것을 보충 설명해주는 기능을 하며, 추상명사와 의미적으로 동격관계를 이룬다.

There is every *possibility* **that** the defendant will be defeated. 　　피고가 패소할 가능성이 아주 많다.
I heard a *rumor* **that** the boss is taking us out to dinner next week. What's the occasion?
　　　　　　　　　　　　　　　　　사장님이 다음 주에 우리에게 저녁을 사 준다는 얘기가 있던데, 무슨 일이지요?

B. 명사절을 이끄는 종속접속사 whether/ if: ~인지 아닌지

whether는 모든 명사자리 즉 주어, (타동사와 전치사의) 목적어, 보어자리, 동격자리에 들어갈 수 있으나, if는 원칙적으로 타동사 목적어자리에만 들어갈 수 있다. [단, 현대 **구어체**[informal] 영어에서는 가주어자리와 보어자리에도 if절이 용납이 되지만, 만일 선택지에 whether, if 둘 모두가 들어가 있는 상황이라면 정답의 우선권은 당연 **whether**에 있다.] ✱ 지텔프 빈출 : whether

Whether he will come (or not) *is* not certain. [**주어자리**] 　　그가 올지 안 올지는 확실치 않다.
* **if** he will come (or not) *is* not certain.(x) [if**는 주어자리에 절대 올 수 없다**]

It is not certain **whether** he will come (or not). [**가주어자리**] 　　그가 올지 안 올지는 확실치 않다.
= It is not certain **if** he will come (or not) [informal].
= It is not certain **whether or not** he will come.
*It is not certain **if or not** he will come. (x) [if **바로 뒤에 or not이 올 수 없다.**]

I don't *know* **whether** he will succeed (or not). [**타동사 목적어자리**] 　　그가 성공할지 어떨지 알 수 없다.
= I don't *know* **if** he will succeed (or not)
For many years people have debated *on* **whether** fishing is cruel or not. [**전치사 목적어자리**]
　　　　　　　　　　　　　　　　수 년 동안 사람들은 낚시가 잔인한지 아닌지를 놓고 토론을 벌여왔다.
* For many years people have debated *on* **if** fishing is cruel or not.(x)
   [**전치사 목적어자리에 if절은 절대 올 수 없다.**]

The point *is* **whether** he will accept it. [**보어자리**] 　　그가 그것을 받아들이느냐가 요점이다.
= The point *is* **if** he will accept it. [informal]
The question, **whether** he will help us, has come to the front. [**동격 자리**]
　　　　　　　　　　　　　　　　　　　그가 우리를 도와줄 것인가 하는 문제가 대두되었다.
I can't decide **whether** *to postpone* or (to) cancel it. 　　그것을 연기해야 할지 그만두어야 할지 정하지 못하고 있다.
* I can't decide **if** *to postpone* or (to) cancel it.(x) [if **뒤에는 to부정사가 절대 올 수 없다.**]

■ whether는 『~이든 아니든』의 의미로 양보의 부사절을 이끌기도 한다.

Whether we win **or** lose, we must play fairly. 　　이기든 지든 정정당당하게 싸워야 한다.

- **whether와 or (not)**

    whether가 명사절을 이끌 경우, or not은 필수 성분이 아니지만, 양보 부사절을 이끌 경우, 반드시 or (not)을 동반해야 한다. 중요

    Whether they come **or not**, I'll go. [양보부사절]   그들이 오든 말든 나는 가겠다.
    *****Whether** they come, I'll go. [x]

    I don't know **whether** they will come **or not**. [명사절]
    = I don't know **whether** they will come.   나는 그들이 올지 안 올지를 모르겠다.

C. 명사절을 이끄는 의문사 (= 간접의문문)

The question is **who did it**.   문제는 누가 그것을 했느냐 하는 것이다.
She didn't ask **how** it happened or why.   그녀는 그 일이 어떻게 그리고 왜 있어났는지 묻지 않았다.

D. 명사절을 이끄는 관계대명사 what/ 복합관계대명사

What you say is always true.   당신이 말씀하시는 것은 항상 옳습니다.
Take **whichever** you like.   네가 좋아하는 것은 어느 것이나 가져가렴.

[1-8] 시간/ 이유/ 양보 부사절을 이끄는 종속 접속사

A. **When** it rains, she usually stays inside.   비가 올 때 그녀는 대개 집에 있다.
   Alice came up **as** I was speaking.   내가 이야기하고 있을 때 엘리스가 다가왔다.
   As soon as I know the result, I'll let you know.   결과를 아는 대로 알려 드리겠습니다.

B. I was late **because** my car broke down.   차가 고장 났기 때문에 늦었다.
   As he is ill, he can't come.   아프기 때문에, 그는 올 리가 없다.
   Since he was a monitor, he couldn't do wrong.   그는 반장이었기에, 나쁜 짓을 할 수 없었다.

C. **Though** she is rich, she is not contented.   그녀는 부유하지만 만족해하지 않는다.
   Even though he is old, he is still strong.   나이는 많지만, 그는 아직도 기운이 세다.
   While I am willing to help, I do not have much time available.
     내가 기꺼이 도와주고 싶긴 하지만 낼 수 있는 시간이 많지 않다.

GRAMMAR POINT

A. 시간 부사절을 이끄는 종속접속사

★ 지텔프 빈출 : as, when, since, after, before, until, while

종속접속사	as(~할 때, ~하는 동안에), when(~할 때), since(~한 이후로), after(~후에), before(~전에), until[=till](~할 때 까지), while(~하는 동안)
군 종속 접속사	as soon as[= instantly, immediately, the moment = on ⓇIng](~하자마자) by the time(…할 때까지(는); 즈음엔)

When you are ready to cook the ribs, smear them with the barbecue sauce.
     갈비를 요리할 준비가 되었을 때, 바비큐 소스를 발라라.
By the time we reached home, it was quite dark.   우리가 집에 도착했을 때에는 아주 깜깜해져 있었다.
It'll be almost dark **by the time** we refuel.   기름을 다시 넣을 즈음이 되면 날이 거의 어두워질 겁니다.

As he entered the room, we applauded.   그가 방으로 들어섰을 때, 우리는 박수를 쳤다.
He sat watching her **as** she got ready.   그녀가 준비를 하는 동안 그는 앉아서 그녀를 지켜보았다.

■ as는 [비례/이유/양태] 부사절의 접속사로 그리고 전치사로도 쓰인다. 중요
   ex **As** he grew older, he became weaker. [비례 부사절]   그는 나이가 듦에 따라 몸이 약해졌다.
      As she often lies, I don't like her. [이유 부사절]   나는 그녀가 자주 거짓말을 하니까 싫다.
      Do in Rome **as** the Romans do. [양태 부사절]   로마에서는 로마인이 하는 대로 하라.
      He is famous **as** a comedian. [전치사]   그는 코미디언으로서 유명하다.

Mary hasn't phoned **since** she went to London. 　　　메리는 런던으로 간 이후로 전화를 하지 않았다.
- **since**는 같은 의미의 전치사, 부사 그리고 이유 부사절의 접속사로도 쓰인다. 〔중요〕

ex It has rained **since** last night. [전치사] 　　　어젯밤부터 비가 오고 있다.

　　She left home two years ago and we haven't heard from her **since**. [부사]
　　　　　　　　　　　　　　　　　　그녀는 2년 전에 집을 떠났는데 그 이후로 우리는 그녀에게서 소식을 못 들었다.

　　Since I have no money, I can't buy it. [이유 부사절] 　　　나는 돈이 없기에, 그것을 살 수 없다.

The criminal stayed motionless **until** the police moved away.
　　　　　　　　　　　　　　　　　　경찰이 다른 곳으로 가버릴 때까지 그 범인은 움직이지 않고 있었다.
- **until**은 같은 의미의 전치사로도 쓰인다.

ex **Until** her death she had lived in London. [전치사] 　　　그녀는 죽을 때까지 런던에 살고 있었다.

I'll call her **after** I've finished reading the paper. 　　　신문을 다 읽고 나서 그녀에게 전화할게.
- **after**는 같은 의미의 전치사, 부사로도 쓰인다.

We'll leave **after** breakfast. [전치사] 　　　우리는 아침 식사 후에 떠날 것이다.
They lived happily ever **after**[=afterward]. [부사] 　　　그들은 그 후 내내 행복하게 살았다.
▶ 부사 afterward와 혼동하지 않도록 주의한다. 〔중요〕

ex I will go shopping **after** I finish this. 　　　이것을 끝낸 뒤[후], 쇼핑 갈 겁니다.
　　*I will go shopping **afterward** I finish this.[x]
　　Shortly **afterward**, police arrested the suspect. 　　　잠시 후, 경찰은 용의자를 체포했다.

I will take a trip around the world **before** I die. 　　　나는 죽기 전에 세계 일주 여행을 할 것이다.
- **before**는 같은 의미의 전치사, 부사로도 쓰인다.

She arrived **before** me. [전치사] 　　　그녀는 나보다 먼저 도착했다.
You should have told me so **before**. [부사] 　　　네가 진작 내게 그렇게 말했어야 했는데.

His father died **while** he was still at school. 　　　그의 아버지는 그가 아직 학교에 다닐 때 돌아가셨다.
- **while**은 대조[양보]의 부사절의 접속사로도 쓰인다.

ex Some are rich, **while** others are poor. 　　　부자도 있으나 또한 가난한 사람도 있다.
▶ 시간 부사절 접속사 while과 전치사 during의 차이를 구별한다. 〔중요〕

While *I was* in London, I first met my wife. [While+절]
During *my stay* in London, I first met my wife. [During+명사]
　　　　　　　　　　　　　　　　　　런던에 있는 동안에, 나는 내 와이프를 처음으로 만났다.

As soon as I arrive there, I'll let you know my schedule. 거기에 도착하자마자, 내 일정을 알려드릴게요.
▶ as long as(~이기만[하기만] 하면)/ as well as(~뿐만 아니라) 와 혼동하지 않도록 주의한다. 중요

ex I'll go **as long as** the weather is fine. 나는 날씨만 좋으면 갈 것이다.
She is intelligent **as well as** beautiful. 그녀는 아름다울 뿐만 아니라 머리도 좋다.

※ 등위 접속사구 A as well as B : B뿐만 아니라 A도 또한 중요
<u>The mother</u> **as well as** <u>the children</u> is sick. 아이들뿐만 아니라, 어머니도 아프다.
= **Not only** the children **but (also)** the mother is sick.
You can learn a lot <u>from people</u> **as well as** <u>from books</u>.
책에서뿐만 아니라 사람들한테서도 많은 걸 배울 수 있습니다.

cf Jane speaks Korean **as well as** Tom. [원급비교] Jane은 Tom만큼 한국어를 잘한다.

B. 이유 부사절을 이끄는 종속접속사

★ 지텔프 빈출 : because, as, since, inasmuch as

종속접속사	because (~ 때문에) as (~때문에) since (~이므로)(=now that)
군 종속접속사	inasmuch as (~이므로, ~하므로/ ~하는 한[은](=insofar as)) in that (~라는 점에서) considering (that) (~을 고려[감안]하면 = seeing that)

Wind is caused by the sun **because** it heats the atmosphere unevenly.
바람은 태양에 의해서 생긴다. 왜냐하면 이것은 대기를 불균일하게 가열하기 때문이다.
I despise him, **not because** he is poor, **but because** he is idle.
나는 그가 가난하기 때문이 아니라 게으르기 때문에 그를 경멸한다.
As you were out, I left a message. 네가 외출하고 없어서 내가 메시지를 남겼어.
Double sessions were instituted **inasmuch as** the school was overcrowded.
학교가 과밀하여 2부제 수업이 도입되었다.
cf She knows the fact, **inasmuch as**[=**insofar as**] I have told her.
내가 이야기해 준 범위까지는 그녀가 그 사실을 알고 있다.

She was fortunate **in that** she had friends to help her. 그녀는 자신을 도와줄 친구들이 있었으므로 운이 좋았다.
The sports fans are leaving **now that** the game is over. 시합이 끝나서 스포츠팬들이 경기장을 떠나고 있다.
Seeing that his voice is shaking, he must be nervous. 목소리가 떨리는 것으로 보아 그는 긴장한 것 같다.
Considering (that) he made a great fortune, he could afford to buy a luxury car.
그가 엄청난 난 부자라는 것을 고려해 보면, 그는 고급승용차를 살 수 있을 것이다.

> ▸ considering 은 같은 의미의 전치사로도 쓰인다. 중요
> ex He is very active **considering** his age. [전치사]   나이를 고려[감안]하면 그는 대단히 활동적이다.

C. 양보[대조] 부사절을 이끄는 종속접속사

★ 지텔프 빈출 : although, though, even though, even if, whereas, while

(군) 종속 접속사	although / though (비록) ~이긴 하지만[일지라도]) even though / even if (비록) ~이긴 하지만[일지라도], whereas / while [두 가지 사실을 비교, 대조해서] ~에 반하여; ~인데도, ~이지만

Although the sun was shining it wasn't very warm.   해가 비치고 있긴 했지만 날이 별로 따뜻하지는 않았다.
Though small, the kitchen is well designed.   부엌이 작긴 하지만 설계가 잘되어 있다.

G! 양보의 as 도치구문에서, (though와 달리) although는 as를 대체할 수 없다.
Brave **as** he was, he was afraid of rats.   비록 그는 용감했지만, 쥐를 무서워했다.
= Brave **though** he was, he was afraid of rats.
*Brave **although** he was, he was afraid of rats.(x)

G! (although와 달리) though는 '그러나(=however)'의 의미로 문중, 문미에서 접속부사 역할도 수행 한다.
ex I don't agree with his cruelty **though**.   하지만 그의 잔인함에 대해서는 동의하지 않는다.

Even if I should fail, I would try again.   혹여 실패하더라도, 한 번 더 해볼 작정이다.
Don't waste things **even though** they're not yours.   설사 너의 것이 아니라도 낭비하지 마라.
■ 『as if[as though]: 마치 ~인 것처럼』과 혼동하지 않도록 주의한다.
ex He looked **as if** he had seen a ghost.   그는 마치 유령이라도 본 것 같은 표정을 짓고 있었다.
   She behaves **as though** she were my friend.   그녀는 마치 내 친구인 것처럼 행동한다.

Kevin is very shy, **whereas** his younger brother is very sociable.
   Kevin은 수줍음이 많지만, 그의 남동생은 매우 사교적이다.

▸ 같은 의미의 접속부사와 혼동하지 않도록 주의한다. 중요
She is fat, **whereas** her mother is slender.   그녀의 어머니는 날씬한데 반해, 그녀는 뚱뚱하다.
*She is fat, **on the other hand** her mother is slender.[x]

While she wanted to marry him, her parents were against it.
   그녀는 그와 결혼하고 싶었지만 부모는 반대했다.

[1-9] 조건/ 목적/ 결과 부사절을 이끄는 종속 접속사

A. If it is fine tomorrow, I will have a date with her. 내일 날씨가 좋다면, 그녀와 데이트 할 것이다.
   He will go, **provided that** his parents can go. 그의 부모님이 가신다면, 그도 갈 것이다.
   Once you begin, you should end well. 일단 시작하면, 잘 끝내야 한다.
   I shall not go **unless** the weather is fine. 나는 날씨가 좋지 않으면 안 가겠다.

B. We eat **that** we may live. 우리는 살기 위해 먹는다.
   He worked hard **lest** he **should** fail. 그는 실패하지 않기 위해 열심히 일했다.

C. It was **so** cold **that** we stayed indoors. 너무 추워서 우리는 실내에 머물러 있었다.
   Jack was always idle, **so that** he failed in the examination. 잭은 늘 게을러서, 시험에 떨어졌다.

GRAMMAR POINT

A. 조건 부사절을 이끄는 종속접속사

* 지텔프 빈출 : if, provided (that), once, unless, as long as, in case (that)

종속접속사	• 긍정형태의 조건 if (만일 ~라면, 이면) provided [providing, supposing](that) once (일단 ~하면) given (that): (~이라고 가정하면; ~이 주어지면; ~을 고려하면) • 부정형태의 조건 unless (~하지 않는다면; ~하지 않는 한.)
군종속접속사	as long as (~하는 한) in case (that) (~~할 경우에 대비하여; ~할 경우라면) only if (~해야만) (어떤 일이 가능한 유일한 상황을 진술할 때 씀) if any [= if there is any at all] (혹시 있다 해도) on the condition that (~라는 조건으로; 만일 ~이라면)

If it's warm tomorrow, we'll drive in the country. 내일 날씨가 포근하다면, 우리는 시골로 드라이브 갈 것이다.
I will wait here **provided that** he promises to come back soon.
그가 곧 돌아온다고 약속한다면 나는 여기에서 기다릴 것이다.

Once you become addicted to gambling, it's too late. 일단 도박에 중독이 되면, 이미 때가 늦은 것이다.

- **once**는 '한 번; (과거) 언젠가[한때]'의 부사로도 흔히 쓰인다.
- ex) We eat out **once** a week.   우리는 일주일에 한 번 외식한다.
  Pluto was **once** known as the ninth planet from the Sun.
     명왕성은 한때 태양계의 아홉 번째 행성으로 알려져 있었다.

You won't get paid for time off **unless** you have a doctor's note.
   의사의 진단서를 받지 않으면 근무하지 않은 시간에 대한 급여는 못 받습니다.

As long as there is the strength to do it, I will do it.
   그것을 할 수 있는 체력이 있는 한, 저는 그 일을 할 것입니다.

I'm taking my umbrella with me **in case (that)** it rains suddenly.
   갑자기 비가 내릴 경우를 대비하여 나는 우산을 가지고 다닌다.

- 같은 의미의 전치사구인 **in case of**와 혼동하지 않도록 주의한다.
- ex) **In case of** emergency, press this button.   긴급한 때에는 이 버튼을 누르십시오.

The bank will lend you money **only if** you sign the paper.
   당신이 서류에 서명할 경우에 한해 은행에서 대출해줄 것입니다.

- 소망을 나타내는 **「if only : ~이면 좋을 텐데」**와 혼동하지 않도록 주의한다. **[중요]**
- ex) **If only** I were a millionaire.   내가 백만장자라면 얼마나 좋을까.

Given (that) one is in good health, one can achieve anything.
   건강만 주어진다면 어떤 일이라도 할 수 있다.

- **given**은 같은 의미의 전치사로도 쓰인다.

Given good health, one can achieve anything. [전치사]
   건강만 주어진다면 어떤 일이라도 할 수 있다.

B. 목적 부사절을 이끄는 종속접속사

긍정의 목적	(so / in order) that 주어+[may, can, will 등] (~하기 위해서) 목적의 의미를 강조하기 위해 that앞에 "so"나 "in order"를 두기도 한다.
부정의 목적	lest ~ should (~하지 않도록) = for fear (that) ~ should * lest는 "~하지 않도록"의 의미이다. lest는 이미 부정의 뜻을 내포하고 있으므로 lest 절에 다시 부정어구를 사용하면 안 된다.

She swims every day **that** she can stay healthy.
= She swims every day **in order that** she can stay healthy. ★ 지텔프 빈출
= She swims every day **so that** she can stay healthy.

= She swims every day **in order to** stay healthy.
= She swims every day **so as to** stay healthy. 그녀는 건강을 유지하기 위해 매일 수영한다.
He worked hard **(in order/so) that** he **might not** fail in the examination.
= He worked hard **lest** he **should** fail in the examination. (O)
* He worked hard **lest** he should **not** fail in the examination. (X)

그는 시험에 떨어지지 않기 위해 열심히 공부했다.

C. 결과 부사절을 이끄는 종속접속사

종속접속사	so+형용사 / 부사+that (너무~해서 ~하다; 매우 ~이므로 ~하다) so that (~의 결과, 따라서)

He worked **so** hard **that** he finally became a lawyer in 2010.
그는 매우 열심히 공부해서 마침내 2010년에는 변호사가 되었다.
He stood the test **so that** he became the governor of the state. 그는 시험을 견뎌내어 주지사가 되었다.
He went **so** early **that** he could get a good seat. [**결과**] 그는 일찍 갔기에 좋은 자리를 차지할 수 있었다.
= He went **so** early **as to** get a good seat.
= He went early **enough to** get a good seat.
cf. He went early **so that** he might(=could) get a good seat. [**목적**]

그는 좋은 자리를 차지하기 위하여 일찍 갔다.

■ 'so that~'의 다양한 용법
① **목적**: I leaned forward **so that** I could see better. 나는 더 잘 보려고 몸을 앞으로 구부렸다.
② **결과**: They were short of water, **so that** they drank as little as possible.

그들은 물이 부족했다. 그래서 될 수 있는 한 조금씩 마셨다.

③ **조건**: Any magazine will do, **so that** it is not boring.

지루하지만 않다면, 어느 잡지든 좋다.[지금은 so long as, if only가 더 일반적]

2 접속부사

접속부사는 두 개의 문장이나 문장의 일부분을 특정한 **의미**로 연결시켜주는, 즉 접속사의 의미에 부사의 기능을 접목시킨 연결어를 말한다. 접속부사는 접속사가 아닌, **부사이기에, 절과 절을 접속할 수 없다**는 점에 주목한다.

- 접속부사의 위치

    I lost my wallet, **so** I had to walk home. [so : 접속사]
    I lost my wallet, **and therefore** I had to walk home. [and : 접속사]
    I lost my wallet; **therefore** I had to walk home. [세미콜론(;)이 접속사 기능]
    I lost my wallet. **Therefore** I had to walk home. [접속부사는 독립적으로 문장을 이끈다.]
    I lost my wallet. I **therefore** had to walk home. [접속부사는 문장 사이에 위치할 수 있다]
    I lost my wallet. I had to walk home, **therefore**. [접속부사는 문장 끝에 위치할 수 있다]
    I lost my wallet; I **therefore** had to walk home.
    I lost my wallet; I had to walk home, **therefore**.   나는 지갑을 분실해서 집까지 걸어와야 했다.
    * I lost my wallet, therefore I had to walk home. [x]
      : 접속부사는 한 문장에서 절과 절을 연결할 수 없고 독립적으로 문장을 이끈다.

 다양한 의미의 접속부사

- 역접: 앞과 뒤의 내용이 대립되고 있다는 것을 알려 준다. (그러나, 하지만)
  however, in fact, actually, instead, fortunately, unfortunately 등

- 양보: 앞 내용으로부터 기대될 수 있는 상황과 반대되는 상황을 나타낼 때 사용된다.
         (그럼에도 불구하고, 그렇기는 하지만)
  nevertheless, even so, nonetheless, notwithstanding, (and) yet

- 대조: 말 그대로 앞과 뒤의 내용이 대조적임을 알려준다. 주로 『~의 양면성, ~의 장점과 단점』 등을 나타내는
        데 사용된다. (이와 반대로, 반면에, 대조적으로)
  however, on the contrary, in contrast, on the other hand, conversely 등

- 결과: 원인이 되는 앞부분의 결과를 보여준다. (따라서, 결과적으로)
  as a result, therefore, thus, eventually, hence, after all, so much so (that), consequently, accordingly 등

- 유사(비교): 앞에 언급한 내용과 유사한 내용을 비교할 때 사용된다. (마찬가지로, 같은 방식으로)
  similarly, likewise, equally, in the same way[manner], in like manner 등

- 환언: 앞에서 언급된 내용과 같은 내용의 말을 다른 방식으로 설명할 때 쓰인다. (즉, 다시 말해서)
  in other words, that is (to say), namely, to put it another way, as it were 등

- 요약: 말 그대로 앞 내용을 요약하는 역할을 한다. (요약하면, 간단히 말하면)
  in short, in brief, to sum up, to summarize 등

- 첨가: 앞 내용과 유사한 새로운 내용을 추가할 때 사용된다. (게다가, 더군다나, 또한)
  besides, moreover, in addition, additionally, furthermore, as well 등

- 예시: 앞의 포괄적인 내용에 대해 구체적인 예를 제시할 때 사용된다. (예를 들면)
  for example, for instance, as an illustration, to illustrate

- 강조: 말 그대로 앞 내용을 강조할 때 쓰인다. (참으로, 확실히; 실제로; 특히)
  indeed, in fact, in reality, in truth, truly, particularly 등

- 순서: 사건의 전개순서를 나열할 때 사용된다.
  afterwards, firstly, secondly, finally, at last 등

- 일반화: 우리말로 '전체[전반]적으로 보아, 대체로'의 의미를 표현할 때 쓰인다.
  altogether, on the whole, in general, by and large, generally speaking 등

- 전환: 말 그대로 화제를 전환 할 때 쓰는 표현이다. (그런데, 그건 그렇고)
  by the way, incidentally 등

G-Telp 최빈출 연결사

1. however

A. 그러나, ~라고는 하지만 - 접속부사

She is intelligent; **however**, she is also fussy.   그녀는 지적이지만 또한 까다롭다.
= She is intelligent. **However**, she is also fussy.
= She is intelligent. She is, **however**, also fussy.
= She is intelligent. She is also fussy, **however**.
> She is intelligent, **however**, she is also fussy. (x)
- 여기에서 however는 접속사가 아니므로 콤마(,)로 연결할 수 없다.

B. 아무리~해도, 아무리~일지라도 - 복합관계부사(접속사 역할 수행)

However hungry you may be, you must eat slowly.   아무리 배가 고프더라도 천천히 먹어야 한다.
[However+형용사+주어+동사, 주절~]
However you do it, the result is the same.   당신이 그것을 어떻게 할지라도, 결과는 마찬가지이다.
[However+주어+동사, 주절~]

2. but

A. 역접

Tom is poor, **but** happy.   Tom 은 가난하지만 행복하다.

B. 강조(환기 기능) - 주로 앞부분에는 열거의 상황이 나오며 최상급 앞에서

~~~~. Third, be aware of some basic interview etiquette tips. **But** the most important thing to remember is that you should be on time for your interview.
세 번째로, 기본적인 인터뷰 예절 조언을 숙지하라. 그러나 기억해야 할 가장 중요한 것은 인터뷰 시간을 엄수하라는 것이다.

3. instead

A. 부정을 전제로 대안을 마련하는 연결사 - 일종의 역접 [중요]

This time there was no standing ovation. **Instead**, he received only a brief round of applause.
[접속부사]   이번에는 열렬한 기립박수는 없었다. 대신에 그는 단지 짧은 박수를 받았다.

B. instead of : 대신에(전치사구)+명사 or 동명사

She gave me a check **instead of** cash.   그녀는 나에게 현금 대신에 수표를 주었다.

4. On the other hand

A. 대조(차이점) "반면에"

Food here is less expensive than is Seoul; clothing, **on the other hand**, is more expensive.
이곳에서는 음식 값은 서울보다 덜 비싸지만, 그 반면에 옷값은 비싸다.

B. "한편(으로는)" (흐름은 같으나 성격이 다른 것을 열거할 때)

The Peasants League declared an all-out battle against the government, saying the deals would throw the unprepared domestic agricultural sector into severe global competition. **On the other hand**, government officials moved swiftly to import the promised amount of rice for this year as soon as possible.
농민연맹은 쌀 합의는 준비가 되지 않은 국내 농업을 심각한 세계적 경쟁으로 내몰게 될 것이라며 정부에 대한 전면전을 선포했다. 한편 정부 관리들은 올해 약속한 물량의 쌀을 가능한 빨리 수입하기 위해 신속한 움직임을 보였다

5. on the contrary : [연결사(부사구)] 거꾸로, 반대로, 그러기는커녕 [역접이나 대조]

Does your back feel any better? — **On the contrary**, it feels much worse.
허리는 좀 좋아졌습니까? — 그렇기는커녕 오히려 더 악화된 것 같습니다.

I'm not ill. **On the contrary**, I'm very healthy.   나는 아프지 않아요. 반대로 오히려 아주 건강합니다.

cf to the contrary : (수식되는 어구 뒤에서) 그와 반대로(의), 반대결과로(의)

6. in contrast to[with] A : A와는 대조적으로

In contrast to their neighbors, she lives modestly.
이웃들과는 달리, 그녀는 검소하게 산다.
In contrast with their system, ours seems very old-fashioned.
그들의 제도와 대조해 보면 우리 제도는 매우 시대에 뒤떨어진 듯 보인다.

> **cf** by [in] contrast : (앞 문장을 받아) 그에 반해서, 그와 대조적으로; ~와 대조하여[with]
> Denmark, by contrast, gets 20 percent of its power from the wind.
> 이와 대조적으로 덴마크는 전체 전력의 20퍼센트를 풍력으로 얻고 있다.

7. in fact

A. 앞 내용을 반박, 부정, 비판 [일종의 역접] = actually

I didn't fail the exam; in fact I did rather well!
나는 시험을 망치지 않았어. 사실은 꽤 잘 쳤어!
Some mushrooms look innocuous but are in fact poisonous.
어떤 버섯들은 해가 없어 보이지만 실제로는 독성이 있다.

I hear that you're a poet. - Actually, I'm a novelist.
시인이시라고 들었어요. - 사실, 저는 소설가입니다.

B. 앞 내용을 부연 설명, 강조

Jack takes dope; in fact he's high on dope now.
Jack은 마약을 복용한다. 사실 지금도 마약에 취해 있다.
I have not received the books, in fact I have heard nothing from your company at all.
책을 못 받은 것은 물론이고, 귀사로부터 아무런 연락조차 받은 바가 없습니다.
Zadie Smith's first novel, White Teeth, was a tremendous success; in fact, it won three widely acclaimed literary awards.
Zadie Smith의 첫 소설《하얀 이빨》은 대단한 성공작이었으며, 실제로 이 작품은 널리 인정받는 세 개의 문학상을 받은 바 있다.

8. nevertheless = nonetheless : 그럼에도 불구하고(양보역접) - 부사

- on the contrary 나 in fact 와는 달리 앞 내용을 부정하지 않고 다른 의견을 제시한다.

I didn't fail the exam; nevertheless I didn't feel good.
나는 시험을 망치지 않았어. 그런데도 기분이 별로였어.
Though he is poor, yet he is nevertheless satisfied with his situation.
그는 비록 가난하지만 자신의 상황에 만족하고 있다.

cf notwithstanding : 그럼에도 불구하고(양보역접) - 접속사, 부사, 전치사

They went out in the rain **notwithstanding** (that) they were ordered not to. [**접속사**=although]

나가지 말라는 명령을 받았음에도 불구하고 그들은 우중에 나갔다.

He will do it **notwithstanding**. [**부사**=however] 그래도 그는 그것을 감행할 것이다.

My parents are very active **notwithstanding** their age.[**전치사**= in spite of]

나의 부모님은 연세에도 불구하고 아주 활동적이시다.

9. though

A. (문장 끝이나 중간에서) 그러나, ~라고는 하지만(=however) - 접속부사(although와 대체 불가)

The news, **though**, may be mistaken. 그렇지만 그 소식은 잘못된 것인지도 모른다.
= The news may be mistaken, **though**.

cf The news, although, may be mistaken. (x)

B. ~이지만, 설령~일지라도 - 양보접속사(=although)

Though(=Although) her family is poor, she has blue blood in her veins.

그녀의 가족은 가난하지만, 그녀는 명문가의 피가 흐른다.

10. otherwise

A. 다른 사정[상황] 아래에서는, 다른 경우라면 [* '그러나(역접)' 로 번역하면 안 된다]

My uncle lent me the money. **Otherwise**, I couldn't have afforded the trip.

삼촌이 내게 그 돈을 빌려주었다. 안 그랬으면 내가 그 여행을 할 형편이 안 되었을 것이다.

They have been committed to the project. They wouldn't be here **otherwise**.

그들은 그 프로젝트에 전념했다. 그렇지 않았으면, 그들이 여기까지 오지 못했을 것이다.

B. 명령문 뒤에서, or(else)의 뜻으로 - 그렇지 않으면

Learn to save now, **otherwise** you may want in old age.

지금 저축하는 습관을 길러라. 그렇지 않으면 노후에 곤란해질지도 모른다.

C. 단순 부사(동사 수식)— -다르게

I can' think **otherwise**. 달리는 생각할 수가 없다.

11. fortunately, unfortunately

A. 역접

Bike ran head on into a dump truck, **fortunately** the bike rider was alive.
자전거[소형 오토바이]가 덤프트럭에 정면으로 충돌했지만 다행히도 운전자는 목숨을 구했다.

We have discussed your request to work from home, and **unfortunately** we cannot approve such working conditions at this time.
자택에서 근무하게 해달라는 귀하의 요청에 대해 논의 해보았지만, 유감스럽게도 현재 그러한 근무조건을 승인해 줄 수가 없습니다.

B. 문장수식

Fortunately I could meet her. 운 좋게도 나는 그녀를 만날 수 있었다.
Unfortunately, all the flights are booked. 유감스럽게도(불행하게도) 비행편이 모두 예약되었다.

12. in other words : 바꿔 말하면, 즉 (=that is, that is to say)

*'in other words(다른 말해서, 바꿔 말하면)'류의 환언 연결어구의 앞부분은 보통 뒷부분에 비해 상대적으로 짧은 표현, 정의 표현, 전문용어 표현이 오며, 뒷부분은 주로 그것을 쉽게 풀어주는 긴 표현이 온다. [in a word, in short 과 같은 요약의 연결어는 이와 반대구조를 갖는다.]

The view that we have is unidirectional. **In other words**, we can't look at a very wide range of things all at once. 우리는 한 방향으로만 볼 수 있다. 바꿔 말하면, 우리는 한꺼번에 넓은 범위를 볼 수가 없다는 것이다.

in short : 짧게 말하면, 요는 (= in a word, in brief)
His novels belong to a great but vanished age. **In short**, they are old fashioned.
그의 소설들은 위대했지만 이제는 사라진 시대에 속한다. 요컨대 그것들은 구식이다.

13. 혼동해서는 안 될 first 관련 주요 표현

A. first of all

① 우선 첫째로(= firstly, in the first place)
: 일련의 사실들, 의견 등을 도입 (나열)할 때 쓰인다. [그 후에 ~~ Secondly, Lastly 가 온다.]

First of all, let me tell you briefly about what we do. 우선[먼저], 우리 업무에 대해 간단히 소개 해 드리겠습니다.
Secondly, I would like to give you an idea on where we are. 다음으로, 우리 현황에 대해서 말씀 드리겠습니다.

Lastly, here's how we're going to achieve our goal.
마지막으로, 우리가 어떻게 목표를 달성해야 할 지 말씀 드리겠습니다.

② (중요도에 있어서) 우선, 무엇보다도(= above all, most of all)
First of all, behave yourself. 무엇보다도[우선], 똑바로 처신해라[얌전하게 굴어라]
Above all, you should be punctual. 무엇보다도, 시간을 엄수하거라.

B. at first - 처음에는

첫 부분과 관련된 상황에 대해 특히 나중에 달라진 상황과 대조해서 말할 때 쓴다.

I found it difficult **at first**, but soon got used to it. 처음에는 어렵게 생각했지만 곧 그것에 익숙해졌다.
At first she refused to accept any responsibility but she ended up apologizing.
처음에 그녀는 어떤 책임도 지지 않으려 하다가 결국에는 사과를 했다.

C. for the first time - 처음, 최초로

Steam locomotives appeared **for the first time** at the beginning of the 19th century.
증기 기관차는 19세기 초에 **처음** 등장했다.
The price of U.S. crude oil has risen to 75 dollars a barrel **for the first time** since last October.
미국의 원유가 지난해 10월 이후 **처음으로** 배럴당 75달러를 기록했다.
I mounted a horse **for the first time**. 나는 **처음으로** 말을 탔다.

★ 핵심 연결어구 [볼드체는 지텔프 빈출]

구 분	접속부사	접속사(등위 / 종속)	전치사(구)
예시	for example for instance as an illustration to illustrate		such as like including
첨가	**besides, moreover**, also further, furthermore **in addition**/ additionally what is more, still more as well	and[등위] as well as[등위] not only ~ but(also)	plus
비교	**likewise, similarly**, equally in like manner by the same token[way, manner]	as as ~ as as ~, so~	like similar to compared to[with]

	역접	however in fact, in reality actually, as a matter of fact instead, fortunately, unfortunately	but[등위] yet[등위] (and) still	instead of
	양보	nevertheless, even so, nonetheless, notwithstanding	although, though even if, even though whether or (not) granting[granted] (that) for all	in spite of despite notwithstanding for all/ with all
	대조	however in[by] contrast on the contrary conversely on the other hand	while whereas	unlike
	조건	otherwise	if, unless(=if ~not), once provided, providing (that) suppose, supposing (that) in case (that) on condition (that) assuming (that) as[so] long as	in case of in the event of with without(= but for)
	목적		that so that in order that --------------- lest ~ (should) for fear (that) ~ (should)	for the purpose of for the good of with the intension of with the view of with a view to ---------------- so as to ⓡ in order to ⓡ
인과	원인		because, since, as, in that, now that, given that, seeing that considering (that)	because of, on account of due to, owing to on the ground of given, considering[=for]
	결과	therefore, thus hence, then, so much so accordingly, consequently as a result, as a consequence	so[등위] so that so[such] ~ that	as a result as a consequence of

요약 / 결론		in short, in sum in summary, to sum up in brief, briefly, to be brief in conclusion, to conclude) in a few words in a nutshell		
환언		in other words that is (to say) to put it (in) another way as it were, so to speak namely		
화제 전환		by the way incidentally		
강조		indeed , in fact, in reality in truth, truly, actually as a matter of fact above all, most of all first of all, in the first place unquestionably, definitely particularly, specifically		
일반화		altogether, on the whole in general, all in all generally speaking by and large		
시간 순서	처음	first, in the first step to start[begin] with		
	이후	afterwards then after that subsequently	after	
	끝	last, finally, in the end eventually, ultimately in the long run		
	동시	at the same time simultaneously concurrently ---------------- meanwhile in the meantime		
기타		rather than [접속어] ~보다는[대신에/~하지 말고] / other than [접속어] ~외에, ~이외의; ~과 다른/ regardless of [전치사구] ~에 개의치 않고, 관계없이/ alternatively [부사] 양자택일로; 그 대신에/ by all means [부사구] 아무렴[좋고말고]; 반드시/ according to[전치사구] ~에 따르면/ according as[접속사구] ~에 따르면/ worst of all [부사구]무엇보다도 나쁜 것은/ at any rate[부사구] 어쨌든; 하여튼 (과거나 미래의 상황과 상관없이 특정 사실은 진실임을 나타냄 혹은 앞에 한 말보다 뒤에 하려는 말이 더 중요함을 나타냄) except that[접속사] ~을 제외하고/ except for[전치사] ~을 제외하고		

필수 예제

01 Finally he went to Arizona, _____ for the rest of his life.

(a) when he settled down
(b) wherever he settled down
(c) where he settled down
(d) which he settled down

02 The evidence will cast light on _____.

(a) that responsibility it is
(b) whose responsibility it is
(c) who responsibility it is
(d) whom responsibility it is

03 I will live a happy life, doing _____.

(a) which I really enjoy
(b) how I really enjoy
(c) why I really enjoy
(d) what I really enjoy

04 The symbol of Singapore is the Merlion, _____.

(a) that is a half-fish and half-lion animal
(b) where is a half-fish and half-lion animal
(c) why is a half-fish and half-lion animal
(d) which is a half-fish and half-lion animal

05 The only thing _____ was to see her.

(a) who was in his mind
(b) that was in his mind
(c) what was in his mind
(d) why was in his mind

06 He informed me _____.

(a) that he would not be able to attend
(b) which he would not be able to attend
(c) what he would not be able to attend
(d) whom he would not be able to attend

07 One THAAD battery consists of six launchers, _____.

(a) each of what has eight missiles
(b) each of which has eight missiles
(c) each of them has eight missiles
(d) each of that has eight missiles

08 My aunt _____ has come to live with us.

(a) whose house was burnt down last night
(b) that house was burnt down last night
(c) what house was burnt down last night
(d) which house was burnt down last night

09 Because of _____, it could start a war.

(a) that she did it
(b) why she did
(c) what she did
(d) she did

10 Do you know _____ yesterday?

(a) whom I bumped into
(b) who I bumped into
(c) how did I bump into
(d) when I bumped into

11 NASA scientists spotted the moon using the Hubble telescope _____.

(a) which launched in 1990
(b) what launched in 1990
(c) which was launched in 1990
(d) what was launched in 1990

12 Give the car to _____.

(a) whoever wants to have it
(b) whomever wants to have it
(c) who wants to have it
(d) whom wants to have it

13 Give the document to _____.

(a) whoever you can trust
(b) whomever you can trust
(c) who you can trust
(d) whom you can trust

14 They reminded me _____.

(a) that I should win the game for my country
(b) as if I should win the game for my country
(c) even if I should win the game for my country
(d) what I should win the game for my country

15 He wanted to provide food _____.

(a) what was cheap and easy to make
(b) who was cheap and easy to mak
(c) how was cheap and easy to make
(d) that was cheap and easy to make

16. The information _____ is doubtful.

    (a) with which the conclusion was based
    (b) with what the conclusion was based
    (c) on which the conclusion was based
    (d) on what the conclusion was based

17. The car _____ recently was stolen.

    (a) which he bought it
    (b) what he bought
    (c) whom did he buy
    (d) he bought

18. I wonder _____.

    (a) what he is going to do next
    (b) what is he going to do next
    (c) how he is going to do next
    (d) how is he going to do next

19. Eventually, Carl became the conductor _____, just like he said when he was 15 years old.

    (a) no one can replace
    (b) what no one can replace
    (c) how no one can replace
    (d) whom no one can replace him

20. There are many world-famous cartoon films _____.

    (a) which loved by both children and adults
    (b) that loved by both children and adults
    (c) which is loved by both children and adults
    (d) that are loved by both children and adults

21 Things definitely changed that year _____ a stunning $2.5 billion worldwide.

(a) how the film Avatar made
(b) which the film Avatar made
(c) in when the film Avatar made
(d) when the film Avatar made

22 Gelato, _____, is one of Italy's best-known desserts.

(a) what is Italian for "ice cream"
(b) who is Italian for "ice cream"
(c) where is Italian for "ice cream"
(d) which is Italian for "ice cream"

23 Who's the tall man _____ when I saw you yesterday?

(a) to who you were talking
(b) to that you were talking
(c) to whom you were talking
(d) to you were talking

24 There was a long discussion about _____.

(a) whom should elect
(b) who should elect
(c) whom should be elected
(d) who should be elected

25 His father, _____, is a professor of university.

(a) which major was economics
(b) how major was economics
(c) whose major was economics
(d) whom major was economics

26. He went underwater without any protective gear, _____.

   (a) what could be fatal
   (b) that could be fatal
   (c) which could be fatal
   (d) who could be fatal

27. The path is so intricate _____ without an expert guide.

   (a) that one would soon be lost
   (b) which one would soon be lost
   (c) what one would soon be lost
   (d) how one would soon be lost

28. Have you ever wondered _____?

   (a) how animals talk to each other
   (b) whom animals talk to each other
   (c) how do animals talk to each other
   (d) what do animals talk to each other

29. It is ceratin _____.

   (a) that he is a genius
   (b) he is a genius
   (c) who he is a genius
   (d) whom he is a genius

30. James was squabbling with his son about _____.

   (a) when should use the computer
   (b) who should use the computer
   (c) that should use the computer
   (d) how should use the computer

31 Dirty cutting boards can harbor germs _____ and make people sick.

(a) which can quickly spread
(b) who can quickly spread
(c) what can quickly spread
(d) where can quickly spread

32 Cooper, _____, is my English teacher.

(a) who we met the other day
(b) whom we met the other day
(c) whom met the other day
(d) who did we met the other day

33 I wonder _____ this year.

(a) what will I get from my parents
(b) what I will get from my parents
(c) when I will get from my parents
(d) when will I get from my parents

34 My grandparents still live in the house _____.

(a) where my father grew up
(b) which my father grew up
(c) that my father grew up
(d) how my father grew up

35 Your story reminds me of a story _____.

(a) when I heard from my grandma
(b) who I heard from my grandma
(c) how I heard from my grandma
(d) that I heard from my grandma

36 A prison is a building _____ as a punishment.

(a) in which criminals are forced to live
(b) where criminals are forced to live in
(c) which criminals are forced to live
(d) that criminals are forced to live

37 He told me _____.

(a) which honesty is the best policy
(b) what honesty is the best policy
(c) that honesty is the best policy
(d) when honesty is the best policy

38 She's really a talkative person, but _____ is incoherent.

(a) what she says
(b) which she says
(c) what does she say
(d) which does she say

39 The design company's clothes have no tags _____.

(a) which can irritate the skin
(b) what can irritate the skin
(c) where does the skin irritate
(d) that irritates the skin

40 Students _____ will generally have better tasting and more nutritious meals.

(a) whom bring their lunches
(b) that bring their lunches
(c) when bring their lunches
(d) why bring their lunches

41 The farm actually owned by her grandfather, _____.

(a) that died 12 years ago
(b) when died 12 years ago
(c) whose death 12 years ago
(d) who died 12 years ago

42 The WFP is an international organization, _____ around the world.

(a) when goal is to put an end to hunger
(b) whom goal is to put an end to hunger
(c) that goal is to put an end to hunger
(d) whose goal is to put an end to hunger

43 That is a risk _____.

(a) that I do not want to take
(b) what I do not want to take
(c) where I do not want to take it
(d) when I do not want to take it

44 I wonder _____. There's nobody here.

(a) when has everybody gone
(b) where everyone has gone
(c) everyone has gone where
(d) what everyone has gone

45 What's more pathetic is _____.

(a) that she doesn't even know the fact
(b) what she doesn't even know the fact
(c) which she doesn't even know the fact
(d) whatever she doesn't even know the fact

46. He is enthusiastic about his work and proud of _____.

   (a) what he is doing
   (b) which is doing
   (c) that he is doing
   (d) what is he doing

47. Children _____ can develop their critical thinking and collaboration skills.

   (a) who plays the game
   (b) whom plays the game
   (c) that play the game
   (d) which play the game

48. I have so many wishes, so I don't know _____.

   (a) which one to say first
   (b) which one to say it first
   (c) why to say it first
   (d) to say it which one first

49. Now is the time _____ and spend time with your family.

   (a) when you should relax
   (b) which you should relax
   (c) where you should relax
   (d) how you should relax

50. _____ you choose to marry, you will have a good wife.

   (a) Whichever of the three sisters
   (b) Whatever of the three sisters
   (c) Any of three sisters
   (d) All of the three sisters

51 Sometimes when I read a newspaper, I see a Korean word _____, because it has many meanings.

(a) I cannot understand
(b) what I cannot understand
(c) of which cannot understand
(d) when I cannot understand

52 She is a world-famous author _____.

(a) who wrote the Harry Potter series
(b) whose wrote the Harry Potter series
(c) whom did write the Harry Potter series
(d) that wrote the Harry Potter series

53 Keep in mind _____!

(a) what I told you
(b) what did I tell you
(c) which I told you
(d) which I told you

54 The daffodil, _____, symbolizes rebirth and a new beginning, as well as future prosperity.

(a) whose botanical name is Narcissus
(b) who botanical name is Narcissus
(c) why botanical name is Narcissus
(d) what botanical name is Narcissus

55 Recently, he brought good news _____.

(a) that he just finished a trip to Ireland
(b) which he just finished a trip to Ireland
(c) where he just finished a trip to Ireland
(d) what he just finished a trip to Ireland

56 Watts plays an unemployed actress _____.

(a) when does King Kong fall in love with
(b) who King Kong falls in love with
(c) what King Kong falls in love with
(d) which King Kong falls in love with

57 This is one of the reasons _____ today.

(a) what tigers are endangered
(b) which tigers are endangered
(c) where tigers are endangered
(d) why tigers are endangered

58 Playing the piano is _____.

(a) that I truly enjoy doing
(b) which I truly enjoy doing
(c) what I truly enjoy doing
(d) how I truly enjoy doing

59 No one knows _____, but it was surely first made in Naples around 1860.

(a) who pizza invented
(b) who invented pizza
(c) did whom invent pizza
(d) that invented pizza

60 _____, she takes a book with her.

(a) Whichever she goes out
(b) However she goes out
(c) No matter what she goes out
(d) Whenever she goes out

61 He spent all the money _____ on making the encyclopedia.

    (a) when he previously gained
    (b) that he previously gained
    (c) whom he previously gained
    (d) which he previously gained it

62 I don't know _____, but I am excited!

    (a) where we are going
    (b) where are we going
    (c) where we are going to
    (d) we are going to where

63 Students _____ may learn about the world's many cultures.

    (a) who watch the documentary
    (b) how does watch the documentary
    (c) what watch the documentary
    (d) that does watch the documentary

64 It is obvious _____.

    (a) what he violated the ethical code of a lawmaker
    (b) that he violated the ethical code of a lawmaker
    (c) however he violated the ethical code of a lawmaker
    (d) no matter which he violated the ethical code of a lawmaker

65 A black hole is a celestial body _____ that even light cannot escape it.

    (a) which gravity is so massive
    (b) whose gravity is so massive
    (c) that gravity is so massive
    (d) when gravity is so massive

66 Jessy is the one _____ for a long time.

(a) on whom the executives have been relying
(b) to whom the executives have been relying
(c) on which the executives have been relying
(d) to who the executives have been relying

67 The championship in the league was achieved by ordinary players _____.

(a) who nobody cared about
(b) whom nobody cared about
(c) where nobody cared about
(d) when nobody cared about

68 _____, he will be punished.

(a) Whoever may tell a lie
(b) Whomever may tell a lie
(c) Who may tell a lie
(d) Whom may tell a lie

69 Woods proved _____ when it comes to golf.

(a) what he is second to none
(b) that he is second to none
(c) wherever he is second to none
(d) whenever he is second to none

70 Jessica has no one _____.

(a) whom to trust her baby
(b) with whom trust her baby
(c) with why to trust her baby
(d) with whom to trust her baby

71 We wonder _____ to compose the beautiful piece Fur Elise.

(a) whom inspired Beethoven
(b) did who inspire Beethoven
(c) who inspired Beethoven
(d) did whom inspire Beethoven

72 Did you see the video clip _____ on YouTube last month?

(a) whom Matthew uploaded
(b) what Matthew uploaded
(c) whenever Matthew uploaded
(d) that Matthew uploaded

73 A "hive" is the place _____.

(a) in that bees live and collect their honey
(b) in what bees live and collect their honey
(c) in where bees live and collect their honey
(d) in which bees live and collect their honey

74 I'm sure girls will like you after they get to know _____.

(a) who you are
(b) who are you
(c) you are who
(d) you who are

75 Please sit _____.

(a) wherever you like
(b) however you like
(c) what you like
(d) whom you like

76. Tell me _____ to be the hottest female star in 2016.

   (a) who you want to choose
   (b) who do you want to choose
   (c) whom you want to choose
   (d) whom do you want to choose

77. Mr. Cooper added _____ for people.

   (a) that he will make more jobs
   (b) however he will make more jobs
   (c) which he will make more jobs
   (d) what he will make more jobs

78. What is the name of the fish and _____?

   (a) why is it so expensive
   (b) why it is so expensive
   (c) what is it so expensive
   (d) what it is so expensive

79. Nadal praised Lee Duck-hee _____ with a hearing impairment.

   (a) that is a tennis player
   (b) who is a tennis player
   (c) why is a tennis player
   (d) how a tennis player is

80. There was a good student, _____.

   (a) who father was a human rights lawyer
   (b) whom father was a human rights lawyer
   (c) whose father was a human rights lawyer
   (d) that father was a human rights lawyer

81 His father had no funds _____.

(a) which to finance his education
(b) with which finance his education
(c) with whom to finance his education
(d) with which to finance his education

82 Individuals should be allowed to eat meat if that is _____.

(a) what they prefer to eat
(b) that they prefer to eat
(c) why they prefer to eat
(d) how they prefer to eat

83 _____, you will find her sleeping

(a) Whenever you may visit her
(b) Whereas you visit her
(c) Because she visits you
(d) As soon as she visits you

84 They blocked the railway tracks so _____.

(a) that trains couldn't pass through
(b) as that trains couldn't pass through
(c) as to trains couldn't pass through
(d) whenever trains couldn't pass through

85 The man, _____, made his fortune in real estate.

(a) whom name hasn't been made public
(b) who name hasn't been made public
(c) what name hasn't been made public
(d) whose name hasn't been made public

86 The best thing about home schooling is _____, anytime.

(a) what you can ask your teacher anything
(b) since you can ask your teacher anything
(c) why you can ask your teacher anything
(d) that you can ask your teacher anything

87 Europe's biggest country is Russia, _____ of the continent.

(a) where covers about 40 percent
(b) which covers about 40 percent
(c) what covers about 40 percent
(d) that covers about 40 percent

88 _____ is my main concern.

(a) What will she ask for in return
(b) What she will ask for in return
(c) When will she ask for in return
(d) When she will ask for in return

89 My uncle convinced me _____.

(a) who it would be fun
(b) that it would be fun
(c) what it would be fun
(d) which it would be fun

90 He will get lost _____.

(a) whereas he goes
(b) wherever he goes
(c) that he goes
(d) whatever he goes

91 Tibetans call Mount Everest "Chomolungma," _____

(a) that means "Mother of the Universe."
(b) which means "Mother of the Universe."
(c) where means "Mother of the Universe."
(d) what means "Mother of the Universe."

92 She realized through this experience _____.

(a) that she was obsessed with her looks
(b) which she was obsessed with her looks
(c) whom she was obsessed with her looks
(d) what she was obsessed with her looks

93 Those _____ have come back frightened or never returned.

(a) that have visited there
(b) which have visited there
(c) whom have visited there
(d) who have visited there

94 Now you know _____ soft drinks and diet sodas!

(a) what you should not drink
(b) what should you not drink
(c) why you should not drink
(d) why should you not drink

95 The physician treats many patients from _____.

(a) who he expects no pecuniary reward
(b) whom he expects no pecuniary reward
(c) that he expects no pecuniary reward
(d) he expects no pecuniary reward

96 _____ must show his identification.

    (a) Who enters the building
    (b) Whoever enters the building
    (c) Whom enters the building
    (d) Whomever enters the building

97 Since ancient Greece, man has invented many devices _____.

    (a) which to fly
    (b) with which to fly
    (c) with whom to fly
    (d) with why to fly

98 Most people in America have probably decided _____.

    (a) who they will vote for
    (b) whom they will vote for
    (c) where will they vote for
    (d) when they will vote for

99 Do you know _____?

    (a) who bicycle this is
    (b) whom bicycle this is
    (c) that bicycle this is
    (d) whose bicycle this is

100 Bananas are packed with potassium, _____.

    (a) that helps your heart and muscles grow stronger
    (b) which helps your heart and muscles grow stronger
    (c) where helps your heart and muscles grow stronger
    (d) what helps your heart and muscles grow stronger

101 He has three older sisters, _____ yet.

(a) none of who is married
(b) none of whom is married
(c) none of them is married
(d) none of that is married

102 You think me idle, but _____ I am very busy.

(a) on the contrary
(b) now that
(c) unlike
(d) whereas

103 Where were you _____ your working hours?

(a) during
(b) while
(c) nonetheless
(d) as

104 It rained a lot. _____ even our school was flooded.

(a) So much so
(b) So
(c) Due to
(d) Nevertheless

105 Don't butt in _____ others are speaking.

(a) while
(b) during
(c) as well
(d) otherwise

106 I thought your room would be very dirty. _____, it is very clean.

(a) After all
(b) But
(c) In fact
(d) To put it another way

107 He failed the test _____ studying all the night.

(a) in spite
(b) despite
(c) even though
(d) contrary to

108 He failed his first marriage. _____, he failed his second one.

(a) In short
(b) Like
(c) Likewise
(d) Such as

109 You may go to the party _____ you're home by 10.

(a) but
(b) whereas
(c) altogether
(d) provided that

110 _____ we're not very busy now, I can get away from the office.

(a) Whether
(b) Though
(c) However
(d) Since

111 I feel like a coffee. _____, when is the deadline for this manuscript?

    (a) Incidentally
    (b) Consequently
    (c) Eventually
    (d) Unless

112 _____ fire, ring the alarm bell.

    (a) In case of
    (b) In case
    (c) So as to
    (d) Due to

113 They worked for 11 hours, but _____ they couldn't finish the job.

    (a) then
    (b) even so
    (c) although
    (d) therefore

114 Kakao Talk is very convenient. _____, it is free.

    (a) And
    (b) On the other hand
    (c) So
    (d) Moreover

115 Ask him _____ he can come.

    (a) while
    (b) in case
    (c) since
    (d) whether

116 Sam cleared the table _____ Jessy washed the dishes.

(a) besides
(b) meantime
(c) at the same time
(d) and

117 He was crippled in a car accident. _____, he never gave up on his life.

(a) Eventually
(b) Nevertheless
(c) Even if
(d) As if

118 Bus services were shut down _____ cold winter weather.

(a) as
(b) such as
(c) due to
(d) because

119 Rock climbing is so much fun. _____, if you are not careful, you may get hurt.

(a) But
(b) However
(c) Hence
(d) Since

120 He is not young _____ he is very strong.

(a) so
(b) for
(c) but
(d) however

121 _____ he will come himself or not doesn't matter to me.

    (a) If
    (b) Whether
    (c) As
    (d) Otherwise

122 We can reserve tickets online. _____, it is no longer to visit the ticket office in person.

    (a) Thus
    (b) Because
    (c) Similarly
    (d) Although

123 Practicing yoga keeps you fit. _____, it helps you sleep well.

    (a) And
    (b) In addition
    (c) So
    (d) Instead

124 I doubt _____ she is coming.

    (a) if
    (b) provided that
    (c) though
    (d) whereas

125 I'd like water and _____ I'll have coffee.

    (a) afterward
    (b) not only
    (c) that
    (d) namely

126 It was raining _____ she arrived.
  (a) when
  (b) meanwhile
  (c) during
  (d) though

127 Jack was asked to leave the company. _____ he was fired.
  (a) So
  (b) In other words
  (c) On the contrary
  (d) By the way

128 Who will succeed him _____ he resigns?
  (a) whereas
  (b) in case
  (c) as
  (d) in the event of

129 Jack stayed in bed all day _____ going to school.
  (a) as a result of
  (b) while
  (c) instead of
  (d) owing to

130 I was worried about _____ she could come.
  (a) that
  (b) if
  (c) whether
  (d) unless

131 _____ she was forty, she was recognized as an authority in the field.

(a) Nearly
(b) At the same time
(c) Simultaneously
(d) By the time

132 I got up early _____ that I might catch the first train.

(a) in order
(b) so as
(c) for fear
(d) provided

133 _____ they affirmed it, I would not believe it.

(a) Even though
(b) As though
(c) Nevertheless
(d) In addition

134 My eyes and throat hurt _____ there is yellow dust.

(a) although
(b) however
(c) whereas
(d) whenever

135 _____ hungry you may be, you must eat slowly.

(a) Whenever
(b) However
(c) No matter
(d) How

136 She went home _____ she got the phone call.

(a) as soon as
(b) as long as
(c) afterward
(d) as much

137 _____ the house is old, I still want to buy it.

(a) Granting that
(b) As soon as
(c) However
(d) Why

138 _____ often I tell him, he doesn't listen.

(a) So much
(b) Without
(c) Due to
(d) However

139 The manager was out. _____, I left a message with his secretary.

(a) And
(b) Therefore
(c) So
(d) However

140 Winter is over _____ spring has come.

(a) and
(b) therefore
(c) thus
(d) yet

141. Here is the money I borrowed. _____, what time is it?

(a) So that
(b) By the way
(c) In other words
(d) However

142. _____ it was cold in the morning, I nearly caught cold.

(a) For
(b) So
(c) If
(d) As

143. He didn't want to make his wife sad, _____ he told her a white lie.

(a) but
(b) so
(c) thus
(d) because

144. I don't really want to go to the amusement park. _____, I don't have money.

(a) Thus
(b) As
(c) Although
(d) Besides

145. _____ you tell me all about it, I cannot help you.

(a) Otherwise
(b) Nevertheless
(c) Except for
(d) Unless

146 _____ you were in my shoes, what would you do?

    (a) Suppose
    (b) Since
    (c) That
    (d) As well as

147 She got a serious cold. _____, she was absent from work.

    (a) As a result
    (b) In like manner
    (c) However
    (d) And

148 I will undertake it _____ you bear the expense.

    (a) on condition that
    (b) even if
    (c) as if
    (d) despite

149 _____ how rich a man may be, he cannot buy happiness with money.

    (a) Though
    (b) No matter
    (c) But
    (d) And

150 A : If you live in Alaska, you'll need warm clothes.

    B : _____, if you're in Hawaii, you'll need cool, lightweight clothes.

    (a) While
    (b) In contrast
    (c) Fortunately
    (d) And

기출문제 및 실전문제

정답 및 해설 301p

1

During the first Olympic Games in ancient Greece, athletes played more for honor than for prizes. In fact, an athlete _____ was crowned with a plain olive wreath rather than given a gold medal.

(a) whom won a particular event
(b) what won a particular event
(c) that won a particular event
(d) which won a particular event

2

A jewelry store was robbed yesterday when armed men caught the security guards unaware. The police were able to arrest some men _____ as the ones who committed the crime.

(a) where witnesses identified
(b) when witnesses identified
(c) who witnesses identified
(d) whom witnesses identified

3

Allan is the most secretive person I know. He is just an average real estate salesman, and nobody knows _____ to sustain his excessive lifestyle. This includes a large collection of sports cars.

(a) that he gets the money
(b) which he gets the money
(c) who he gets the money
(d) where he gets the money

4

Professor Caldwell allowed his students to consult their notes during their recent exam. Sheryl, the only person in her class who didn't do so, got the highest score. Her classmates wondered _____ to ace the test.

(a) what she managed
(b) when she managed
(c) that she managed
(d) how she managed

5

The giraffe can be a very strange looking animal to many people. In fact, the early Romans, _____ was a cross between a camel and leopard, called the giraffe a "camelopard."

(a) which thought that the animal
(b) who thought that the animal
(c) they thought that the animal
(d) what thought that the animal

6

Mr. Turner sips his coffee as he waits for an applicant to interview. He is sitting in the Beanery cafe _____ promising candidates for his company. He finds this candidate's resume especially impressive.

(a) that he usually interviews
(b) how he interviews the usual
(c) where he usually interviews
(d) when usually he interviews

7

Chad skipped lunch at work to finish an urgent report. However, he couldn't present the report well during the afternoon meeting. He was so hungry that the only thing _____ was food.

(a) what was in his mind
(b) why was in his mind
(c) that it was in his mind
(d) that was in his mind

8

Candice was complaining of stomachache this morning. The school nurse said that _____ probably made her sick. She is now wondering if the milk she drank had gone bad.

(a) which she had for breakfast
(b) how she had for breakfast
(c) what she had for breakfast
(d) that she had for breakfast

9

Mary will invite many guests to her 18th birthday next week. However, Monica, _____ is in Europe and won't be attending. Mary thinks her birthday won't be as much fun without her.

(a) that is her best friend
(b) which is her best friend
(c) who is her best friend
(d) why is she her best friend

10

Charlotte always asks her mother, Lisa, to read her a story before she goes to sleep. It has become one of their bedtime routines. Lisa must have read Cinderella, _____, more than twenty times.

(a) when is Charlotte's favorite
(b) which is charlotte's favorite
(c) that favorite is Charlotte's
(d) why is it Charlotte's favorite

11

Samantha was lucky that someone helped her change her flat tire last night. A man _____ volunteered to help her after seeing that she didn't know what to do.

(a) that happens to be driving by
(b) how did he happen to drive by
(c) what happened to be driving by
(d) who happened to be driving by

12

Tammy keeps wasting money on things that she buys without much thought. Just last night, she found out that the cheap bed _____ is uncomfortable to sleep in.

(a) how she bought at a garage sale
(b) that she bought at a garage sale
(c) where she bought at a garage sale
(d) when she bought at a garage sale

13

Two candidates from totally different backgrounds won the book club's "Best Fiction" award. One is a successful novelist and professor. The other, _____ is a social activist.

(a) that novel is about politics
(b) which novel is about politics
(c) whom novel is about politics
(d) whose novel is about politics

14

According to a magazine article, Lydia Nicolas Lewis, the CEO of a multinational corporation, is one of the richest women in the world. The article also says that she has remained humble _____ her enormous success.

(a) in spite of
(b) due to
(c) other than
(d) aside from

15

Being a single parent, Sandra works doubly hard to provide a good education for her son. _____, she has been holding three jobs for the last four years so she can pay for his son's college tuition.

(a) Likewise
(b) However
(c) Besides
(d) In fact

16

Arthur and Simon planned to meet at Joe's Burger at 10, so that they could go to the county fair together. However, something unexpected came up at Simon's house. _____, he had to cancel their meeting.

(a) On the contrary
(b) As a result
(c) In addition
(d) Otherwise

17

James totally surprised us with his performance in the play last night. We didn't know he could act. His acting as Romeo was so convincing that it seemed _____ he had been acting for years.

(a) because
(b) therefore
(c) as though
(d) as well as

18

Many studies have proven that eating fast food on a regular basis may contribute to health problems. _____, people still flock to establishments selling hamburgers, pizza, and other junk foods every day.

(a) Therefore
(b) Afterward
(c) In fact
(d) Even so

19

Matt got a pet parrot for his birthday, and he is now teaching the bird how to talk. He gives the parrot a treat _____ it repeats a word he says.

(a) however
(b) whereas
(c) whenever
(d) although

20

After proving to his father that his grades had really improved, Harold was allowed to play computer games again. However, he could only play _____ he had already finished his assignments.

(a) although
(b) whether
(c) provided that
(d) in order that

21

Howard was rushed to the school clinic. He accidentally burned his hand while doing a chemistry experiment. He wasn't allowed to remove the bandage _____ the nurse told him to.

(a) until
(b) so
(c) when
(d) if

22

Professor Cooper doesn't like it when students don't pass his exams. _____ giving surprise quizzes that everyone fails, he announces tests ahead of schedule so the students can prepare.

(a) Even if
(b) Instead of
(c) Besides
(d) Despite

23

The movie had a boring script and poor cinematography. Also, the characters were uninteresting, and the story lacked twists. _____, I really didn't like the movie.

(a) For instance
(b) In other words
(c) However
(d) Besides

24

Sandra is starting to lose hope of ever learning to play the piano well. She keeps practicing everyday, but says that _____ how hard she tries, she just can't hit all the right keys.

(a) even though
(b) no matter
(c) whenever
(d) because of

25

The affordable hybrid car everybody has been waiting for is finally here. However, its price won't be as low as originally advertised _____ the company spent a lot more on production than they had planned.

(a) as if
(b) therefore
(c) because
(d) so that

26

Samantha has decided to apply for AXC Bank's new savings plan. The bank is offering high interest rates. _____, the first one hundred customers will receive a free electric toaster.

(a) However
(b) Nevertheless
(c) Moreover
(d) Therefore

02

EBS 이재훈의 지텔프 2급 뽀개기 – 문법

조동사

Auxiliary verbs

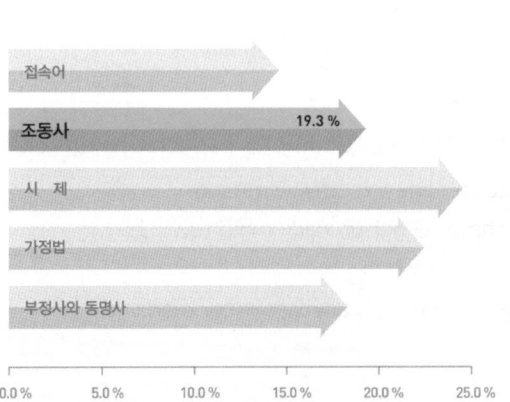

02 조동사

 **G-Telp 최근 빈출 중요 조동사**

can[능력] > will[미래, 추측] > could[과거의 능력] > may[추측] > must[의무] > should[당위] > might[추측]

 Must

A. 반드시 해야 하는 (강제적) 의무

According to the law, a driver **must** have a driver's license.
법에 따르면, 운전자는 운전 면허증을 반드시 가져야 한다.

Passengers **must** declare all goods purchased abroad.
승객들은 외국에서 산 물건들을 모두 세관에 신고해야 한다.
Plants **must** have carbon dioxide to live and grow.
식물은 생장하기 위하여 이산화탄소가 반드시 필요하다.
I **must** finish it by tomorrow *no matter what*.
하늘이 두 쪽 나도 그 일은 내일까지 끝내야 한다.

※ must는 과거형을 갖지 않으므로, have to의 변화형인 **had to**로 대신해서 표현한다.
   The professor didn't like Tom's essay, so he **must** do it over. [x]
   ⇒ The professor didn't like Tom's essay, so he **had to** do it over.
   그 교수는 Tom의 에세이가 마음에 들지 않았고, 그래서 그는 그걸 다시 해야 했다.

  cf 시제일치의 룰에 따라 과거의 시제를 써야 하는 (간접화법의) 종속절에서는 had to의 대용으로 must를 그대로 쓸 수 있다.
   He **said** that Japan **must** assume international responsibility matching its economic clout.
   그는 일본이 경제적 영향력에 걸맞은 국제적 책임을 떠맡아야 한다고 말했다.
   She **told** them that they **must**[=had to] work as one to prepare for the event.
   그녀는 그들 모두가 혼연일체가 되어 행사를 준비해야 한다고 말했다.
   As his son had broken my car, he agreed that he **must** pay the cost of repairs.
   그의 아들이 내 차를 부쉈기 때문에 그는 수리비를 내겠다고 합의했다.

※ 이 뜻의 must의 부정은 must not이 아니라, **don't have[need] to, need not**이다.
   You **must** get up early tomorrow morning.   내일 아침에 너는 일찍 일어나야 해.
   ≠ You **don't have to** get up early tomorrow morning.   내일 아침에 너는 일찍 일어 날 필요 없어.

  cf You **must not** get up early tomorrow morning.   너는 내일 아침에 절대 일찍 일어나면 안 된다.

B. 강한 금지

You **must not** do such a thing. 　　　　　　　　　　너는 절대 그런 짓을 하면 안 된다.
You **must not** see the movie because you are too young. 　너는 너무 어리기 때문에 그 영화를 보면 절대 안 된다.
This kind of terror **must not** occur again in human history.
　　　　　　　　　　　　　　　　　　이런 종류의 테러 행위는 인류 역사에서 결코 다시는 발생하지 말아야 한다.

C. (강한) 추측 [possibility]: ~임[함]에 틀림없이 ~일 것이다

(1) must + 동사원형 = ~임에 틀림없다. (현재에 대한 강한 추측)

He **must** be a fool to ask such stupid things. 　그런 어리석은 질문을 하다니 그는 틀림없이 바보일 것이다.
He **must be** at home. I see his car in his garage.
　　　　　　　　　　　　　　그는 [지금 현재에] 집에 있는 것이 틀림없다. 그의 차가 차고에 있는 것을 봐서는.

(2) must+have+p.p. = ~이었음에 틀림없다. (과거에 대한 강한 추측)

Why isn't he here? He **must have missed** the train.
　　　　　　　　　　　　　　　　　　　왜 그가 오지 않는 걸까? 그는 [과거에] 기차를 놓쳤음에 틀림없다.
The year of 2015 **must have been** a very special time for James.
　　　　　　　　　　　　　　　　　　　　　2015년은 James에게 매우 특별한 시간이었음이 분명하다.

2 May

A. 허가 [permission] : ~해도 좋다, ~해도 괜찮다

'~해도 좋다'의 의미로, 구어표현에는 can이 대신 쓰이는 경우가 많고, **부정 표현**으로는 『불허』의 **may[can] not** 과 『강한 금지』의 **must not** 이 있다.

May I go home? [허가]　　　　　　　　　　　　　　　　　　　　집에 가도 되나요?
- Yes, you **may[can]** (go home).　　　　　　　　　　　　　예, 가도 좋습니다.
- No, you **may[can]** not (go home).　　　　　　　　　　아니, 안됩니다.
- No, you **must not** (go home).　　　　　　　　　　　　아니 절대로 안 됩니다.

May I have one more egg?　　　　　　　　　　　　　　　　계란 하나 더 먹어도 될까요?
You **may** call on me whenever you want to.　　　　　원한다면 아무 때고 나를 찾아와도 좋다.
Don't mind me. You **may** smoke.　　　　　　　　　　　내 걱정은 하지 마시고, 담배 피우세요.

B. (불확실한) 추측 [possibility] : ~일지(할지)도 모르겠다, 아마 ~일(할)것이다.

'**may[might]+동사원형**' 은 현재나 미래의 막연한 추측[50% 이하의 실현 가능성]의 뜻을 갖는다. 과거의 불확실한 추측 표시는 'might+동사원형'이 아니라 '**may[might] have p.p.**'의 형태임에 주의 한다.

He **may[might]** be sick. [*less than 50% sure*]　　　　그는 아플지도 모른다.
(= It is possible that he **is** sick.)

It **may** rain tomorrow.　　　　　　　　　　　　　　　　내일 비가 올지도 몰라.
I **might** see her this afternoon.　　　　　　　　　　오늘 오후에 어쩌면 그녀를 만날지도 몰라.

He **may have been** sick. [*less than 50% sure*]　　　그는 아팠을지도 모른다.
(= It is possible that he **was** sick.)

The file **may have been** corrupted during the download.　　다운로드 중 파일이 손상되었을 수 있다.
His mother **might have died** of cancer.　　　　　　　그의 어머니는 암으로 돌아가셨을지도 모른다.

> **G!** If you had not helped me then, I **might have been killed** there. [가정법 과거완료]
> 　　　　　　　　　　　　　　네가 그때 나를 돕지 않았더라면, 나는 거기에서 죽었을지도 몰라.

Can

A. 능력 [ability] : ~을 할 수 있다 [= be able to ®, be capable of ~ing]

조동사 can의 가장 대표적인 용법으로 『~할 수 있다』의 의미이다. 과거형은 "could"이다. 하지만 미래형이 없기 때문에 미래형은 "will be able to ®"를 사용하여 표현한다.

Can you speak English? [능력] 영어를 할 줄 아십니까?
- Yes, I can. 네, 할 수 있습니다.
- No, I can't. 아니요, 못합니다.

He can swim.(= He is able to swim.) 그는 수영을 할 수 있다.
= He is capable of swimming.
→ He will be able to swim [미래] 그는 수영을 할 수 있을 것이다.
 *He will can swim.[x]

Tom can read French but he can't speak it very well. 탐은 불어를 읽을 수는 있으나 말은 잘 못한다.
Could you speak Korean before you came to Korea? 한국 오시기 전에 한국어를 할 줄 아셨나요?
She could drive a car before she left school. 그녀는 학교를 마치기 전에 운전을 할 줄 알았다.
Jane could not swim and had to be rescued. Jane은 헤엄칠 줄 몰랐기 때문에 구조되어야 했다.
A computer can perform many tasks at once. 컴퓨터는 많은 업무를 한꺼번에 수행할 수 있다.
Unfortunately the hotel couldn't accommodate all of the visitors to the Expo.
 안타깝게도 그 호텔은 엑스포를 찾은 방문객들을 모두 수용할 수는 없었다.

※ 지각동사[see, hear, feel, smell, taste]와 결합하여 그런 감각이 느껴짐을 나타냄.
 I can *see* a sign for a gas station up ahead. 저 앞에 주유소 표지판이 보인다.
 I can *hear* my heartbeat. 내 심장소리가 들려.
 Mrs. Carol could *feel* a lump in her breast. Carol여사는 유방에서 혹이 만져졌다.

※ can[can't] afford (to do / 명사) : ~할 여력이 있다[없다]
 I don't know if I can afford a tutor. 가정교사를 둘 만한 여력이 될지 모르겠어.
 I can't afford to buy a house. 집을 살 여력이 없다.
 I can't afford a new car. 새 차를 살 형편이 못된다.

B. [can't/ coudn't] 강한 부정적 추측 : ~일 리가 없다

He **cannot[coudn't] be** rich. [*99% sure*] 그는 부유할 리가 없다.
(= It is impossible that he **is** rich.)

He **cannot[coudn't] have been** rich. [*99% sure*] 그는 부유했을 리가 없다.
(= It is impossible that he **was** rich.)

Jim **can't be** at home. I've just seen him in the playground.
Jim은 집에 있을 리가 없어. 그를 방금 놀이터에서 보았거든.

You must have been mistaken; she **cannot have done** so.
당신이 잘못 생각했을 것이다. 그녀가 그런 짓을 했을 리가 없다.

※ 현재나 미래의 추측[가능성]을 나타내는 **could / couldn't** [형태는 과거형이나 현재 시점에서의 추측을 나타낸다(=may, might)]

You should be careful. It **could** be dangerous. [*less than 50% sure*]
조심해. 그것은 위험할 수도 있어.

Answer the phone. It **could** be Mike. 전화 받아봐. Mike일 수 있어.

Jack **couldn't** be hungry. I just saw him eat a large size pizza. [*99% sure*]
Jack은 배고플 리 없어. 방금 큰 사이즈의 피자 먹는걸 보았거든.

C. 허가[permission] : ~해도 좋다(=may)

"~해도 좋다"의 의미로, can은 회화체에서, may는 문어체에서 주로 쓰인다.

Could[Can/ May] I use your cell phone? 휴대폰 좀 써도 될까요?
- Yes, you **can[may]**. 예, 그러세요.
- No, you **cannot[may not]**. 아니, 안 됩니다.

You **can[may]** go home now. 이제 집에 가도 좋다.
When I lived at home, I **could** watch TV whenever I wanted to.
집에 있을 때 나는 보고 싶으면 언제나 TV를 볼 수 있었다

Father says I **can't** do that sort of thing.
아버지는 나에게 그런 짓을 해서는 안 된다고 말씀하신다.

D. 제안 [suggestion]

※ 1인칭을 주어로 한 호의적 표현.
Can I give you a ride? 태워다 줄까요?
Can I get you something to drink? 뭔가 마실 거라도 드릴까요?

※ 평서문에서 제안, 권고를 나타내는 could
We could meet again tonight. 오늘밤 다시 만나기로 하면 어떨까요?
You could consult a lawyer. 변호사와 상담하지 그래

E. (정중한) 부탁[요청]

(1) 주어를 you로 하는 형태 = Could you, Would you, Will you, Can you ~?
Could[Would/ Will/ Can] you babysit for us on Saturday? 토요일에 저희 아이 좀 봐 주실 수 있으세요?
Could[Would/ Will/ Can] you lend me some money? 돈 좀 빌려주실래요?

(2) 주어를 I로 하는 형태 = May I, Could I, Can I ~?
Can[Could/May] I talk to you for a few minutes? 잠시 이야기할 수 있을까요?
Could[Can/May] I borrow your pen? 당신의 펜을 빌릴 수 있을까요?

Will

A. [단순] 미래 : ~일[할] 것이다 (미래의 일에 대해 말하거나 예측할 때)

I **will** be thirty next birthday. 나는 이번 생일로 30세가 된다.
I hope the weather **will** be fine and you **will** have a good time. 날씨가 좋아서 유쾌히 지내시기를 바랍니다.
James **will** leave for New York on Sunday. James는 일요일에 뉴욕으로 떠난다.
Breakfast **will** be ready in a few minutes. 곧 아침 식사가 다 될 것입니다.
Jessica said she **would** be leaving soon. Jessica는 곧 떠날 것이라고 했다.

B. [의지] 미래 : ~하겠다, ~할 작정이다, ~할 의사가 있다

I **will** meet him tomorrow. 내일 그를 만나겠습니다.
I **won't** go to such places again. 두 번 다시 그런 장소엔 안가겠다.
She **won't** lend him any more money. 그녀는 그에게 돈을 더 빌려 주지는 않을 것이다.
Alice asked if I **would** help. Alice가 내게 도와주겠느냐고 물었다.
Kevin was still flat broke, but she **would** marry him. Kevin은 여전히 무일푼이었으나, 그녀는 기어이 그와 결혼하겠다고 우겨댔다.

C. 말하는 시점에서 즉각적으로 발현되는 결심이나 의지

A: The phone is ringing. A : 전화가 울린다.
B: I'll answer the phone. B : 내가 받을게.

A: We need some meat for the party. A : 파티에 쓸 고기가 좀 필요해
B: I **will** go to the market and get some. B : 내가 시장가서, 사 올게

D. ~일 것이다(무엇이 사실일 것이라는 짐작을 나타냄)

This **will** be the church he was speaking about. 이것이 그가 이야기하던 교회일 것이다.
The baby **will** be sleeping now. 아기는 지금 자고 있는 중일 거야
It is *absolutely certain* that Clinton **will** win the election. 클린턴이 당선될 것이 확실하다.
There is *no chance* that she **will** change her mind. 그녀가 마음을 바꿀 가능성이 전혀 없다.

E. 부탁, 권유

Will[Would/ Could] you send this parcel for me? 저 대신 이 소포 좀 부쳐 주실래요?
[※ Would, Could를 사용하면 좀 더 부드럽고 정중한 느낌을 갖는다.]
Will[Won't] you have some coffee? 커피 좀 드시겠습니까?

F. 현재나 과거의 경향, 고집, 습성

Accidents **will** happen. 사고는 일어나기 마련이다.
The goat **would** not move at all. 그 염소는 전혀 움직이려 하지 않았다.

※ Would

① (과거에 있어서의 습관·습성·반복적 동작) ~(하곤) 했다
   My grandmother **would** talk to me about life in the old days before the war.
   할머니께서는 전쟁이 일어나기 전의 옛 생활에 대한 이야기를 나에게 들려주시곤 했다.
   After lunch he **would** take a nap. 그는 점심 후에 낮잠을 자는 습관이 있었다.
   (※ used to와 달리「지금은 그만두었다」의 뜻을 포함하지 않음)

② (현재의 소망)
   I **would** not miss this chance. 나는 이 기회를 놓치고 싶지 않다.
   If you **would be** happy, work hard. 행복해지고 싶으면 열심히 공부해라.

③ would like (to) = want (to)
   Would you **like** another cup of coffee? 커피 더 드시겠습니까?
   = **Do** you **want** another cup of coffee?
   I'd **like to** speak to Mr. Baker, please. (전화에서) Baker씨와 통화하고 싶습니다.
   = I **want to** speak to Mr. Baker, please.

※ Shall

현대 영어에서 특히 미국영어에서는 will과의 전통적인 구별이 없어져 거의 쓰이지 않고 있으나, 1인칭 [I/We]을 주어로 하는 의문문에서 상대방의 의향을 물을 때 사용된다.

① Shall I ~ ? : (제가) ~할까요?
   Shall I open the window? 제가 창문을 열까요?
   = Do you want me to open the window?
   Shall I get you some coffee? 커피 좀 갖다 드릴까요?
   Where **shall I** put this? 이걸 어디에 놓을까요?
   What **shall I** wear for the party? 파티에 뭘 입어야 할까요?

② Shall we ~ ? : (우리) ~할까요?
Shall we dance? 우리 춤출까요?
Shall we meet at the airport terminal? 공항 터미널에서 만날까요?
When shall we get started our meeting? 우리 미팅 언제 시작할까요?

※ Degrees of certainty [확실성의 정도]
1. 현재[present time]
   [긍정문]
   He *is* rich. 100% 확신
   He *must be* rich. 95% 확신
   He *may be* rich. 50% 이하의 확신
   He *might be* rich. 50% 이하의 확신
   He *could be* rich. 50% 이하의 확신

   [부정문]
   He *isn't* rich. 100% 확신
   He *can't be* rich. 99% 확신
   He *couldn't be* rich. 99% 확신
   He *may not be* rich. 50% 이하의 확신
   He *might not be* rich. 50% 이하의 확신

2. 과거[past time]
   [긍정문]
   He *was* sick. 100% 확신
   He *must have been* sick. 95% 확신
   He *may have been* sick. 50% 이하의 확신
   He *might have been* sick. 50% 이하의 확신
   He *could have been* sick. 50% 이하의 확신

   [부정문]
   He *wasn't* sick. 100% 확신
   He *can't have been* sick. 99% 확신
   He *couldn't have been* sick. 99% 확신
   He *may have not been* sick. 50% 이하의 확신
   He *might not have been* sick. 50% 이하의 확신

3. 미래[future time]

　　He *will come* back tomorrow.　　　　　　　　　　　　100% 확신
　　He *should come* back tomorrow.　　　　　　　　　　　90% 확신
　　He *ought to come* back tomorrow.　　　　　　　　　　90% 확신
　　He *may come* back tomorrow.　　　　　　　　　　　　50% 이하의 확신
　　He *might come* back tomorrow.　　　　　　　　　　　50% 이하의 확신
　　He *could come* back tomorrow.　　　　　　　　　　　50% 이하의 확신

5 Should

조동사 shall의 과거형인 should는 현대영어에서 shall의 과거조동사적 쓰임에서 독립해서 그 용법이 조동사 중 가장 광범위하다. 그 결과, 말하는 사람의 심적 태도를 나타내는 법조동사로서의 독립적인 성격을 확고히 갖게 되었다.

A. 당위, 권고적 의무

※ '반드시 ~해야 한다'라는 강한 강제성의 의미를 갖는 must, have to와는 달리 should는 상식적으로 판단해서 '당연히 ~해야 한다'라는 당위, 권고의 속성이 강하다.

One **should** obey one's parents.   사람은 부모님 말씀을 따라야 한다.
The young **should** respect the old.   젊은이는 노인을 공경해야 한다.
You **should** do your best.   너는 최선을 다해야 한다.
Young men **should not** yield up to any temptation.   젊은이는 어떤 유혹에도 굴복해서는 안 된다.

B. 『should have p.p.』의 형태로 과거의 비난, 유감, 후회 - 당위적 속성

He **should have married** her.   그는 그녀와 결혼했어야 했어.
(= He **ought to have married** her.)
(= I am sorry (that) he didn't marry her.)
You **should not have trusted** a man like him.   너는 그와 같은 사람을 믿지 말았어야 했는데
(= You **ought not to have trusted** a man like him.)

C. 당위의 의미를 가진 동사와 형용사 뒤의 that 절에서

당위의 속성이 있는 충고(advise), 주장(insist), 소망(desire), 요구(ask, demand, urge, require, request), 선호(prefer), 제안(suggest, propose, recommend), 명령(order, command)의 동사, 또는 당위적 의미를 가진 '당연한(natural), 중요한(important, vital, crucial), 필요한(necessary, essential, required, imperative), 긴급한(urgent), 의무적인(obligatory, compulsory, mandatory), 바람직한(desirous, advisable, proper), 가장 좋은(best)' 등의 형용사 뒤 that절의 형태는 『that+주어+should+동사원형』이 원칙인데, 미국영어에서는 should를 생략해서 쓰므로 (G-telp 시험에서는 압도적으로) 『that+주어+동사원형』의 형태가 정답의 절대적인 우선권을 갖는다. [매우 중요 - G-telp 최빈출 유형]

★ G-Telp 최근 빈출 중요 단어

- 동사 : suggest > demand > insist, require > urge, order, recommend > ask, advise, request
- 형용사 : crucial > necessary, important

She **suggested** that the meeting **should be** postponed   그녀는 그 회의를 연기할 것을 제안했다.
= She **suggested** that the meeting **be** postponed. [압도적인 정답 유형]
= She made **a suggestion** that the meeting **should be** postponed.

They are **demanding** that the government **scrap** the plan to expand existing nuclear power plants or build new ones.   그들은 기존 핵발전소 확장 및 신규 발전소 건립계획을 철회해야 한다고 주장하고 있다.
We **desire** that he **come** back.   우리는 그가 돌아오기를 바란다.
She **asked** that all of her works **be thrown** away when she died.
   그녀는 세상을 떠나면서 자신의 모든 작품을 버려달라고 부탁했다.
He **advised** that **a passport be carried** with us at all times.
   그는 우리가 여권을 항상 휴대해야 한다고 충고했다.
The commander **ordered** that the deserter **be shot** to death.   사령관은 탈주하는 자는 총살시키라고 명령했다.

It was **necessary** that he **attend** the conference that day.   그가 그 날 회의에 꼭 참석해야 했다.
It is **natural** that the president **protect** the Constitution.   대통령이 헌법을 수호해야 하는 것은 당연하다.
It is **urgent** that measures to protect smaller businesses **be established.**
   중소기업을 보호할 수 있는 대책 마련이 시급하다
It is **proper** that Mike be chosen as the successor to the former president.
   Mike가 후임 회장으로 선출되는 것이 바람직하다.
It is **best** that a puppy **stay** with its mother until it is 10 weeks old.
   강아지는 생후 10주가 될 때까지 어미와 함께 지내는 것이 가장 좋다.

압도적인 출제유형

Tanya's hands developed rashes when she tried the new cleaning solution on her sink. Her mother **suggested** that Tanya _____ her sink with baking soda and vinegar, instead. They're safe and non-allergenic.
(a) clean
(b) cleans
(c) will clean
(d) cleaned

정답 (a) clean

기출문제 예시

[선택적 출제유형] 1

Tanya's hands developed rashes when she tried the new cleaning solution on her sink. Her mother **suggested** that Tanya _____ her sink with baking soda and vinegar, instead. They're safe and non-allergenic.

(a) cleaning
(b) should clean
(c) will clean
(d) cleaned

정답 (b) should clean
▶ '동사원형'이 선택지에 없으면 'should+동사원형'이 정답이다.

[선택적 출제유형] 2

Tanya's hands developed rashes when she tried the new cleaning solution on her sink. Her mother **suggested** that Tanya _____ her sink with baking soda and vinegar, instead. They're safe and non-allergenic.

(a) clean
(b) be cleaning
(c) will clean
(d) cleaned

정답 (a) clean
▶ '동사원형'과 'be+Ving'가 함께 선택지에 나오면 '동사원형'이 우선권을 갖는다.

[선택적 출제유형] 3

Tanya's hands developed rashes when she tried the new cleaning solution on her sink. Her mother **suggested** that Tanya _____ her sink with baking soda and vinegar, instead. They're safe and non-allergenic.

(a) cleaning   (b) be cleaning
(c) will clean   (d) cleaned

정답 (b) be cleaning
▶ '동사원형'이 선택지에 없으면 'be+Ving'가 정답이다.

첨언 당위의 조동사 should 관련 문제는 공식화되어 있기에, 해석 없이 바로 정답으로 갈 수 있는 대표적인 유형이지만, 선택지를 보고 자칫 시제 관련 문제로 착각해서는 안 될 것이고, 특히 종속절 내에서 주어와 동사의 [능, 수동]태에 유의해서 정답을 내야 한다는 것도 꼭 명심하자!

필수 예제

01 A : Someone told me that Sam is in America.
B : That _____ not be right. It's impossible. I have his passport.
(a) can　　　　　　　　　　　　(b) may

02 A : Jack is the only person that has flunked every test.
B : He _____ be foolish and lazy.
(a) can't　　　　　　　　　　　(b) must

03 Mr. Smith _____ read without glasses when he was ninety.
(a) might　　　　　　　　　　　(b) could

04 If the soil is so dense that the roots cannot get in, the plant _____ surely die.
(a) will　　　　　　　　　　　　(b) can

05 In England, people _____ vote from the age of 18.
(a) can　　　　　　　　　　　　(b) will

06 The cafe _____ be very good. It's always full of people.
(a) must　　　　　　　　　　　(b) can

07 The cafe _____ very good. It's always empty.
(a) mustn't　　　　　　　　　　(b) can't

08 It is very important that the skin _____ in order to guard against infection.
(a) clean　　　　　　　　　　　(b) should be cleaned

09 I don't know when she'll be here. She _____ arrive at any time.

(a) could (b) can

10 Here is your ticket, Mr. Frank. Your flight _____ depart from Gate 17 at 2:30.

(a) might (b) will

11 Sitting in a quiet spot with eyes closed _____ help, but is not prerequisite.

(a) must (b) may

12 _____ you please send it to me by e-mail?

(a) Could (b) Should

13 A : _____ I lock up these reports in the file cabinet?
B : Yes, please!

(a) Shall (b) Will

14 He insists that the company _____ an oil business right now.

(a) start (b) should start

15 Like all species, humans _____ eat in order to live.

(a) should (b) must

16 Even though he didn't have hands, the amazing artist _____ do so many things with his feet.

(a) can (b) could

17 A : I don't feel like staying home today.

   B : Neither do I. _____ we go to the movies then?

   (a) Shall (b) Should

18 You _____ tell the truth because you are under oath.

   (a) should (b) must

19 You _____ see her new play if you get the chance. It's great.

   (a) should (b) must

20 The bus isn't always on time. We _____ have to wait a few minutes.

   (a) might (b) can

21 Ted has just had supper. He _____ be hungry.

   (a) must (b) can't

22 A : He is in bed now. _____ I wake him up?

   B : Please do.

   (a) Shall (b) Must

23 The phone is ringing. It _____ be Jessica.

   (a) can (b) could

24 It is crucial that the matter _____ to vote at once.

   (a) put (b) be put

25 A: It's extremely important for you to be there on time.

B : I _____ be there at nine o'clock at any cost. I promise!

(a) will (b) would

26 In the 1500s, playing cards were manufactured on a mass scale and ordinary people _____ have access to them.

(a) could (b) might

27 A : Where's Mr. Smith? He is not in his office.

B : He _____ be in the conference room, but I'm not sure.

(a) should (b) may

28 The king ordered that the criminal _____.

(a) be released (b) release

29 You _____ take a Chinese course. You cannot graduate without it.

(a) must (b) should

30 You _____ take a Chinese course. I think it will help you.

(a) must (b) should

31 We haven't decided if we want to eat here. _____ I see a menu?

(a) Would (b) May

32. It has been proven again and again that fifteen minutes a day devoted to one subject _____ make a person a master of it in five years.
    (a) will (b) may

33. Since the site is located near a large river, where inhabitants _____ get drinking water, it was a mystery as to why they needed a well.
    (a) must (b) could

34. Your guest is outside. _____ I ask him to come in?
    (a) Shall (b) Can

35. We enjoyed a terrific party last night in his place. You _____ have come. Why didn't you?
    (a) should (b) might

36. A: I wonder why Kevin didn't answer the phone.
    B: He _____ have been asleep, but I'm not sure.
    (a) must (b) might

37. The psychiatrist required that their patients _____ about their feelings.
    (a) be introspective (b) must be introspective

38. When you see a red traffic light, you _____ stop and wait.
    (a) must (b) might

39 Good morning, Amanda. _____ I see you in my office for a moment?

(a) Could (b) Might

40 _____ you please give me directions to the City Hall?

(a) Would (b) Should

41 A new Italian restaurant just opened downtown. _____ we eat there tonight?

(a) Could (b) Shall

42 The report suggested that all elementary school students _____ to swim.

(a) be taught (b) are being taught

43 I don't have any money to take the bus, so I _____ walk home.

(a) must (b) should

44 Alice hasn't eaten anything since last night. She _____ be hungry.

(a) must (b) may

45 A : What are you going to do tomorrow?
B : It's hard to say. I _____ go shopping.

(a) can (b) might

46 I tried to get the magazine you wanted, but they didn't have it. _____ I try another store?

(a) Shall (b) Should

47 Voices in China have urged that income inequality _____.
   (a) correct				(b) be corrected

48 What _____ I do to make my mom happy on Mother's Day?
   (a) should				(b) may

49 When you are taking an essay test, read the questions carefully. Some experts or teachers _____ quite a long time deciding them.
   (a) should have spent			(b) must have spent

50 Mr. Cooper is very wise. So, he _____ such a foolish thing.
   (a) should not have said			(b) cannot have said

51 A : Lucy didn't show up at the meeting yesterday. Where was she?
   B : I don't know. She _____ at home.
   (a) should have been			(b) may have been

52 He _____ a gay, judging by what I've heard before.
   (a) could be				(b) can be

53 Brown bears are not only surprisingly fast, but also, for such huge beasts, amazingly agile; they _____ up and down nearly vertical inclines.
   (a) can climb				(b) may climb

54 I advised that he _____ a look at every car.
   (a) had				(b) have

55 That chicken soup was delicious! _____ I have the recipe?

(a) May (b) Would

56 He requested that something _____ about the matter.

(a) should be done (b) must be done

57 The tree was so large that a grown man _____ put his arms around it.

(a) should not (b) could not

58 Mr. Jason demanded that the manager _____ for the bad service she received.

(a) apologize (b) be apologized

59 A : _____ you please pass me the pepper?

B : Certainly. Here it is.

(a) Shall (b) Will

60 It is necessary that all applicants _____ their documents no later than August 10.

(a) will submit (b) submit

기출문제 및 실전문제

1

Keith's dog, Baxter, has learned many tricks in the short time he spent at the obedience school. He _____ now catch a ball with his mouth and fetch a stick wherever Keith throws it.

(a) may
(b) will
(c) must
(d) can

2

Robbie is quite strict as a mountain-climbing instructor for beginners. He _____ never allow students to go up the mountain unsupervised, unless they have completed the three courses he requires.

(a) should
(b) may
(c) might
(d) will

3

It's been raining for an hour now. Dad is waiting for us at the café down the block, and I am worried that he is already growing impatient. What _____ we do?

(a) may
(b) would
(c) should
(d) might

4

Elephant seals are able to tolerate a large buildup of carbon dioxide in their blood while underwater. That is why they _____ dive for more than sixty minutes before surfacing for air and oxygen.

(a) will
(b) may
(c) can
(d) must

5

After working as sales supervisor for 5 years, Carlos was promoted as his company's senior vice-president for marketing. The promotion was confirmed today, and he _____ move to a much bigger office on Monday.

(a) must
(b) will
(c) can
(d) could

6

Pamela is an impulsive shopper. Yesterday, she saw a beautiful beach dress at the mall. Although she didn't have plans of going to the beach, she _____ not resist buying it.

(a) might
(b) could
(c) will
(d) can

7

Professor Klein didn't give the specific lessons to review for the exam. Let's read on Chapter 8 to be on the safe side. He _____ give problems on linear equations after all.

(a) may
(b) shall
(c) can
(d) will

8

Ever since John was orphaned at the age of seventeen, he has been supporting his siblings all these years. His friends wonder how he _____ shoulder the responsibility without any government assistance.

(a) will
(b) can
(c) may
(d) should

9

The students of Mount View Elementary School will be presenting a school talent show tomorrow. The first graders _____ do a cute play wherein they'll portray the town's agricultural products through costumes.

(a) can
(b) may
(c) should
(d) will

10

Jack spends more than what he can afford. In fact, he has already reached the credit limit of his three credit cards. He _____ have to close all of his accounts to pay off the interests.
(a) would
(b) can
(c) may
(d) shall

11

It is much easier to get copies of music or films nowadays than ever before. One doesn't have to go to the record bar or video shop because MP3's and videos _____ be downloaded from the internet.
(a) will
(b) can
(c) might
(d) must

12

Alice had headaches for several days after wearing her new pair of glasses. Her doctor said her eyes may take a week to adjust. Meanwhile, she _____ wear her new glasses all day.
(a) would
(b) could
(c) must
(d) will

13

Simpson is quite sure that he aced his biology test. He studied hard for it. That's why he _____ solve the problems so easily when he took the test this afternoon.

(a) shall
(b) would
(c) might
(d) could

14

When we went shopping last week, Sally came up with a brilliant way for us to avoid the long line at the counter. She suggested that I _____ in line at the cashier, while she was still looking for gifts.

(a) would fall
(b) was falling
(c) fell
(d) fall

15

Susanna is very eager to be part of her school's soccer team. She's been practicing a lot lately, because she knows it is necessary that she _____ hard for the varsity tryouts.

(a) is training
(b) will train
(c) trains
(d) train

16

When James finished the play for his literature class, his teacher praised his work, saying that the concept was original. However, she asked that James _____ the dialogues to make the play more interesting.

(a) to improve
(b) will improve
(c) improves
(d) improve

17

The Lexington Tower has an old elevator that's always malfunctioning. The residents are demanding that management _____ it before an accident happens. They even agree to increasing their association dues just to solve the problem.

(a) replace
(b) replaces
(c) has replaced
(d) will replace

18

Fortville once celebrated the Daffodil Festival yearly. The townsfolk had been celebrating the festival for 30 years, when the newly-elected mayor ordered that it _____ by the Garlic Festival instead.

(a) was replaced
(b) is replaced
(c) be replaced
(d) will be replaced

19

An industry expert talked on the need for new sources of fuel during the world energy summit. He said it is crucial that we _____ alternatives for petroleum products to prepare for an impending energy crisis.

(a) develop
(b) will develop
(c) are developing
(d) developed

20

The Howell Foundation will be holding its first charity ball next week. It is a formal event, so the organizers request that guests _____ in formal attire.

(a) will come
(b) are coming
(c) come
(d) came

21

Passersby are starting to crowd in front of the store that just got robbed. A police officer is urging that people _____ outside the police line to avoid messing up the evidence.

(a) will remain
(b) remain
(c) are remaining
(d) remained

22

Pharmaceutical companies develop many promising drugs all the time, but they cannot just market them. The FDA requires that new drugs _____ all government tests before the agency approves them.

(a) pass
(b) are passing
(c) will pass
(d) passed

23

Reports show that US fire departments responded to around 370,000 home structure fires in 2011. In order to avoid this kind of accident, fire officials suggest that residents _____ all fire hazards from their homes.

(a) will remove
(b) are removing
(c) to remove
(d) remove

24

The company's management routinely meets with union officials to settle labor disputes. To avoid a breakdown in the negotiations, the forum's mediators insist that participants _____ their grievances peacefully during the meetings.

(a) will address
(b) address
(c) are addressing
(d) have addressed

25

Restaurants in the bay area were hit the hardest by the storm surge. The health department is strongly recommending that the restaurants _____ operations until the flood subsides.

(a) suspend
(b) suspended
(c) will suspend
(d) to suspend

03

EBS 이재훈의 지텔프 2급 뽀개기 – 문법

시제

Tense

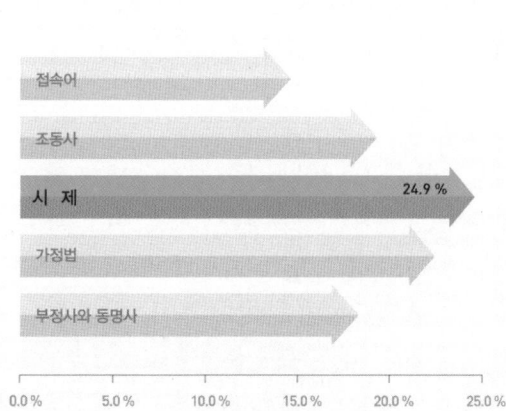

03 시제

1 시제

시제는 동사의 어형을 변화시키거나[=동사의 굴절형(inflectional forms)], 조동사 등을 활용하여 **시간관계(time-relation)**를 나타내는 것을 의미한다. 주목할 것은 동작이나 시점의 상태는 논리적인 시간의 흐름과 문법적인 시제형태가 완전히 일치하지는 않는다는 것이다. 영어의 시제는 굴절형 시제에 복합형 시제를 결합하여 12가지로 구분 한다.

2 시제의 구분

- 굴절형 시제[infectional tense forms]
  1. 현재시제
  2. 과거시제
  3. 미래시제[조동사 + 동사원형]

- 복합형 시제[compound tense forms]
  1. 완료시제[have+p.p.]
  2. 진행시제[be+Ving]
  3. 완료진행시제: 완료+진행[have+been+Ving]

★ 지텔프 시험에서 시제 출제 포인트

시제는 가정법과 함께 지텔프 문법 섹션에서 가장 많이 출제되는 영역이다. 특히 지텔프 2급의 경우 시제문제의 98% 이상이 진행형시제의 선택지가 정답으로 선택되어지는 만큼, 진행형시제에 대한 폭넓은 이해가 절실히 요구된다. 특히 완료진행시제의 경우, 우리나라 수험생들이 평소에 크게 신경을 쓰지 않았던 부분일 수 있기에, 다소 생소하게 느껴지고 부담을 느낄 수도 있으나, (본서에 장치된) 지텔프 고유의 출제 패턴을 익히고 나면 아주 수월하게 시제 파트를 정복할 수 있을 것이다.

3 시제의 종류

1) 기본시제

시 제	동 사 의 형 태	해 석
현 재	원형 / 원형+(e)s	~한다, ~하다
과 거	동사원형 + (e)d	~했다
미 래	will + 동사원형	~할 것이다

2) 완료시제

시 제	동 사 의 형 태	해 석
현 재 완 료	have p.p. / has p.p.	~했다, ~한 적이 있다
과 거 완 료	had p.p.	~했(었)다, ~한 적이 있었다
미 래 완 료	will have p.p.	~할 것이다, ~했을 것이다, ~한 것이 될 것이다

3) 진행시제

시 제	동 사 의 형 태	해 석
현 재 진 행	am/are/is + -ing	~하는 중이다, ~하고 있다
과 거 진 행	was/were + -ing	~하는 중이었다, ~하고 있었다
미 래 진 행	will be + -ing	~하는 중일 것이다, ~할 것이다

4) 완료진행시제

시 제	동 사 의 형 태	해 석
현재완료진행	have/ has been +~ing	~해오는 중이다, ~하는 중이다
과거완료진행	had been + -ing	~해오는 중이었다, ~하는 중이었다
미래완료진행	will have been + -ing	~하는 중일 것이다

[3-1] 현재 시제 [The Present Tense]

A. The earth **moves** round the sun.   지구는 태양의 주위를 돈다.

    She **teaches** music.   그녀는 음악을 가르친다.

B. The mail *usually* **comes** at 2 p.m.   우편물은 대개 오후 2시에 온다.

    James *always* **studies** at the library in the evening.   James는 저녁에 늘 도서관에서 공부한다.

C. His plane **arrives** at 9:10 a.m. tomorrow.   그가 탄 비행기는 내일 9시10분에 도착한다.

    The soccer game **starts** at 6:00 p.m.   축구 경기는 오후 6시에 시작한다.

D. I won't start <u>if it **rains** tomorrow</u>. [will rain(x)] * **조건부사절에서는 미래내용을 현재시제 형태로**

    만일 내일 비가 온다면 나는 출발하지 않겠다.

    I don't **know** <u>if it **will rain** tomorrow</u>. [rains(x)] * **명사절에서는 미래내용을 미래시제 형태로**

    나는 내일 비가 올지 안 올지를 모른다.

    As soon as the rain **stops**, I'll go shopping.   비가 그치면 쇼핑을 갈 겁니다.

    * As soon as the rain **will stop**, I'll go shopping. (x)

GRAMMAR POINT

A. 시간 관계를 초월한 보편적인 시제: 불변의 진리, 일반적 사실, 직업, 신분

현재시제는 과거영역으로부터, 한정할 수 없는 미래영역에 걸쳐 존재하는 가장 포괄적인 시제로 나머지 모든 시제를 포용하는 시제이며, 불변의 진리, 영속성, 불변성, 지속성, 반복성, 절대성 등을 나타낸다.

Water **consists** of hydrogen and oxygen.   물은 수소와 산소로 되어 있다.
Mount Everest **is located** on the border of Nepal and China.   에베레스트산은 네팔과 중국의 경계에 위치해있다.
Two and two **make(s)** four.   2 더하기 2는 4이다.
Kelly **is** an English teacher.   Kelly는 영어 선생님이다.

B. 현재의 반복성, 지속성을 나타내는 시제

주요 동반 부사어구: always, constantly, usually, generally, routinely, frequently, often, sometimes, everyday, every night, in summer[계절]

We *generally* eat supper around 7 o'clock. 우리는 대개 7시쯤에 저녁을 먹는다.
I **work** out for an hour *everyday*. 나는 매일 한 시간씩 운동한다.
In summer, foods **go** bad easily. 여름에, 음식은 쉽게 상한다.

C. 확정적인 미래

현재시제의 영역에는 본래적으로 미래영역이 포함되어 있기에, 시간표나 일정표같이 확실하게 정해진 미래를 나타낼 수 있다.

He **leaves**(= **will leave, is leaving**) for Seoul *tomorrow*. 그는 내일 서울을 향해 떠 날 것이다.
She **comes** (= **will come, is coming**) here *tonight*. 그녀는 오늘 밤에 여기 온다.
The museum **opens** at ten tomorrow morning. 박물관은 내일 아침 10시에 연다.
Classes **begin** next week. 수업은 다음 주에 시작한다.

★ 미래를 나타내는 선택지가 함께 나올 경우 정답처리의 우선순위 〔중요〕
  1 순위. 미래시제 > 2 순위. 현재진행시제 > 3순위. 현재시제

D. 조건이나 시간 부사절에서는 미래 내용을 현재시제 형태로 미래완료의 내용을 현재완료 형태로 표현한다. 〔중요〕

■ 조건 부사절

If his store **burns** down, he will get the insurance money. [will burn(x)]
만일 그의 가게가 전소되면, 그는 보험금을 탈 것이다.
You'll miss the train *unless* you **walk** more quickly.[will work(x)] 더 빨리 걷지 않으면 버스를 놓칠라.
  cf. I want to **know** if he will visit me tomorrow. [명사절에서는 미래내용을 미래시제로]
  나는 그가 내일 나를 방문할지의 여부를 알고 싶다.

■ 시간 부사절

Before he **leaves**, he will finish the work. 떠나기 전에 그는 그 일을 마칠 것이다.
After I **get** home, I will take a shower. 집에 도착한 후, 나는 샤워를 할 것이다.
The next time I **go** to England, I'm going to visit Stonehenge. 다음번에 영국에 가면, 스톤헨지를 방문할 것이다.
When it **gets** warmer, the snow **will start** to melt. [will get(x)] 날씨가 더 따뜻해지면, 눈이 녹기 시작할 것 이다.

> ※ 명사절 및 형용사절을 이끄는 when은 미래 내용을 미래시제 형태로 나타낸다. 〔중요〕
>   I don't *know* when they will have a meeting tomorrow. [의문부사 when이 이끄는 명사절]
>   나는 그들이 내일 언제 회의를 할 것인지를 모른다.
>   Please tell me *the day* when he will marry. I want to attend his wedding.
>   [관계부사 when이 이끄는 형용사절] 그가 결혼할 날을 말씀해 주세요. 그의 결혼식에 참석하고 싶어요.

[3-2] 현재진행시제 [The Present Continuous Tense]

A. I **am listening** to music.   나는 음악을 듣고 있는 중이다.
He **is reading** a novel *now*.   그는 지금 소설을 읽고 있는 중이다.

B. She **is taking** six courses *this semester*.   그녀는 이번 학기에 6강좌를 수강한다.
You're **working** very hard *this week*.   너 이번 주에 아주 열심히 일하는구나.

C. I **am seeing** my dentist *next Tuesday*.   나는 다음 수요일에 치과 가기로 되어 있다.
What **are** you **doing** *this Sunday*?   너는 이번 일요일에 무엇을 할 거니?

D. Her husband **is** *constantly* **drinking**.   그녀의 남편은 허구한 날 술을 마신다.
His wife **is** *always* **complaining**.   그의 아내는 끊임없이 불평을 늘어놓는다.

E. Energy consumption **is increasing**.   에너지 소비가 증가하고 있다.
Japan's population **is decreasing** rapidly.   일본의 인구는 급격히 감소하고 있다.

GRAMMAR POINT

A. 현재진행시제는 말하고 있는 시점에 진행 중인 동작을 나타낸다. [현재진행시제는 현재시제와 마찬가지로 과거 영역, 지금시점, 그리고 미래영역을 포괄적으로 포함하나, 현재시제와는 달리 미래시점을 한정, 구속하여 한시적인 상황까지의 지속적인 진행을 의미한다.]

Please be quiet! My father **is sleeping** *right now*. (*not* 'My father sleeps')
조용히 해 줄래! 지금 아버지가 주무시고 계셔.

Are you ready? The bus **is leaving** *now*. (*not* 'The bus leaves')   준비 되었니? 버스 지금 떠난단 말야.

"Where is James?" "He'**s watering** the flowers in the garden.' (*not* 'he waters')
"James 어디 있니?" "그는 정원에서 꽃에 물을 주고 있어요."

I don't need an umbrella because it **is not raining** *now*. (*not* 'it doesn't rain')
지금은 비가 오지 않으니, 우산이 필요 없어.

At this moment somebody in the world **is dying** and another **is being born**.
지금 이 순간에도 세상에서 누군가는 죽어가고 누군가는 태어나고 있다.

※ 현재시제와의 비교 [현재시제는 (반)영구적으로 지속되는 동작과 상태 등을 나타내는데 비해, 현재진행형은 제한된 기간 동안 지속된 동작과 상태를 표시한다.]

(a) It **doesn't snow** in Dubai. 두바이에는 눈이 내리지 않는다.
(b) It **isn't snowing** in Seoul. 서울엔 (지금) 눈이 오지 않는다.
(a)는 두바이에 눈이 오지 않는다는 일반적 사실을 나타내는 반면[현재시제], (b)는 서울은 지금은 눈이 오지 않고 있으나, 언제라도 눈이 다시 올 수 있음을 내포한다[현재진행시제].

(a) We **start** work at 8. 우리는 8시에 일을 시작한다.
(b) We **are starting** work at 8. (지금은) 8시에 일을 시작하고 있다.
(a)는 현재 규칙적, 반복적으로 8시에 일을 시작한다는 사실을 나타내는 반면, (b)는 모종의 이유로 인해 현재 일을 8시에 시작하고 있으며, 그 시간이 바뀔 수도 있음을 내포한다.

B. 현재진행시제는 지금 당장의 시점에서 확장하여, 지금 시점 부근의 비교적 넓은 한시적 상황을 표현할 수 있다. [이 경우, 지금 당장 그 행위가 진행 중이라는 보장은 없다.]

We're *currently* **working** on a large-scale project. 우리는 현재 큰 규모의 프로젝트를 수행하고 있다.
Dae-ho **is not playing** baseball *this season*. He's got his left ankle broken.
대호는 이번 시즌에 야구를 못한다. 그는 왼쪽 발목이 부러졌다.
Jessie wants to work in France, so she **is learning** French.
Jessie는 프랑스에서 일하기를 원한다. 그래서 그녀는 불어를 배우는 중이다.
My uncle **is** *presently* **building** his own villa by the lake. He hopes it will be finished *before next summer*. 삼촌은 지금 호숫가에 별장을 짓고 있다. 삼촌은 내년 여름 이전까지 별장이 지어지기를 바란다.

C. 현재진행시제는 (현재시제처럼) 본래적으로 미래영역을 포함하기에, 미리 계획된 미래의 내용을 나타낼 수 있다.

What time **are** you **getting** off *today*? 언제 퇴근할거야?
I'm **going** on a picnic *tomorrow*. I'm very excited. 나 내일 소풍 가. 정말 신난다.
Let's go fishing *this weekend*. I **am not working** *then*. 이번 주말에 낚시가자. 나 그 때 일 안해.
Jack **is not using** his bike *this afternoon*. You can take it if you need it.
잭은 오늘 오후에 자전거 안 탈거란다. 자전거 필요하면 가져가도 돼.

> ※ 현재시제와의 비교
> (a) I **leave** Seoul next Monday.   나는 다음 주 월요일 서울을 떠난다.
> (b) I **am leaving** Seoul next Monday.   나는 다음 주 월요일 서울을 떠나려고 한다.
>
> (a) 현재시제가 미래에 대한 확실성을 나타내낸 반면에, (b)는 잠정적인 미래의 형태로 중간에 변동이 있을 수도 있음을 내포한다.

■ 자연현상은 항시성, 확실성을 기대할 수 없기에 현재시제로 나타낼 수 없고, 주어 자신의 의지가 개입할 여지가 없기에 현재진행시제로도 나타낼 수 없다.

*It **rains** *tomorrow morning*. (x)
*It **is raining** *tomorrow morning*. (x)
*The **sun is rising** at 5:30 *a.m. tomorrow*. (x)

If it **rains** *tomorrow*, I won't go mountain-climbing. (o) [조건적 상황]
　　　　　　　　　　　　　　　　　　　　내일 비가 오면, 나는 등산을 가지 않을 것이다.

It **will rain** *tomorrow*. (o) [예측 상황]　　　　　　　　　　내일 비가 올 거다.
The **sun is rising** *now*. (o) [현재 일어나고 있는 동작]　　태양이 지금 뜨고 있는 중이다.
The **sun rises** in the east. (o) [확실한 사실, 불변의 진리] *The sun is rising in the east. (x)
　　　　　　　　　　　　　　　　　　　　태양은 동쪽에서 뜬다.
I'm **getting up** at 5:30 a.m. tomorrow. (o) [주어의 의지]
　　　　　　　　　　　　　　　　　　　　나는 내일 오전 5시 30분에 일어날 것이다.

D. 현재진행시제와 과거진행시제는 always, constantly 등의 부사와 함께 쓰여 습관적인 상태나 동작을 나타낸다. [보통 부정적인 내용을 표현하는데 쓰나, 긍정적인 내용과 동반될 경우 칭찬의 뉘앙스를 갖는다.]

My son is *always* **playing** a computer game. He never studies. [비난의 뉘앙스]
　　　　　　　　　　　　　　　　　　　　내 아들은 늘 컴퓨터 게임만 한다. 공부는 절대 안 한다.

She was *always* **coming** late.　　　　　　　　　　　　그녀는 늘 늦게 왔었지.
Father was *always* **waking** me up in the middle of night.　아버지는 늘 한 밤중에 나를 깨웠었지.
My son is *always* **doing** his best. He is a good son. [칭찬의 뉘앙스]
　　　　　　　　　　　　　　　　　　　　내 아들은 늘 최선을 다 한다. 그는 훌륭한 아들이다.

E. '증가[감소]하다, 호전[악화]되다, 변하다'등은 어느 한정된 시점까지만 그러한 상황이 계속된다는 의미를 내포하고 있으므로 진행형으로 표현한다.

The employment situation **is getting worse**. (*not* 'gets worse')	고용 사정이 점점 악화되고 있다.
The business environment **is changing rapidly**. (*not* 'changes rapidly')	비즈니스 환경은 빠르게 변화하고 있다.
Those days the global economy **was getting better**.	그 당시는 세계 경제가 호전되고 있었다.
The cost of living **was getting higher** *this time last year*.	작년 이맘에는 생활비가 계속 올라갔었지.

기출문제 예시

★ 현재진행시제의 압도적인 지텔프 출제 포인트

now, right now, at the moment, at this moment, as we speak, currently, presently, nowadays, these days가 있으면 정답은 현재진행시제!!!

[기출문제 확인] 01

Coach Bryan told his team that in order to win their next game, they should be prepared for their opponent's every move. That's why they _____ videos of the other team's previous games **now**.

(a) will be watching
(b) would have watched
(c) are watching
(d) have watched

해석 브라이언 감독은 선수들에게 다음 경기를 이기기 위해서는 상대의 모든 움직임에 대비해야 한다고 말했다. 그러한 이유 때문에 선수들이 다른 팀의 이전 경기들의 동영상을 지금 보고 있는 중이다.
해설 now를 통해 동작이나 행동이 현재 진행 중임을 나타내는 현재 진행형 are watching이 적절함을 알 수 있다.
정답 (c) are watching

[기출문제 확인] 02

Mona and her friends are so excited about the bridal shower they will throw for their friend, Laurie. They are busy preparing for the event. **Right now**, Mona _____ a list of possible guests.

(a) makes
(b) is making
(c) has made
(d) will make

어휘 excited about ~에 대해서 흥분한 bridal shower 신부파티(결혼식을 앞둔 신부에게 친구들이 선물을 주면서 축하해주는 파티) prepare 준비하다
해석 Mona와 그녀의 친구들은 자신들의 친구인 Laurie에게 해줄 신부파티에 대해서 너무 신이 났다. 그들은 그 행사를 준비하느라 바쁘다. 지금 Mona는 행사에 참석이 가능한 손님들의 목록을 만들고 있는 중이다.
해설 Right now 즉, 현재 시점에 동작이 진행 중임을 나타내므로 현재 진행형 is making이 적합하다.
정답 (b) is making

[기출문제 확인] 03

The weather bureau relies heavily on a state-of-the-art satellite to monitor weather changes. Unfortunately, the satellite _____ a technical malfunction **at the moment**, so a weather forecast cannot be issued.
(a) has experienced
(b) will experience
(c) is experiencing
(d) experiences

해석 기상청은 기후변화를 관찰하기 위해 최신 위성에 지나치게 많이 의존한다. 안타깝게도, 현재 위성이 기계적인 기능장애를 겪고 있어서 일기예보가 나올 수가 없다.

해설 일기예보가 나올 수 없는 이유는 at the moment(지금 현재) 기능장애를 겪고 있는 중이기 때문이다.

정답 (c) is experiencing

[3-3] 과거시제 [The Past Tense]

A. We **played** soccer yesterday.   우리는 어제 축구를 했다.
   He **was** an idle man.   그는 게으른 사람이었다.

B. The Korean war **broke** out in 1950.   한국전쟁은 1950년에 발발했다.
   World War II **ended** in 1945.   세계 2차 대전은 1945년에 끝났다.

GRAMMAR POINT

A. 과거의 사실, 행위, 상태, 습관을 나타낸다.

He **e-mailed** Jessica l*ast night*.   그는 어젯밤에 Jessica에게 이메일을 보냈다.
I **used to go** to the public library *when young*.   어렸을 때 나는 공공도서관에 자주 가곤 했다.
Just then there **was** a knock at the door.   바로 그때 문에 노크 소리가 났다.
The letter **came** *a few days ago*.   그 편지는 며칠 전에 왔다.
Korea **was** in miserable situation i*n those days*.   그 무렵 한국은 비참한 상태에 있었다.

B. 역사적 사실이나 사건을 나타낸다. [역사적 사실은 주절의 내용보다 이전에 일어난 사건일지라도, 과거완료로 표시하지 않는다.

The teacher said that Columbus **discovered** America in 1492.
   선생님은 콜럼버스가 1492년에 아메리카를 발견했다고 말했다.
*The teacher said that Columbus *had* discovered America in 1492. (x)

[3-4] 과거진행시제 [The Past Continuous Tense]

A. I **was reading** a novel *then*.
   나는 그때 소설을 읽고 있던 중이었다.
   They **were making** too much noise.
   그들은 너무 시끄럽게 굴고 있었다.

B. *When* the phone **rang**, I **was taking** a shower.
   전화가 울렸을 때, 나는 샤워 중이었다.
   She **was watching** TV *when* I **came** home.
   내가 집에 왔을 때, 그녀는 TV를 보고 있었다.

C. *While* I **was taking** a shower, the phone **rang**.
   내가 샤워를 하던 중, 전화가 울렸다.
   She **burned** her hair *while* she **was cooking**.
   요리를 하던 중, 그녀는 머리를 태웠다.

D. We were so excited because we **were dining** out *that evening*.
   우리는 그날 저녁에 외식을 할 거라서, 몹시 신이 났었다.

GRAMMAR POINT

A. 과거의 어느 시점에 진행 중이던 동작, 사건을 나타낸다. [현재진행시제의 상황이 과거영역 안에서 재현되는 것이 과거진행시제의 세계이다.]

Mary : "What **were** you **doing** *at 7:00 yesterday*?"
어제 7시에 뭐하고 있었어?
Tom : I **was exercising** in the park.
공원에서 운동하고 있었어.
(= I **was in the middle of exercising** in the park.)

At 5 o'clock yesterday, I **was working** in my office.
어제 5시에, 나는 사무실에서 일을 하고 있었다.
We **were playing** football *at this time last week*.
우리는 저번 주 이맘때 축구를 하고 있었다.

B. when절[시간부사절]의 과거사건 발생 이전에, 주절의 진행적 내용이 이미 시작된 경우 『when 과거시제, 주절- 과거진행시제』의 형태로 표현한다. ★ 지텔프 빈출[매우 중요]

When I **entered** the room, a cat **was sleeping** on my bed. (*not* 'slept')
내가 방에 들어갔을 때, 고양이 한 마리가 내 침대에서 잠을 자고 있었다.
I **was walking** across the street *when* the accident **happened**. (*not* 'walked')
내가 길을 건너가고 있었을 때, 사고가 발생했다.
It **was getting** dark *when* I **arrived**. (*not* 'got')
내가 도착했을 때, 날이 어두워지고 있었다.
Tom : What **were** you **doing** *when* the telephone **rang**?
전화 올 때 뭐하고 있는 중이었어?
Mary : I **was doing** the dishes.
설거지 하고 있던 중이었어.

⚠ 비교

(a) When James **arrived**, we **were having** lunch. [지텔프 빈출 유형]
    나중에 일어난 일   먼저 일어난 일

(= We had already started lunch before James arrived)

(b) When James **arrived**, we **had** lunch. [참고용-지텔프 출제분야 아님]
    먼저 일어난 일   나중에 일어난 일

(= First James arrived and then we had lunch.)

When the rain **stopped**, Jaehoon **was riding** his bicycle to school.
비가 그쳤을 때, 재훈이는 자전거를 타고 학교에 가던 중이었다. [비 맞음]

When the rain **stopped**, Jaehoon **rode** his bicycle to school.
비가 그치자, 재훈이는 자전거를 타고 학교에 갔다. [비 맞지 않음]

C. 『(과거에) ~하던 중[동안]에, ~했다』를 의미하는 『while 과거진행시제, 주절-과거시제』 구문.

★ 지텔프 빈출 [매우 중요]

While my uncle **was working** in the garden, he **hurt** his back.
삼촌이 정원에서 일을 하던 중에, 허리를 다치셨다.

While I **was using** the hammer, I **hit** my forefinger.
망치를 사용하던 중, 나는 내 집게손가락을 찧었다.

Water **got** into my ear *while* I **was taking** a shower.
샤워하는 중에, 귀에 물이 들어갔다.

※ 『while 과거진행시제, 주절-과거진행시제』

All year long, the neighborhood baseball league played benefit games to raise money. *While* they **were doing** so, the facilities **were being expanded** *steadily*. 【지텔프 기출】
일 년 내내 마을 야구 연맹은 기금 마련을 위한 자선 경기를 했다. 그렇게 하는 동안에 편의시설도 계속 확대되고 있었다.

D. 현재진행시제와 마찬가지로, 과거시점에서의 예정이나 약속 상황을 과거진행시제로 표현할 수 있다.

My son **was seeing** his dentist *the following morning*.
내 아들은 그 다음날 아침에 치과를 갈 예정이었다.

He was busy packing. He **was leaving** for London *that night*.
그는 짐을 싸느라 바빴다. 그는 그날 밤에 런던으로 떠날 참이었다.

 기출문제 예시

★ 과거진행시제의 압도적인 지텔프 출제 포인트

1) when절이 과거시제이고, 주절에 빈칸이 있으면 정답은 과거진행시제!!!

[기출문제 확인] 01

We must have a problem with the water heater. I _____ the dishes when suddenly there was no more hot water.
(a) have been washing
(b) washed
(c) was washing
(d) would wash

해석 온수기에 문제가 있음에 틀림없다. 갑자기 더 이상 온수가 나오지 않았을 때, 나는 설거지를 하고 있는 중이었다.(= 설거지를 하고 있는 중에 갑자기 온수가 나오지 않았다.)
해설 기준 시점인 과거(was)에 동작이 진행 중인 상황이므로 과거 진행형 was washing이 적절하다.
정답 (c) was washing

[기출문제 확인] 02

The accident investigators have determined that the train _____ the bridge when a loose portion of track caused the derailment. -시제
(a) has been crossing
(b) would cross
(c) crossed
(d) was crossing

해석 사건 조사관들은 철로의 헐거워진 부분이 열차의 탈선을 일으켰을 때 열차가 다리를 건너는 중이었다고 판단을 내렸다.
해설 기준 시점인 과거(caused)에 동작이 진행 중인 상황이므로 과거 진행형 was crossing이 적합하다.
정답 (d) was crossing

[기출문제 확인] 03

Sam decided to install a new open-source operating system on his laptop. However, he _____ the computer's hard drives when he realized that he forgot to back up its contents.
(a) was already formatting
(b) would already format
(c) already formatted
(d) has already formatted

해석 Sam은 자신의 노트북에 새로운 개방형 운영체제를 설치하기로 결정했다. 그러나 그는 컴퓨터의 하드드라이브를 이미 포맷하고 있다가 자신이 자료들의 백업을 깜빡 했다는 것을 알았다.
해설 기준 시점인 과거(realized)에 동작이 진행 중인 상황이므로 과거 진행형 was already formatting이 적합하다. 선택지에 already가 있다고 해서 (d) 현재완료로 답을 선택해서는 안 된다. 중요
정답 (a) was already formatting

2) 주절이 과거시제이고, while절에 빈칸이 있으면 정답은 과거진행시제!!!

[기출문제 확인] 04

Larry didn't have to leave his car at the repair shop. The adjustments were made while he _____.
(a) would wait
(b) was being waited
(c) has waited
(d) was waiting

해석 Larry는 정비소에서 차를 떠나 있을 필요가 없었다. 그가 기다리는 동안에 정비가 이루어졌던 것이다.
해설 과거 시점(were made)에 동작이 진행 중에 있는 것이므로 과거 진행형 was waiting이 적절하다.
정답 (d) was wating

[기출문제 확인] 05

The police department **followed** standard operating procedure by putting the officer on administrative leave while the shooting incident _____.

(a) was being reviewed
(b) was reviewing
(c) would have been reviewing
(d) reviewed

해석 경찰은 충격 사건의 자세한 조사가 이루어지는 동안에 (사건에 연루된) 경찰관을 휴직하게 함으로써 작전 규정을 따랐다.
해설 과거 시점(followed)에 동작이 진행 중에 있는 것이므로 과거 진행형이 적절한데, 주어가 the shooting incident(충격 사건)이므로 과거진행수동태인 (a)가 정답이다.
정답 (a) was being reviewed

[3-5] 미래시제 [The Future Tense]

A. I **will** get you a glass of milk.   내가 우유 한 잔 가져다 줄 게.
He **will** be back in 30 minutes.   그는 30분 후에 돌아 올 것입니다.
It **is going to** rain cats and dogs.   비가 억수처럼 올 것 같다.
Jaehoon **is going to** buy a new car.   재훈이는 새 차를 살 예정이다.

B. *If* it rains tomorrow, we **will** stay at home.   비가 내리면 우리는 집에 머물 것이다.
I **will** get home *before* it gets dark.   어두워지기 전에 집에 도착할 것이다.

GRAMMAR POINT

A. 미래시제는 미래의 일정시간에 발생할 사건을 표현한다. 미래는 기본적으로 "will[shall] / be going to+동사원형"을 사용하며 보조적으로 다른 조동사 "may, can, must, should"를 사용해서도 미래를 표현 할 수 있다.

※ 다양한 미래내용 표현 장치

▶ will ®
1) 미래의 예측이나 예상(=be going to)
   It **will** snow tonight.   오늘밤 눈이 올 것이다.
   What **will** happen in the future?   미래에 어떤 일이 일어날까?

2) 말하는 시점에서 즉각적으로 발현되는 결심이나 의지
   A: The phone is ringing.   전화 온다.
   B: I'll answer the phone.   내가 받을게.

▶ be going to ®
1) 미래의 예측이나 예상(=will)
   This song **is going to** be a mega hit!   이 노래는 대히트곡이 될 거야!

2) 말하는 시점에서 이미 하기로 되어 있는 상황 (=planned)
   A: Tom's bike has broken down.   Tom의 자전거가 고장 났어요.
   B: I know. I **am going to** fix it tomorrow.   알고 있어. 내일 고칠 거야.

▶ 현재진행시제 : 확정된 미래계획 (=be going to)
  I **am leaving** for Japan tomorrow. 나는 내일 일본으로 떠날 것이다.
  Originally, we **were going** to Italy, but then we booked a holiday in Greece.
  원래 우리는 이태리로 가려고 하다가 그리스에서의 휴가를 예약했다.

▶ 현재시제 : 주로 시간표[timetable] 등에 따라 진행되는 예정된 사건
  What time **does** the movie **begin**? 그 영화는 언제 시작하니?
  Christmas **falls** on a Sunday this year. 금년에는 성탄절이 일요일이다.

B. 주절이 미래를 나타낼 때, 조건이나 시간 부사절에서는 미래 내용을 현재시제 형태로, 미래완료의 내용을 현재완료 형태로 표현한다. 중요 - 현재시제 D번 설명참조.

[3-6] 미래진행시제 [The Future Continuous Tense]

GRAMMAR POINT

미래의 어느 시점에 진행 중일 동작, 사건을 나타낸다. 미래진행시제는 특히 말하는 사람이 자신의 감정을 적극적으로 드러내고자 할 때, 혹은 계속성을 강조하고자 할 때 주로 등장하는 시제이다. 미래영역 내의 한정된 시점에서 일어나고 있을 상황을 묘사해 주는 시제이기에, 미래진행시제의 기준이 되는 미래시점을 표시해 주거나, 거기에 맞는 문맥이 제시되어야 한다. [이 조건이 성립되면, 지텔프에서는 미래시제가 아닌 미래진행시제로 답을 처리한다.] 중요

I will begin to work at nine. He will come at ten. I **will be working** *when he comes*.
(*not* 'will work')

나는 9시에 일을 시작할 것이다. 그는 10시에 올 것이다. 그가 올 때 나는 일을 하고 있는 중일 것이다.

* 미래시점(그가 올 때)에 동작이 진행 중임을 나타내므로, 미래진행시제가 적합하다.

Now Jack is playing cards. *At this same time tomorrow*, he **will be drinking** in pub.
(*not* 'will drink')

지금 Jack은 카드를 치고 있다. 내일 같은 시간에, 그는 술집에서 술을 마시고 있을 것이다.

* 미래시점(Jack이 카드를 치고 있는 시간)에 동작이 진행 중임을 나타내므로, 미래진행시제가 적합하다.

Don't call me at 10:00 tomorrow morning because I **will be attending** class *at that time*.
(*not* 'will attend')

내일 아침 10시에 나에게 전화 하지 마. 나는 그 시간에 수업중일 테니까.

* 미래시점(내일 아침 10시)에 동작이 진행 중임을 나타내므로, 미래진행시제가 적합하다.

▶ 미래시제와의 비교 중요

Don't phone me between 3 and 4. We'**ll be having** a meeting *then*.

3시와 4시 사이에 전화하지 마세요. 우리는 그 때 회의 중일 테니까.

Let's wait for James to arrive and then we'**ll have** a meeting.

James가 도착하기를 기다립시다. 그러고 나서 (그가 도착하면) 회의를 (시작)할 겁니다.

▶ 미래완료시제와의 비교 중요

Don't phone me between 3 and 4. We'**ll be having** a meeting *then*.

3시와 4시 사이에 전화하지 마세요. 우리는 그 때 회의 중일 테니까.

Phone me after 4 o'clock. We'll **have finished** our meeting *by then*.

4시 이후에 전화 주세요. 그 때쯤이면 회의를 마칠 것입니다.

▶ **단순진행시제와의 비교** 중요

At 7 o'clock yesterday, Mom was in the kitchen. She **was cooking**. [과거진행]
It is 7 o'clock now. Mom is in the kitchen. She **is cooking**. [현재진행]
At 7 o'clock tomorrow, Mom will be in the kitchen. She **will be cooking**. [미래진행]

※ **will be staying**과 **will stay** 비교 중요

Immigration Officer : Is this your first visit to the United States? 미국에 첫 방문입니까?
A visitor : Yes, it is. 예, 그렇습니다.
Immigration Officer : (a) How long **will** you **be staying**? [O] 얼마나 오래 머물 예정입니까?
　　　　　　　　　　　(b) *How long **will** you **stay**? [△]
A visitor : (a) I'll **be staying** for 15 days. [O] 보름 간 머물 겁니다.
　　　　　　(b) *I'll **stay** for 15 days. [△]
Immigration Officer : (a) Okay! Where **will** you **be staying** at? [O] 어디에서 지내실 겁니까?
　　　　　　　　　　　(b) Okay! *Where **will** you **stay** at? [△]
A visitor : I have a reservation at New York Hilton Hotel. 뉴욕 힐튼호텔에 예약을 해 두었습니다.

(a), (b) 문장 모두 문법적인 오류도 없고, 의사소통에도 문제가 없지만, '미래에 일정 기간 동안 지속적으로 머무는 상태에 있음'을 표현할 경우, 미래에 일어날 사실여부 자체에 초점을 두는 미래시제가 아닌, 중단적 한시성을 갖는 미래진행시제로 표현하는 것이 더 자연스럽다. 따라서 이 경우, 지텔프에서는 정답을 미래진행시제로 처리한다. ★ 지텔프 빈출

기출유제

If you need to contact me, you can catch me at New York Hilton Hotel. I _____ there until Thursday.
(a) will be staying
(b) will stay
(c) stays
(d) has stayed

00

해석 나와 연락하고 싶으시다면, 뉴욕 힐튼 호텔로 오세요. 나는 그 곳에서 목요일까지 머물 겁니다.
해설 '미래의 특정 기간 동안 지속적으로 머무는 상태에 있다'는 문맥이므로 미래진행시제가 적합하다.
정답 (a) will be staying

PERFECT G-TELP 기출문제 예시

★ 미래진행시제의 압도적인 지텔프 출제 포인트

when절이 (미래내용을 나타내는) 현재시제이고, 주절에 빈칸이 있으면 정답은 미래진행시제!!!

[기출문제 확인] 01

Mark and Jenny need extra cash for redecorating their home, and will be having a yard sale this weekend. They _____ some old stuff like used clothes, CDs, and toys **when we see** them on Saturday.
(a) will be selling
(b) are selling
(c) will sell
(d) have sold

해석 Mark와 Jenny는 그들의 집을 다시 꾸미는데 여분의 돈이 필요하다. 그래서 이번 주말에 야드 세일을 할 예정이다. 토요일에 우리가 그들을 볼 때, 그들은 헌옷, 낡은 CD와 장난감과 같은 중고물품들을 팔고 있을 것이다.

해설 미래 시점인 '토요일에(on Saturday)' 주절의 동작 상황이 진행 중임을 나타내므로, 미래 진행시제가 적합하다.

정답 (a) will be selling

[기출문제 확인] 02

Take the front door key to school with you, I will have some extra tasks to finish at work. I'm sure that **when you get** back from school tonight, I _____ home from the office.
(a) will just drive
(b) will just be driving
(c) am just driving
(d) have just driven

해석 현관문 열쇠를 학교 갈 때 가지고 가거라. 나는 직장에서 마무리해야할 추가적인 업무가 좀 있을 거야. 네가 오늘밤 학교에서 돌아올 때, 나는 분명히 사무실에서 집으로 차를 몰고 가는 중일 것이다.

해설 'when you get back from school tonight(네가 오늘밤 학교에서 돌아올 때쯤이면)'으로 보아 미래 시점에 동작이 진행 중임을 나타내므로 미래진행시제가 적합하다. just가 있다고 해서 현재완료시제로 정답을 오인하면 안 될 것이다.

정답 (b) will just be driving

[기출문제 확인] 03

I wish we could go on this vacation together. However, I agree that you should finish your tax report first and follow later. I _____ at the Hotel Royale **when you arrive**.
(a) have been staying
(b) will be staying
(c) will stay
(d) have stayed

해석 이번 휴가를 함께 갈 수 있기를 바라지만, 네가 세금 보고서 작성을 먼저 완료하고 나중에 따라오는 것에 동의한다. 네가 도착하면, Royale 호텔에 머물고 있을 거야.

해설 미래 시점(when you arrive : 시간의 부사절에서는 현재 시제가 미래 시제를 대신함)에 동작이 진행 중임을 나타내는 미래 진행형(will be staying)이 적합함을 알 수 있다.

정답 (b) will be staying

[3-7] 현재완료시제 [The Present Perfect Tense]

A. I **have had** my car repaired. [**완료**] 나는 내 차 수리를 했다.
   She **has done** the dishes already. 그녀는 이미 설거지를 마쳤다.
   The taxi **has arrived** here. 여기 택시 도착했다.

B. **Have** you ever **tried** Korean dishes? [**경험**] 한국 음식을 먹어 본 적이 있습니까?
   I **have** once **seen** a dolphin. 나는 돌고래를 한 번 본 적 있다.
   I've never **been** to Jeju Island. 나는 제주도에 가 본 적이 없다.

C. He **has become** a farmer. [**결과**] 그는 농부가 되었다.
   I **have lost** your ring. 너의 반지를 잃어버렸어.
   She **has gone to** Paris. 그녀는 파리에 갔다.

D. My grandmother **has been** ill since last year. [**계속**] 나의 할머니는 작년부터 편찮으시다.
   It **has been raining** for three days. 비가 3일 동안 계속 내리고 있다.
   I **have known** her since my childhood. [have been knowing(x)] 어릴 때부터 나는 그녀를 알고 지낸다.

E. The train **has arrived** ten minutes ago. [x]
   The train **arrived** ten minutes ago. [o] 기차가 10분 전에 도착했다.

GRAMMAR POINT

★ 완료 시제 [have+p.p.]

완료시제는 기준이 되는 시제와 이전의 시제가 공존하는 시제를 말한다. 기본적인 형태는 have+p.p.이고, 시점에 따라서 "현재완료, 과거완료, 미래완료"로 구분된다. 각 완료형 시제마다 기본적인 용법 이외도 부수적으로 생기는 파생적인 용법에 주의해야 한다.

★ 현재 완료 : have [has]+p.p.

과거   현재   미래

과거의 한 시점부터 현재까지 걸친 동작이나 상태의 '완료', '경험', '결과', '계속'을 나타낸다. 과거에 일어난 일이 현재까지 영향을 미칠 때 쓰는 표현이다. 과거시제가 단순히 과거의 사실만을 나타낼 뿐 현재와는 전혀 무관한 것과는 달리 **현재완료시제는 과거에 일어난 일이 현재까지 계속 영향을 미치는 것을 표현한다.** 즉 '**과거와 현재가 공존하는 시제**'이다.

A. 완료 : ~하였다.

과거에 시작한 일이 현재 다 완료되어서[끝나서] 더 이상 그 일을 안 해도 되는 상태 또는 아직 그 일을 완료하지 못한[끝내지 못한(않은)] 상태를 나타낸다. 흔히 "just, yet" 등의 부사와 함께 쓰인다.

She **has** *just* **finished** her homework.   그녀는 자신의 숙제를 끝마쳤다.
He **has not arrived** home *yet*.   그는 아직 집에 도착하지 않았다.

B. 경험 : ~한 적이 있다.

과거 태어난 이후로 지금까지의 경험을 나타낸다. 주로 "ever, never, once, twice, three (several, many) times, often, before" 등과 함께 쓰인다.

> cf. have been to: ① ~에 가본 적이 있다.[경험] ② ~에 갔다 왔다.[완료]
> I **have been to** France *twice*.   나는 프랑스에 두 번 가본 적이 있다.
> I **have** *just* **been to** the library.   나는 방금 도서관에 갔다 왔다.

> cf. have gone to: ~에 갔다. (그래서 여기에 없다.) [결과]
> He **has gone to** America.   그는 미국에 갔다.
> (=He went to America, so he is not here now)

C. 결과

과거에 일어난 일이 현재까지 그 결과의 영향이 미치고 있는 경우를 나타낸다. 대표동사로는 **have become[bought, lost, gone 등]**이 있다. 그 의미가 완료용법과 겹치는 경우가 많아 완료용법으로 통합 취급하는 경우도 흔하다.

He **has bought** a yacht.   그는 요트를 구입했다.
(=He bought a yacht, and he has it now.)

D. 계속

과거의 어느 시점부터 현재까지 동작이나 상태가 계속되고 있음을 나타낸다. 특히 **동작의 계속**을 나타낼 경우, 『have[has] been ~ing(현재완료 진행시제)』로 나타낼 수 있다. 주로 since, for, how long 등과 함께 쓰인다.

I **have lived** in Seoul *for* 10 years.   나는 10년 동안 서울에서 살아 왔다.
Linda **has been reading** a book *for* 2 hours.   린다는 두 시간동안 책을 읽고 있다.
I *have been knowing* him since 1990. (x) - know 는 진행형 불가 동사
⇒ I **have known** him *since* 1990.   나는 1990년부터 그를 알고 있다.

E. 현재완료와 함께 쓰일 수 없는 과거표시 부사(구)

yesterday(어제), last Monday (지난 월요일), last night(어젯밤), last year(작년), two days **ago**(이틀 전), five years **ago**(5년 전), just **now**(방금 전), 의문사 **when**(언제) 등

When have you met her? (x)
⇒ **When did** you **meet** her?   너는 그녀를 언제 만났느냐?

I have met her *last night*. (x)
⇒ I **met** her last night. (o)   나는 그녀를 어젯밤에 만났다.

예외 since(~이후로)가 들어간 문장은 가능하다.
Sam **has been** ill *since* last night. (o)   샘이 어젯밤부터 아프다.

[3-8] 현재완료진행시제 [The Present Perfect Continuous Tense]

GRAMMAR POINT

현재완료진행시제는 현재완료시제의 계속용법에 진행의 의미를 강조한 시제이다. 즉, 과거에 시작한 동작이 현재까지 계속되고 있음을 또한 그 상황이 미래에도 어느 정도 지속됨을 나타낸다.

It **has been raining** *all day*[*all week, all morning*]. I wonder when it will stop.
　　　　　　　　　　　　　　　　　하루 종일[이번 주 내내/ 아침 내내] 비가 내리고 있다. 비가 언제 그칠 런지 궁금하다.

His clothes are very dirty. He **has been cleaning** his storeroom for three hours.
　　　　　　　　　　　　　　　　그의 옷은 아주 더럽다. 그는 세 시간 동안 창고 청소를 하고 있는 중이다.

Now James is taking a nap. He **fell** asleep *thirty minutes ago*. He **has been sleeping** *for thirty minutes*.　　James는 지금 낮잠을 자고 있다. 그는 30분 전에 잠이 들었다. 그는 30분 동안 잠을 자고 있는 중이다.

Jane and Mary **are talking** on the phone *right now*. They **have been talking** on the phone *for over two hours*.　　　　　　　Jane과 Mary는 지금 전화로 대화 중이다. 그들은 두 시간 이상 전화로 이야기하고 있다.

It's 11 P.M. I **have been writing** a paper on the French Revolution *for five hours* and probably won't finish it until midnight.
　　　　　　　　　　　지금은 오후 11시다. 나는 5시간 동안 프랑스 혁명에 관한 리포트를 쓰고 있는 중인데, 자정까지 못 끝낼 것 같다.

※ 현재완료와의 비교

현재완료진행시제는 현재완료시제의 '계속'의 속성을 공유하면서, 동시에 '지금 시점의 진행'의 의미를 갖는 시제이기에, 이미 그 동작 상황이 완료된 현재완료의 '완료' 용법과는 엄격히 구분된다.

(a) He **has finished** chopping firewood.　　　　　　　　그는 장작 패는 일을 끝냈다.
　　*He **has finished** chopping firewood for an hour.[x]

(b) He **has been chopping** firewood for an hour.　　　　그는 한 시간 동안 장작을 패고 있다.

[기출문제 확인] 00

The International Committee of the Red Cross is the world's largest humanitarian network. For more than 150 years, the organization _____ its mission of protecting life and health and upholding human dignity. ★ [지텔프 기출]

(a) has been pursuing
(b) has pursued
(c) is pursuing
(d) would have pursued

해석 적십자 국제 위원회는 전 세계에서 가장 큰 인도주의 네트워크다. 150년 이상을 이 조직은 생명과 보건을 보호하고 인간의 존엄을 고양시키는 임무를 추구하고 있다.

해설 "150년 이상 동안 = 150년 이상 전부터 지금까지(For more than 150 years) ~한 임무를 추구해왔고 지금도 추구하고 있는 중이다."를 나타내므로, 현재완료진행시제가 적합하다.

정답 (a) has been pursuing

※ since[~이후로] 혹은 for[~동안]와 동반하는 teach, work, live 동사

현재완료시제와 현재완료진행시제 모두 올 수 있으나, 진행 중이라는 의미를 더욱 강조할 때, 현재완료진행시제를 사용한다. [지텔프 시험에서는 주로 현재완료진행시제로 출제되는 영역이다.]

Mrs. Brown **has taught** at our school *for five years*.
Mrs. Brown **has been teaching** at our school *for five years*.

　　　　　　　　　　　　　　　　　　　Brown여사는 우리학교에서 5년 동안 교편을 잡고 계시다.

Mr. Cooper **has worked** at Microsoft *for ten years*.
Mr. Cooper **has been working** at Microsoft *for ten years*.

　　　　　　　　　　　　　　　　　　　Cooper씨는 Microsoft에서 10년 동안 일하고 있다.

Samantha **has lived** in London *since 2011*.
Samantha **has been living** in London *since 2011*.

　　　　　　　　　　　　　　　　　　　Samantha는 2011년 이후부터 런던에서 살고 있다.

*Samantha **is living** in London *since 2011*. (x) : **단순 진행시제는 완료진행시제와 달리 동작 과정의 시작을 명시할 수 없으므로, 'since 2011'과 같은 표현을 장치 할 수 없다.**

 기출문제 예시

★ 현재완료진행시제의 압도적인 지텔프 출제 포인트

기준 시점이 현재이고, 시점부사어구 all day, all morning 혹은 for+기간명사, (ever) since+명사, (ever) since+과거시제, ever since가 있으면 정답은 현재완료진행시제!!!

[기출문제 확인] 01

I **can't believe** that Francis **is** home on a Saturday night. He **must be preparing** for his final exams on Monday, because he _____ diligently **all day**.
(a) has been studying
(b) is studying
(c) had studied
(d) studies

해석 나는 Francis가 토요일 밤에 집에 있다는 것을 믿을 수가 없어. 그는 분명히 월요일 기말고사 시험공부를 하고 있을 거야. 왜냐하면 하루 종일 열심히 공부하고 있었거든.
해설 기준 시점이 현재이고, '하루 종일(all day)'이란 시제어를 통해 "하루의 시작점(과거)부터 지금 현재까지 동작이 계속 진행 중임을 나타내므로 현재완료진행시제가 적합하다.
정답 (a) has been studying

[기출문제 확인] 02

My grandfather **runs** a produce stand at the farmer's market. He **is** proud to tell customers that he **grows** the vegetables himself. He _____ them **for more than thirty years now**.
(a) is selling
(b) has been selling
(c) will have sold
(d) sells

해석 우리 할아버지는 농산물 시장에서 가판대를 운영하신다. 할아버지는 채소들을 직접 재배한다며 손님들에게 자랑스럽게 말씀하신다. 할아버지는 현재 30년 넘게 채소판매를 해오고 계신다.
해설 기준 시점이 현재이고, '현재 30년 넘게(for more than thirty years now)'란 시제어를 통해 현재완료진행시제가 정답임을 알 수 있다.
정답 (b) has been selling

[기출문제 확인] 03

The Hershey Company **is** one of the oldest chocolate makers in the US. They _____ our favorite chocolate bars and candies **ever since** Milton Hershey **founded** the company in 1894.

(a) make
(b) made
(c) have been making
(d) would have made

해석 Hershey Company는 미국에서 가장 오래된 초콜릿 제조업체 중 한 곳이다. Hershey Company는 Milton Hershey가 1894년에 회사를 설립한 이후로 지금까지 우리가 가장 좋아하는 초콜릿 바와 캔디를 만들어오고 있다.

해설 기준 시점이 현재이고, 'ever since+과거시제'의 시점표현을 통해 현재완료진행시제가 정답임을 알 수 있다.

정답 (c) have been making

[3-9] 과거완료시제 [The Past Perfect Tense]

He had *just* finished his lunch when I came. [완료]
내가 왔을 때 그는 막 점심 식사를 마쳤다.

I recognized Bruno at once, for I had seen him *many times before*. [경험]
나는 부르노를 즉시 알아보았다. 왜냐하면 전에 여러 번 그를 만난 적이 있기 때문이다.

His brother had gone to Japan when he died. [결과]
그가 죽었을 때, 그의 형은 일본에 가고 없었다.

She had been absent from school for five days when the vacation began. [계속]
방학이 시작됐을 때, 그녀는 5일간이나 결석하고 있었다.

It had been snowing for seven days when I reached the mountain. [계속]
내가 그 산에 도착했을 때 7일 동안(7일전부터) 눈이 오고 있었다.

My uncle ate chocolate cookies that my boyfriend had given me as a Valentine's Day present. [대과거]
삼촌은 내 남자친구가 발렌타인 데이 선물로 내게 준 초콜릿 쿠키를 먹었다.

GRAMMAR POINT

★ 과거 완료 : had+p.p.

과거 이전의 한 시점(대과거)부터, 기준이 되는 어느 과거의 시점까지 걸친 동작이나 상태의 '완료', '경험', '결과', '계속'을 나타내며, 또한 복문에서 주절의 과거 보다 더 앞선 종속절의 대과거를 나타내는데 쓰인다. 앞의 4가지 용법의 설명은 현재완료의 용법과 준한다.

When Nora arrived at his office, Henry wasn't there. He had left.
Nora가 그의 사무실에 도착했을 때, Henry는 그 곳에 없었다. 그는 떠나고 없었다.

Henry had left his office when Nora arrived.
Nora가 도착했을 때, Henry는 사무실을 떠난 상태였다.

※ 현재완료시제와의 비교

I am not hungry now. I have already eaten lunch. 나는 지금 배고프지 않다. 나는 이미 점심을 먹었다.

I was not hungry then. I had already eaten lunch.
나는 그 때 배고프지 않았다. 나는 이미 점심을 먹었었다.

※ 과거진행시제와의 비교
　I was eating lunch *when* Sarah came. [식사 중]　　　Sarah가 왔을 때, 나는 점심을 먹던 중이었다.
　I had eaten lunch *when* Sarah came. [식사 완료]　　Sarah가 왔을 때, 나는 점심을 마친 상태였다.

※ 접속사 before와 after는 시간의 전후관계가 명확하므로, 과거시제가 과거완료시제를 대체하는 경우가 흔하다.
　She (had) left *before* he came.　　　　　　　　　　그녀는 그가 오기 전에 떠났다.
　After I (had) graduated, I got a job.　　　　　　　졸업 후에 나는 직장을 얻었다.

[3-10] 과거완료진행시제 [The Past Perfect Progressive Tense]

과거완료진행시제는 과거완료시제의 계속용법에 진행의 의미를 강조한 시제이다. 즉, 한정된 과거시점 이하의 상황을 진행과 시간의 경과에 초점을 맞춘 시제가 과거완료진행시제이다.

We played soccer yesterday. An hour after we began playing, it started to rain. We **had been playing** *for an hour **when*** it **started** to rain.
우리는 어제 축구를 했다. 우리가 경기를 하기 한 시간 후에 비가 오기 시작했다. 우리는 비가 내리기 시작했을 때, 한 시간 동안 축구를 하고 있었다.

Jack didn't show up until 5 o'clock. I **had been waiting** *for three hours*.
Jack은 5시가 되어서야 (예정된 곳에) 나타났다. 나는 3시간 동안 기다리고 있었다.
I **had been waiting** *for three hours* **when** Jack showed up. Jack이 나타났을 때, 나는 3시간 동안 기다리고 있었다.

He **had been standing** *for over two hours since* the lecture **started**.
그 강의가 시작된 후로 그는 두 시간 넘게 서 있었다.

By the time the concert began, I **had been standing** in line *for two hours*.
그 콘서트가 시작되었을 때, 나는 두 시간 동안 줄을 서서 기다리고 있었다.

How long **had** you **been studying** economics **when** you **entered** that school?
당신이 그 학교에 입학했을 당시 당신은 얼마나 오랫동안 경제학을 공부하셨습니까?

My father **gave up** smoking *last year*. He**'d been smoking** f*or 20 years*.
나의 아버지는 작년에 담배를 끊으셨다. 그는 20년 동안 담배를 피우셨었다.

※ 현재완료진행시제와의 비교

I **have been waiting** for Henry for the last two hours, but he still hasn't arrived.
나는 Henry를 지난 2시간 동안 기다리고 있는데, 아직도 그는 도착하지 않았다.
I **had been waiting** for Henry for over two hours before he finally arrived.
나는 Henry가 도착할 때 까지 2시간 넘게 그를 기다렸었다.

※ before가 이끄는 절이 과거시제라 할지라도, before절의 상황이 일어났을 때, 주절의 상황이 진행 중일 경우 주절에는 과거진행시제가 올 수 있다. [이 경우 지텔프 문제 선택지에는 과거완료진행이나 과거완료시제의 선택지가 없으므로 쉽게 대처할 수 있다.]

We **had been playing** soccer f*or two hours before* we **had** thunder and lightning.
천둥번개가 쳤을 때, 우리는 축구를 2시간 째 하고 있던 중이었다. (not 'were playing')
We **were playing** soccer *before* we **had** thunder and lightning.
천둥번개가 치기 전에(쳤을 당시) 우리는 축구를 하고 있던 중이었다.

과거완료진행시제의 압도적인 지텔프 출제 포인트

1) before절이 과거시제이고, 빈칸 절(주절)에 『for+기간 명사』가 있으면 정답은 과거완료진행시제!!!

[기출문제 확인] 01

Dr. Meyers is one of the most prominent psychologists in the country today.
He _____ lectures at prestigious universities in California *for years* before he came to Atlanta University to teach.

(a) was giving
(b) has given
(c) had been giving
(d) would have given

해석 메이어 박사는 오늘날 국내에서 가장 저명한 심리학자 중의 한 사람이다. 그는 수년 동안 캘리포니아의 유명 대학들에서 강연을 해오다가 애틀랜타로 와서 학생들을 가르쳤다.

해설 기준 시점인 과거(came) 그 이전부터 수 년 동안(for years) 유명 대학들에서 강연을 해왔으므로 과거완료진행시제가 적합하다.

정답 (c) had been giving

[기출문제 확인] 02

Sarah was so intent in her research in the library that she lost track of time.
She _____ on the Renaissance *for almost seven hours*, before she noticed it was already dark outside.

(a) had been reading up
(b) was reading up
(c) would have read up
(d) read up

어휘 intent 열심인 research 연구, 조사 lose track of time 시간 가는 줄 모르다 notice 알아차리다

해석 Sarah는 도서실에서 자료조사에 너무 열중하다가 시간가는 줄을 몰랐다. 그녀는 르네상스에 대한 글을 거의 7시간 동안 읽고 있었는데, 그제야 바깥이 이미 어두워졌다는 사실을 알게 되었다.

해설 기준 시점인 과거(noticed) 그 이전부터 거의 7시간 동안(for almost seven hours) 르네상스에 대한 글을 읽고 있는 중이었으므로 과거완료진행시제가 적합하다.

정답 (a) had been reading up

[기출문제 확인] 03

Samantha loves children and has made educating them her personal goal.
She _____ young kids in poor communities *for a year* before she started working in a preschool.
(a) was teaching
(b) had been teaching
(c) will be teaching
(d) would teach

어휘 personal 개인적인   community 지역사회   preschool 유치원
해석 Samantha는 아이들을 사랑해서 아동교육을 자신의 개인적인 목표로 삼았다. 그녀는 열악한 지역사회에서 일 년 동안 아이들을 가르치다가 유치원에서 일하기 시작했다.
해설 기준 시점인 과거(started working) 그 이전부터 일 년 동안(for a year) 아이들을 계속 가르쳐왔으므로 과거완료진행시제가 적합하다.
정답 (b) had been teaching

2) when절이 과거시제이고, 빈칸 절에 『for+기간 명사』가 있으면 정답은 과거완료진행시제!!!

[기출문제 확인] 04

Ray spent the last two weeks in the ICU recovering from a car accident. When we asked him what happened, he said that he _____ *non-stop for three hours* when he started falling asleep.
(a) had been driving   (b) was driving
(c) had driven   (d) drove

해석 Ray는 지난 2주 동안 자동차 사고 때문에 중환자실에서 회복하고 있었다. 우리가 그에게 무슨 일이 있었는지를 물어보니, 그는 자신이 3시간 동안 쉬지 않고 운전하다가 졸음운전을 하기 시작했다고 말했다.
해설 기준 시점이 과거(started falling asleep)이고 nonstop for three hours(3시간 동안 쉬지 않고)를 통해 과거완료진행시제가 적합함을 알 수 있다.
정답 (a) had been driving

[3-11] 미래완료시제 [The Future Perfect Tense]

A. I **will have finished** the work by next Monday. [완료]
　나는 다음 주 월요일이면 그 일을 모두 끝마치게 될 것이다.

B. If I go to New York again, I **shall have been** there five times. [경험]
　내가 다시 뉴욕에 가면, 나는 거기에 5번 가는 셈이 될 것이다.

C. Bruno **will have gone** to Italy this winter. [결과]
　브루노는 이번 겨울에 이태리에 갈 것이다. (그래서 그는 여기에 없을 것이다.)

D. They **will have lived** in Korea for four years by next March. [계속]
　그들은 내년 3월이 되면 4년간 한국에서 사는 셈이 될 것이다.

　We **shall have been waiting** for him for six hours by eight. [계속]
　8시가 되면 우리가 그를 6시간 기다리는 셈이 될 것이다.

GRAMMAR POINT

★ 미래 완료 : [will / shall] + have + p.p.

과거　　　현재　　　미래

과거 혹은 현재나 미래의 어느 한 기점을 시작점으로 하여, 기준이 되는 어느 미래 시점까지의 동작이나 상태의 '완료', '경험', '결과', '계속'을 나타낸다. 그 형태는 『will(shall) have + p.p.』이다. 미래완료의 4가지 용법의 설명은 현재완료의 용법과 준한다.

Victoria is from Britain. She **is travelling** around Asia *at the moment. So far* she **has travelled** 10 countries. *By the end of the trip*, she**'ll have travelled** more than 25 countries.
Victoria는 영국 출신이다. 그녀는 지금 아시아를 여행하고 있는 중이다. 지금까지 그녀는 10개국을 여행했다. 여행이 끝날 무렵, 그녀는 25개국 이상을 여행할 것이다.

※ 현재완료, 과거완료와의 비교

James and Olivia **have been** married for 20 years. [**현재완료**]
　　　　　　　　　　　　　　　　　　　James와 Olivia는 20년 동안 결혼생활을 하고 있다.

When they bought their first house, they **had been** married for two years. [**과거완료**]
　　　　　　　　　　　　　　　　　　　결혼생활 2년째에, 그들은 첫 집을 구입했다.

Next year they **will have been** married for 21 years. [**미래완료**]
　　　　　　　　　　　　　　　　　　　내년이면 그들은 21년간 결혼생활을 하게 되는 셈이다.

※ 시간부사절에서 미래의 내용을 현재시제로 표현하듯, 미래완료의 내용은 현재완료로 표현한다.

I will take care of it *after* I **have read** the report. (*not* 'after I will have read')
　　　　　　　　　　　　　　　　　　　그 보고서를 다 읽은 후에 처리할 것이다.

He will have arrived there *before* you **start**. (*not* 'before you will start')
　　　　　　　　　　　　　　　　　　　그는 당신이 출발하기 전에 이미 그곳에 도착했을 것이다.

※ 『By the time 현재시제/ 과거시제』는 주절의 사건 내용이 종속절 내용보다 앞선다는 공통점을 갖는다.

By the time he **arrives**, she **will have** already **left**.
　　　　　　　　　　　　　　　　　그가 도착할 때 쯤, 그녀는 이미 떠났을 것이다[떠나고 없을 것이다].

By the time he **arrived**, she **had** already **left**.　그가 도착했을 때 쯤, 그녀는 이미 떠났었다[떠나고 없었다].

[3-12] 미래완료진행시제 [The Future Perfect Progressive Tense]

미래완료진행시제는 미래완료시제의 계속용법에 진행의 의미를 강조한 시제이다. 지텔프 시험에서는 이 둘을 구분하는 문제는 출제되지 않는다. 참고로, 정해진 미래시점에서 어떤 행위나 상황이 계속 진행될 것 같은 행위나 상황에는, 미래완료시제보다는 미래완료진행시제로 표현하는 것이 훨씬 자연스럽다.

It **will have been raining** *for ten days tomorrow*.
　　　　　　　　　　　　　　　　　　　　　　내일이면 열흘 동안 비가 내리고 있는 셈이다.
Next year we **will have been living** in London *for 20 years*.
　　　　　　　　　　　　　　　　　　　　내년이면, 우리는 20년 동안 런던에 살게 되는 셈이다.
I **will have been studying** Korean history *for 5 years by the end of this year*.
　　　　　　　　　　　　　　　　내년 말이 되면, 나는 한국 역사를 5년간 공부하고 있는 셈이 된다.
Sally will go to bed at 9 P.M. Her husband will get home at midnight. At midnight she will be sleeping. She **will have been sleeping** *for three hours* **by the time** her husband **gets** home.
Sally는 오후 9시에 잠자리에 들 것이다. 그녀의 남편은 자정에 집에 올 것이다. 자정에, 그녀는 잠을 자고 있을 것이다. 그녀의 남편이 집에 올 때, 그녀는 3시간 동안 잠을 자고 있을 것이다.

※ 미래완료시제와 미래완료진행시제의 뉘앙스 차이

(a) Mr. Cooper **will have taught** at this school *for four years next month*.
(b) Mr. Cooper **will have been teaching** at this school *for four years next month*.
　　　　　　　　　　　　　　　Cooper씨는 다음 달이면 이 학교에서 4년 간 교편을 잡게 되는 셈이다.

(a)는 다음 달이면 학교 재직 기간이 4년이 된다는 사실적 정보와 함께, 다음 달 이후에 다른 학교로 전근 내지 퇴직할 수 있다는 내용을 내포할 수 있으나, (b)는 다음 달이 되어도 계속 그 학교에서 교편을 잡고 있을 것이란 의미를 내포한다.

 **기출문제 예시**

★ 미래완료진행시제의 압도적인 지텔프 출제 포인트

by the time절이 (미래내용을 나타내는) 현재시제이고, 빈칸이 있는 주절에 『for+기간 명사』가 있으면 정답은 미래완료진행시제!!!

[기출문제 확인] 01

Sophie has to work first to save money for college tuition. Based on her _____ calculations, she _____ *for a year and a half* by the time she is ready for college.

(a) will have been working
(b) would have worked
(c) will work
(d) is working

해석 Sophie는 우선적으로 대학 등록금 마련을 위해 돈을 모을 목적으로 일해야 한다. 그녀의 계산을 토대로 하면, 그녀가 대학 갈 준비가 될 때쯤이면 일 년 반 동안을 계속해서 일하고 있는 셈이 될 것이다.

해설 미래의 어느 시점(그녀가 대학갈 준비가 될 때쯤이면)까지 미래에 계속될 동작을 나타내므로 미래완료진행시제가 적합하다.

정답 (a) will have been working

[기출문제 확인] 02

A team of paleontologist has been excavating fossils in Waynesville, Ohio since November 2013. Finally, their fossils finds are getting scarcer. by the time they finish in October, they _____ for almost two years.

(a) will have been digging
(b) would have dug
(c) dug
(d) were digging

해석 고생물학자 팀이 2013년 11월 이후로 오하이오 웨인즈빌에서 화석을 발굴하고 있다. 결국 화석의 양은 줄어들고 있다. 그들이 10월에 작업을 끝낼 즈음에는 거의 2년 동안 발굴 작업을 하는 셈이 된다.

해설 미래의 어느 시점(10월에 작업을 끝낼 즈음에는)까지 거의 2년 동안(for almost two years) 미래에 계속될 동작을 나타내므로 미래완료진행시제가 적합하다.

정답 (a) will have been digging

[기출문제 확인] 03

Joey realized that he should start preparing for his retirement, so he invested in an insurance fund. But he has to be patient. by the time his investment reaches maturity, he _____ for 10 years.

(a) waited
(b) would wait
(c) will have been waiting
(d) would have waited

해석 Joey는 은퇴 준비를 시작해야함을 깨달았다, 그래서 그는 보험 펀드에 투자를 했다. 그러나 그는 인내심을 가져야 한다. 그의 투자가 만기에 이를 때쯤이면, 10년을 기다리고 있는 셈이 될 것이기에.

해설 By the time ~ (~할 때쯤이면)으로 보아 미래시점까지 그 전에 일어난 동작이 계속되고 있음을 나타내는 미래완료진행시제(will have been waiting)이 들어감을 알 수 있다. 미래완료진행시제는 문장 중에 미래의 기준 시점을 나타내는 어구(By the time, tomorrow, next week, etc.)가 힌트로 나온다.

정답 (c) will have been waiting

필수 예제

01 Right now, hundreds of thousands of African women _____ mutilated.
(a) are getting
(b) get

02 When I saw her, she _____ a horse.
(a) was riding
(b) rode

03 My daughter _____ the piano until I came home.
(a) has been practicing
(b) had been practicing

04 My aunt came home to recuperate after giving birth. She _____ with us for two weeks.
(a) will be staying
(b) will stay

05 Honesty _____ an extremely hard to find quality among politicians.
(a) now becomes
(b) is now becoming

06 My daughter _____ for tomorrow's English quiz since 6 o'clock.
(a) is studying
(b) has been studying

07 Jackson _____ the guitar when I called on him.
(a) was playing
(b) played

08 I _____ a novel for an hour when he came to see me.
(a) had been reading
(b) was reading

09. She _____ a rat till that time.
   (a) have never seen
   (b) had never seen

10. I will arrive in Seoul on January 10, and _____ at Marriott Hotel.
    (a) will be staying
    (b) will stay

11. If endangered bird habitats are found near the new commercial site, construction _____ until an environmental impact study is made.
    (a) will have stopped
    (b) will be stopped

12. I don't want to hear that song again. I _____ to it three times already.
    (a) have listened
    (b) listen

13. Currently, she _____ her third term in office since her 2005 election.
    (a) serves
    (b) is serving

14. As soon as he _____ next week, we will talk with him.
    (a) will come
    (b) comes

15. Mary _____ a sweater for her father birthday present for a week.
    (a) has been knitting
    (b) is knitting

16. Mom _____ when you arrive home.
    (a) will cook
    (b) will be cooking

17 When he retires, Professor Sherman _____ here for over thirty five years.
   (a) has been teaching   (b) will have been teaching

18 The measles _____ around right now.
   (a) are going   (b) goes

19 When I got home last night, I found that somebody _____ into my house.
   (a) had broken   (b) broke

20 Sally came to Canada from Britain nearly five years ago. Next Saturday it will be exactly five years. So on Saturday, she _____ in Canada for exactly five years.
   (a) will have been   (b) will be

21 I _____ for my son at noon.
   (a) will be waiting   (b) will wait

22 While I _____ in bed last night, I heard a bomb explode.
   (a) lay   (b) was lying

23 That's a very successful book. It _____ in seven languages and over 30 countries since it was first written.
   (a) has published   (b) has been published

24 K-pop superstar Jae-hoon's international sensation _____ up online right now.
   (a) fires   (b) is firing

25 Kevin _____ dinner for himself since his wife started working at night.

(a) has been making (b) was making

26 It _____ for ten days when the river flooded.

(a) had been raining (b) have been raining

27 I will lend you the book as soon as I _____ with it.

(a) will have done (b) have done

28 I felt ill, as I _____ myself for two weeks.

(a) have overworked (b) had overworked

29 My father will be sad next week when he's forced to scrap this car. He _____ this car for 20 years by then.

(a) have been driving (b) will have been driving

30 Ryan's contact lens popped out while he _____ basketball.

(a) was playing (b) played

31 A : Is it okay if I come at 6 o'clock?
B : No, I _____ care of my patients then.

(a) will be taking (b) will take

32 Right now, a special doll _____ huge popularity among American children.

(a) gains (b) is gaining

33 We _____ computer games for two hours before Sue came to us.
   (a) were playing   (b) had been playing

34 We _____ computer games before Sue came to us.
   (a) were playing   (b) have been playing

35 For the last time, you cannot borrow my sports car. I _____ you that over and over again, but you never seem to understand.
   (a) was told   (b) have told

36 I will graduate in February. I will see you in March. By the time I see you, I _____.
   (a) will have graduated   (b) have graduated

37 We _____ much rain until last week.
   (a) have had   (b) had had

38 It appears our entire society _____ cosmetic surgery so explicitly.
   (a) now promotes   (b) is now promoting

39 My big brother _____ my computer for an hour in my room.
   (a) has been fixing   (b) is fixing

40 Let's start at six if it _____ raining by that time.
   (a) will has stopped   (b) has stopped

41. IKEA _____ 340 malls in 40 countries around the world now.
   (a) runs (b) is running

42. When my son arrives at the airport tomorrow morning, he will be very tired. He _____ for 17 hours by then.
   (a) has been flying (b) will have been flying

43. I'm going on holiday on Friday. This time next week I _____ on a beach.
   (a) will be lying (b) will lie

44. While my sister was doing her homework, I _____ a computer game.
   (a) was playing (b) had played

45. I _____ my homework by the time I go out on a date tonight.
   (a) will have finished (b) have finished

46. The unique technique _____ in many places as we speak.
   (a) is emulating (b) is being emulated

47. My sister _____ all the ice cream before I got back.
   (a) have eaten (b) had eaten

48. A: Can we meet tomorrow afternoon?
    B: Not in the afternoon. I _____.
   (a) will study (b) will be studying

49 Melissa, you may be our daughter, but unless your husband stops treating us disrespectfully, he _____ here again as a guest.
   (a) hasn't been welcomed
   (b) won't be welcomed

50 Before he _____, he will finish his work.
   (a) will leave
   (b) leaves

51 Where have you been? I _____ for you since this morning.
   (a) was looking
   (b) have been looking

52 He _____ other rich people to join the charity campaign now.
   (a) encourages
   (b) is encouraging

53 It's not good to gobble down your food. You _____ two sandwiches and the picnic has just started!
   (a) have already eaten
   (b) already eat

54 While Amy _____, she hit on a new idea.
   (a) was driving
   (b) drove

55 Dokdo _____ by South Korea's coast guard.
   (a) is currently being
   (b) is currently being

56 My son is still watching TV. He _____ TV all day.
   (a) is watching
   (b) has been watching

57 I _____ a web site when Alex visited me.
(a) have been searching   (b) was searching

58 Mary wasn't at home when I arrived. She _____ out.
(a) have just gone   (b) had just gone

59 When professor Keins retires next month, he _____ for 45 years.
(a) have taught   (b) will have taught

60 The Coast Guard _____ at a turning point right now.
(a) stands   (b) is standing

61 We will have a big party when my parents _____ from New York.
(a) will arrive   (b) arrive

62 Mary _____ a letter from John for a long time. Finally she got it.
(a) had been expecting   (b) have expected

63 Harry's older brother, Prince William, _____ as a pilot as well.
(a) currently served   (b) is currently serving

64 It _____ since two days ago.
(a) has been raining   (b) was raining

65 Our pet dog Rover has been lost for two days. If we don't find him tomorrow, we _____ notices around the neighborhood.

(a) will post (b) have been posting

66 He escaped while he _____ to another prison.

(a) was transferred (b) was being transferred

67 Next Monday Tom _____ in Korea for ten years.

(a) has been staying (b) will have been staying

68 Sue _____ her future.

(a) now ponders (b) is now pondering

69 He was exhausted. He _____ all morning.

(a) has been running (b) had been running

70 Before Tom goes to bed, he _____ a shower.

(a) always takes (b) is lways taking

71 Aren't you tired of this game? We _____ it four times so far.

(a) have played (b) had played

72 While she _____ back, she fell over a stone.

(a) stepped (b) was stepping

73 They were good friends. They _____ each other for a long time.
(a) had known (b) have known

74 The Immigration Service's Website _____ test and interview samples now.
(a) provides (b) is providing

75 My parents have been married for a long time. By their next anniversary, they _____ for 40 years.
(a) will have been married (b) will be married

76 My son _____ a book for two hours now.
(a) is reading (b) has been reading

77 My uncle gave up smoking 10 years ago. He _____ for 10 years.
(a) had been smoking (b) have been smoking

78 His plane _____ at the airport right now.
(a) arrives (b) is arriving

79 Michael _____ when Eva got there.
(a) have already left (b) had already left

80 The witness knows that she shouldn't admit any relationship with the defendant. If the lawyer questions her about it, she _____ any association.
(a) is denied (b) will deny

81 I _____ yoga tomorrow evening so don't call me.
(a) will practice
(b) will be practicing

82 When I came into the teachers' room, my homeroom teacher _____ on the phone.
(a) was talking
(b) talked

83 After I get home from work every evening, I _____ a cup of cocoa.
(a) drink
(b) am drinking

84 Presently, North Korea _____ problems rationing their food.
(a) is having
(b) has

85 The baby is sleeping right now. The baby _____ for ten hours everyday.
(a) sleeps
(b) is sleeping

86 Last month we tried the new restaurant on 5th Avenue. We both got food poisoning and we _____ since.
(a) haven't returned
(b) hadn't returned

87 It _____ for ten days on end if it does not stop tomorrow.
(a) will have been raining
(b) has been raining

88 This is what we _____ in the lab right now.
(a) do
(b) are doing

89 Mike always leaves for work at 8:30 in the morning, so he won't be at home at 9 o'clock. He _____.

(a) will have gone   (a) will go

90 The house was very quiet when I got home. Everybody _____ to bed.

(a) have gone   (b) had gone

91 I was very tired because I _____ hard all day.

(a) had been working   (b) have been working

92 While his wife was cooking, he _____ care of his cows.

(a) was taking   (b) has taken

93 Tom _____ his teeth as soon as he gets up.

(a) always brushes   (b) is always brushing

94 At the moment, China's defense ministry _____ with any other countries.

(a) does not talk   (b) is not talking

95 Thomas _____ Korean history for five years now.

(a) is studying   (b) has been studying

96 I'm late. The baseball game _____ by the time I get to the ball park.

(a) have already started   (b) will already have started

97 We _____ soccer for an hour when it started to rain.
   (a) had been playing   (b) was playing

98 The nation's temperature _____ far beyond the threshold currently.
   (a) remains   (b) is remaining

99 Mercer Lake _____ by several feet each year for the last ten years.
   (a) is shrinking   (b) has been shrinking

100 James _____ by the time Amy got there.
   (a) had already left   (b) already left

101 By the time we arrive at Denver, I _____ for 10 hours.
   (a) will have been driving   (b) have been driving

102 I'll give Simpson your message when I _____ him.
   (a) see   (b) will see

103 I think she _____ right now.
   (a) studies   (b) is studying

104 At the time the hair salons closed down, Sarah _____ there for five years.
   (a) had been working   (b) has been working

105 At the moment the teacher _____ to answer any questions from the officials from the education office.

(a) refused (b) is refusing

기출문제 및 실전문제

1

Clifford is now Dayton Realty's top salesman, but he had a tough time when he was starting. In fact, he _____ real estate for almost six months before he finally closed his first deal.

(a) had been selling
(b) would have sold
(c) was selling
(d) sold

2

Carl has been hearing good reviews of the movie *Boyhood*. His friends had praised its simple yet interesting plot and superb acting. To see if all the positive feedback is true, Carl _____ the film.

(a) now watches
(b) is now watching
(c) has now watched
(d) will now watch

3

I don't know what Mandy and Lisa are talking about on the phone, but they must find it really interesting. By the time dinner is served at 8 p.m. they _____ nonstop for four hours!

(a) would have talked
(b) have talked
(c) will have been talking
(d) are talking

4

Frank panicked when he woke up at 8:00 this morning. His work starts at 9:00, and there was no way he would make it on time. He _____ hurriedly when he realized it was Saturday.

(a) would dress
(b) has dressed
(c) dressed
(d) was dressing

5

Kate has decided to go home and take a much needed nap after lunch. She _____ on her science project all morning and doesn't think she has enough energy left to make it through another class.

(a) is working
(b) works
(c) has been working
(d) would have worked

6

Lorie is such a competitive athlete that she is always conditioning her body. In fact, she _____ in the park when you pass through there on your way home tonight.

(a) will run
(b) runs
(c) will be running
(d) would have run

7

Julia is worried because she is stuck in traffic and is running late for her writing test. She estimates that by the time she reaches school, her classmates _____ on the test for nearly an hour.

(a) had worked
(b) will have been working
(c) would have worked
(d) have been working

8

Jason's commute to work is so long and tiring that he often misses his stop. Just today, he _____ in his seat when the bus reached his stop at Maine Street.

(a) had slept
(b) was sleeping
(c) has been sleeping
(d) would have slept

9

"Are you sure this is where we are supposed to wait for Nicole? Why don't you call her now and ask where she is? Tell her We _____ here for more than 20 minutes!"

(a) have been waiting
(b) would have waited
(c) will be waiting
(d) waited

10

Nina's niece is travelling alone for the first time and is very nervous about getting lost in Los Angeles. However, Nina tells her not to worry because she _____ for her when her plane arrives.

(a) will wait
(b) waits
(c) has been waiting
(d) will be waiting

11

The executive secretary failed to do her boss's order and she was explaining to him what happened. She _____ his client for hours to schedule a meeting but couldn't get an answer.

(a) was calling
(b) would call
(c) had been calling
(d) will have been calling

12

The weather has been bad throughout the city since yesterday. Domestic flights were cancelled and power was shut down. Residents near the river are starting to leave, as the water _____ right now.

(a) is rising
(b) will rise
(c) rose
(d) rises

13

Nathan received a Superman costume from his mother for his birthday. The three-year-old boy loves the costume so much that he wears it all the time. By tomorrow, he _____ it for one week.

(a) would have worn
(b) will have been wearing
(c) wore
(d) was wearing

14

Sheena recently enrolled in a culinary class. Wanting to impress her friends with her new cooking skills, she invited them over for dinner. She _____ a Greek seafood dish when they arrived.

(a) cooked
(b) was cooking
(c) would be cooking
(d) would cook

15

Dan started repairing aircraft in 1980 and learned how to fly in 1990. He _____ private airplanes as a pilot ever since. He now has over 10,000 flight hours.

(a) flew
(b) flies
(c) would have flown
(d) has been flying

16

Is it true that you haven't been to Yellowstone National Park because you're afraid of grizzly bears? Try going there in October. There won't be any grizzlies around then because they _____.

(a) hibernate
(b) are hibernating
(c) will hibernate
(d) will be hibernating

17

As the editor-in-chief of a major publishing company, Wendy handles many important projects. As a matter of fact, she _____ the memoirs of a former president as we speak.

(a) is editing
(b) has edited
(c) edits
(d) will edit

18

Last Monday, Liz received exciting news, Her boss told her that she was being promoted as the supervisor of the company's Italian branch, Luckily, she _____ Italian before she got the promotion.

(a) had been studying
(b) would have studied
(c) would study
(d) studied

19

My husband's former boss, whom he didn't get to see for years, is visiting with him now. They're enjoying their dinner so much that by 10 o'clock, they _____ nonstop for more than four hours.
(a) are talking
(b) will talk
(c) have been talking
(d) will have been talking

20

Knowing that she's looking for a job, I asked Sharon why she didn't go to the job fair yesterday. She said she _____ to go when she remembered she had a job interview scheduled!
(a) was preparing
(b) would prepare
(c) prepared
(d) had prepared

21

Michael and his brothers were getting loud while playing a computer game. At one point, they were laughing so hard that their father scolded them, "Tone it down, boys! Can't you see that I _____?"
(a) have read
(b) read
(c) would read
(d) am reading

22

It's already past eight. Aren't you supposed to meet Carl for dinner at seven? By the time you arrive at the restaurant, he _____ for you for two hours already.

(a) will wait
(b) has waited
(c) will have been waiting
(d) has been waiting

23

Sarah was sent by her company to Paris to study French fashion design. She _____ fashion merchandising at the Moda Institute for a month now, and will need to stay another week to finish the course.

(a) is studying
(b) studies
(c) would have studied
(d) has been studying

24

Mr. Henderson won't be in the office tomorrow. He'll be in Carson City to attend a conference. If you really need to see him, he _____ at the Days Inn Hotel until Friday.

(a) will be staying
(b) will stay
(c) stays
(d) has stayed

25

The city's Public Works Department is finally doing something about a condemned building downtown. ElGiacomo Hotel _____ neglected for fifty years before the department decided to tear it down.

(a) would stand
(b) stood
(c) had been standing
(d) was standing

26

Many people went to the park last Saturday as good weather was forecast for that day. However, families _____ food on their picnic mats when it suddenly started to rain.

(a) spread
(b) are spreading
(c) would spread
(d) were spreading

27

Karate is a form of martial art that uses weaponless techniques to overcome an opponent. Although its roots can be traced back to China, the Japanese _____ the martial art for several centuries.

(a) have been practicing
(b) are practicing
(c) would have practiced
(d) practice

28

Amy's mother bought her a brand new car as a reward for graduating at the top of her class. " I can't believe it!" she exclaimed to a friend. " Tomorrow, I _____ my very own car!"
(a) drive
(b) would drive
(c) am driving
(d) will be driving

29

I admire Eric's determination to quit smoking, no matter how hard it had been. He _____ unsuccessfully to quit for a couple of years when he finally decided to seek professional help.
(a) will be trying
(b) had been trying
(c) had tried
(d) would try

30

You cannot possibly talk to Miss Anderson today. She _____ to a client on the phone right now and will be attending a seminar for the rest of the day.
(a) is talking
(b) will be talking
(c) has talked
(d) talks

31

The Baybridge basketball team was down five points with only a minute left. The announcers _____ a defeat, when Baybridge's rookie turned the game around by scoring six points in thirty seconds.

(a) already predicted
(b) were already predicting
(c) have already predicted
(d) would already predict

04

EBS 이재훈의 지텔프 2급 뽀개기 – 문법

가정법

Conditionals

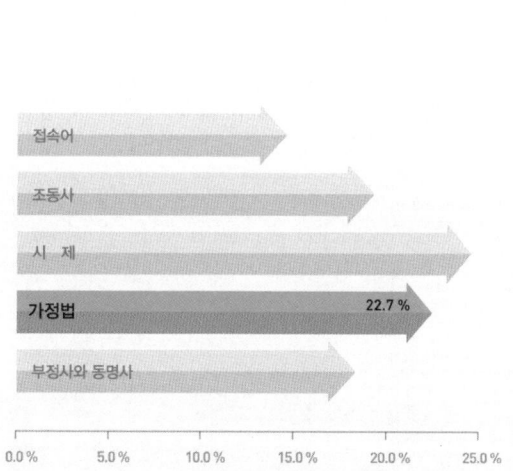

04 가정법

1 가정법

가정법(Mood)이란 말하는 사람의 심적 태도를 나타내는 동사의 형태적 변화인데, 직설법, 명령법, 가정법의 세 종류가 있다.

■ 직설법 - 어떤 사실을 그대로 진술한다.
I **went** to Suwon and **met** my brother.   나는 수원에 가서 내 동생을 만났다.
As he **is** poor, he **can not go** to college.   그는 가난해서 대학에 갈 수 없다.

■ 명령법 - 명령, 요구, 금지 등을 표현하는 것으로 동사는 언제나 원형을 쓴다.
Be quiet.   조용히 해.
Don't go anywhere.   어디에도 가지 마라.

■ 가정법 - 어떤 일을 가정 또는 상상하여 화자의 심리적 영상을 통해서 주관적인 감정으로 사실이 전혀 아니었던 것을 표현한다. [= 거짓말의 세계] (현재 사실을 가정하는 가정법 과거와 과거 사실을 가정하는 가정법 과거완료가 있다.)
If I **were** a bird, I **would fly** to you.   내가 새라면 당신에게 날아 갈 텐데.
If I **had been** a bird, I **would have flown** to you.   내가 새였다면 당신에게 날아갔을 텐데.

★ 지텔프 시험에서 가정법 출제 포인트

가정법은 시제와 함께 지텔프 문법 섹션에서 가장 많이 출제되는 영역이다. 진행형시제에 압도적인 비중을 두는 시제 영역과는 달리, 가정법은 우리나라 수험생들에게도 익숙한 가정법 과거와 가정법 과거완료 그리고 그 둘을 혼합한 혼합가정법만을 그 출제영역으로 삼기에, 그 학습부담은 크지 않다 할 것이나, **많은 수험생들이 단순 조건절과 가정법을 혼동하는 경우가 많아 그 차이를 아는 것이 매우 중요하다.** 특히 가정법에서의 시제 형태와 그 의미가 직설법에서의 시제 형태와 의미가 다르다는 것을 인식하는 것이 아주 중요하다.

[4-1] 가정법 과거 & 가정법 과거완료

A. If he **were** rich, he **could buy** the house. [**가정법 과거**]

= **Were** he rich, he **could buy** the house.　　　　만일 그가 부유하다면 그 집을 살 수 있을 텐데.

If I **had** a car, I **would lend** it to you. [**가정법 과거**]

= **Did** I **have** a car, I **would lend** it to you.　　　　내가 만일 차가 있다면, 너에게 빌려줄 텐데.

If she **could speak** good English, she **might be** a good diplomat. [**가정법 과거**]

= **Could** she **speak** good English, she **might be** a good diplomat.

그녀가 영어를 잘한다면, 훌륭한 외교관이 될 텐데.

B. If he **had** not **been** idle, he **would have succeeded** in the field. [**가정법 과거완료**]

= **Had** he not **been** idle, he **would have succeeded** in the field.

만일 그가 게으르지 않았다면, 그는 그 분야에서 성공했을 텐데.

If I **had had** a house, I **should have married** Mi-jeong. [**가정법 과거완료**]

= **Had** I **had** a house, I **should have married** Mi-jeong.　　만일 내가 집이 있었다면, 미정이와 결혼했을 텐데.

GRAMMAR POINT

★ 조건절의 시제 형태

구 분	예 문
직설법현재	I **am** not the person in charge of the matter. 나는 그 문제를 담당하는 사람이 아닙니다. **해설** 현재 시점의 상태를 직설적으로 전달.
직설법현재 단순 조건절	If the rumor **is[be]** true, anything may happen. 만일 그 소문이 사실이라면, 무슨 일이 일어날지도 모른다. If it **rains** tomorrow, I won't go on a hike. 내일 비가 오면 나는 하이킹을 가지 않을 것이다. **해설** 현재나 미래의 불확실한 내용을 직설적으로 전달
직설법 과거	I **had** deluxe rooms in an expensive hotel. 나는 비싼 호텔의 호화객실을 사용했다. **해설** 과거 시점의 상태를 직설적으로 전달.
가정법 과거	If I **had** a wife, I would be in seventh heaven. 만일 (현재) 내가 아내가 있다면, 나는 더 없이 행복하겠지요. **해설** 사실과는 상반되는 현재 시점에서의 거짓말[=가상]
직설법 과거완료	She **had known** him for ten years up to that time. 그녀는 그때까지 그를 10년 동안 알고 지냈다. **해설** 과거 일정시점까지의 상태
가정법 과거완료	If she **had known** him at that time, she would have helped him. 만일 그때 그녀가 그를 알고 있었다면, 그녀는 그를 도왔을 텐데. **해설** 사실과는 상반되는 과거 시점에서의 거짓말[=가상]

A. 가정법 과거

> ■ 가정법 과거 : 현재 전혀 사실이 아닌 것을 표현한다.
> [시제 형태는 과거이나 내용 시점은 현재.]
>
> If+주어+[be동사]were/[일반동사]과거형/[조동사]could+동사원형,
> 주어+would(should, could, might)+ 동사원형
> ⇒ [현재] ~한다면, [현재] ~할 텐데(사실은 그렇지 못하다).
>
> ※ if only : 오직 ~하기만 하면; ~이면 좋을 텐데 [가정의 강조이며 소망을 나타낸다]
> : 가정법 과거와 가정법 과거완료 둘 모두를 이끈다. ★ 지텔프 빈출

If I **knew** how to ski, I **would go** with you.
내가 스키 타는 법을 안다면, 나도 너와 함께 갈 텐데. (사실은 그렇지 못하다.)

If I **were** in America, I **could learn** English better. (현재) 미국에 있다면, 영어를 더 잘 배울 수 있을 텐데.
If only I **were** not sick, I **would go** to the party. 내가 아프지만 않다면, 파티에 갈 텐데.

Sue misses her parents badly. She hasn't seen them even once since she took a job in another city. *If only* she **lived** closer to home, she **would visit** them more often.
Sue는 부모님이 몹시 보고 싶다. 타 도시에서 직장생활을 한 이후로 한 번도 뵌 적이 없다. 집에 좀 더 가까이에 산다면, 부모님을 보다 자주 찾아뵐 수 있을 텐데.

If he **were** not poor, he **could join** the club. 만일 그가 가난하지 않다면, 그는 그 클럽에 가입할 수 있을 텐데.
= **As** he **is** poor, he **cannot join** the club. [직설법 현재]
= **Were** he not poor, he could join the club. [If가 생략되면서 주어 동사가 도치]
= **If it were not for** his poverty, he could join the club. [if it were not for: ~이 없다면]
= **Were it not for** his poverty, he could join the club. [If가 생략되면서 주어 동사가 도치]
= **Without[=But for]** his poverty, he could join the club.

B. 가정법 과거완료

> ■ 가정법 과거완료 : 과거의 사실이 전혀 아니었던 것을 표현한다.
> [시제 형태는 과거완료이나 내용 시점은 과거이다.]
>
> If+S+had p.p. ~, S+would(should, could might)+have p.p.
> [과거에] ~했다면, [과거에] ~했을 텐데. (사실은 그렇지 못했다.)

If he **had not given** up, he **could have finished** the work.
= As he **gave** up, he **could not finish** the work.   만일 그가 포기하지 않았다면, 그는 그 일을 마칠 수 있었을 텐데.

If he **had tried**, he **would** probably **have succeeded**.
→ **Had** he **tried**, he **would** probably **have succeeded**.
그가 시도했더라면 아마 성공했을 텐데.(사실은 그렇지 못했다.)

If only he **had not given** up, he **could have finished** the work.
만일 그가 포기만지 않았다면, 그는 그 일을 끝마칠 수 있었을 텐데.

My brother broke my mp3 player. Now I have to save up to buy a new one.
If only I **had known** that this would happen, I **would not have lent** him the player.
내 동생이 내 mp3 플레이어를 망가뜨렸어. 이제 새것을 사려면 돈을 모아야 해.
내가 이런 일이 일어날 줄 알았더라면, 동생한테 빌려주지 않았을 거야.

If he **had not been** poor, he **could have joined** the club.
만일 그가 가난하지 않았다면, 그는 그 클럽에 가입할 수 있었을 텐데.
= As he **was** poor, he **could not join** the club. [**직설법 과거**]
= **Had** he **not been** poor, he **could have joined** the club. [If가 생략되면서 주어 조동사가 도치]
= If it **had not been for** his poverty, he **could have joined** the club.
  [if it had not been for: ~**이 없었다면**]
= **Had it not been for** his poverty, he **could have joined** the club. [If가 생략되면서 주어 조동사가 도치]
= **Without**[=**But for**] his poverty, he **could have joined** the club.

[4-2] 혼합 가정법/ 단순 조건절/ should[were to] 조건절

A. **If** it **had** not **rained** last night, the road **would** not **be** so muddy now. [**혼합가정법**]

어제 비가 내리지 않았다면, 도로가 이렇게 질퍽거리지 않을 텐데.

B. **If** he **comes** tomorrow, we'**ll talk** over the matter. [**단순 조건절 현재**]

그가 내일 온다면 그 문제에 대해 논의할 것이다.

C. **If** you **should** need my help, **call** me. [**should 조건절**]   만일 혹시라도 내 도움이 필요하시다면, 저에게 전화하세요.

D. **If** I **were to be** born again, I **would marry** her for all the world. [**were to 조건절**]

만일 내가 다시 태어난다면, 무슨 일이 있어도 그녀와 결혼할 것이다.

GRAMMAR POINT

A. 혼합가정법 : 과거 사건의 결과가 현재에 미치는 경우.

■ 혼합 가정법 :

If + S + had p.p. ~,   S + would (should, could, might) + **동사원형**
   (가정법 과거완료)   (가정법 과거)
   (과거에) ~했더라면,   (지금, 현재) ~ 할 텐데(그렇지 못하다.)

If I **had** not **listened** to his advice, I **would be** dead *now*.

(과거에) 내가 그의 충고를 듣지 않았더라면, 나는 지금 죽은 몸일 것이다.

If it **had** not **snowed** *last night*, the traffic **would not be** so heavy.

어젯밤에 눈이 내리지 않았다면, 교통이 그렇게 혼잡하지 않을 텐데.

If only I **had worked** harder, things **would** *now* **be** different.

내가 좀 더 열심히 일했더라면, 지금은 상황이 달라져 있을 텐데.

B. 단순 조건절 현재 : 현재 또는 미래의 대략 50%의 가능성의 조건을 표현한다.

조 건 절(if절)	주 절	의 미
구어체에서 : If+S+현재동사 (확실치 않지만) 만일~한다면 문어[or 고어]체에서는 : If+S+동사원형	S+will [shall / can / may]+동사원형 ~할 것이다[할 텐데].	거짓 상황이 아닌, 현재나 미래에 있을 수 있는 가능성, 즉 단순 조건을 나타낸다.

If you **are** honest, I **will employ** you. [**현재의 가능성을 표현한다.**]
= If you **be** honest, I **will employ** you.   당신이 정직하다면 나는 당신을 고용할 것이다.

If it **rains** tomorrow, we **will stay** home.   내일 비가 오면 우리는 집에 있을 거예요.

C. should 조건절 : 미래에 일어날 가능성이 매우 희박한 경우.

조 건 절(if절)	주 절	의 미
If+S+should+동사원형 (가능성이 거의 없지만) 혹시라도 만일~한다면	S+will[shall/can/may/would/should/ could/might]+동사원형 (혹은) 명령문 ~할 것이다[할 텐데].	미래에 대한 강한 의심을 표현한다.

The weatherman says that it won't rain tomorrow. But if it **should rain**, we **shall put off** our departure.   일기 보도관이 내일 비가 안 온다고 말한다. 하지만 혹시라도 비가 온다면, 우리의 출발을 연기해야 한다.

If it **should snow** tomorrow, I **would go** skiing.
= **Should** it **snow** tomorrow, I **would go** skiing. [**if 생략 구문**]
   (내일 눈이 내릴 가능성이 매우 희박하지만 혹시나) 내일 눈이 내리면 스키 타러 갈 텐데.

D. were to 조건절 : 미래에 일어날 가능성이 전혀 없는 경우.

조건절(if절)	주 절	의 미
If+S+were to+동사원형 (가능성이 전혀 없지만) 만일~한다면	S+would[should/could/might]+동사원형 ~할 것이다[할 텐데].	화자의 입장에서 실현 가능성이 전혀 없는 상황을 표현한다.

If I **were to be** young again, I **would not waste** my youth.
= **Were I to be** young again, I **would not waste** my youth.
　　　　　　(내가 다시 젊어질 가능성이 전혀 없지만 그래도) 내가 다시 젊어진다면 나는 나의 젊음을 낭비하지 않을 것이다.
If the sun **were to** rise in the west, I **would** not **change** my mind. [were to 양보절]
　　　　　　　　　　설령 태양이 서쪽에서 뜬다 할지라도, 내 마음은 변치 않을 것입니다.

※ 조건절의 if는 생략될 수 있으며, 이때 주어와 동사는 도치된다. [지텔프 빈출]

If I were rich, I could help the homeless.
→ **Were I** rich, I could help the homeless.　　　내가 만일 부유하다면, 노숙자를 도울 수 있을 텐데.

If your father knew the fact, what would he say?
→ **Did your father know** the fact, what would he say?
　　　　　　　　　　　만일 당신의 아버지가 그 사실을 아신다면, 그는 무슨 말씀을 하시겠는가?

If I **had** much money, I **could buy** the house.
→ **Did I have** much money, I **could buy** the house.　　　내가 돈이 많다면 그 집을 살 텐데.

If I had taken your advice, I should have been happier.
→ **Had I taken** your advice, I should have been happier.
　　　　　　　　　　　만일 내가 당신의 충고를 받아들였다면, 나는 더 행복했을 텐데.

If anyone should call me, tell him that I am not at home.
→ **Should** anyone **call** me, tell him that I am not at home.
　　　　　　　　　　　혹시 누가 전화를 하면, 내가 집에 없다고 말하렴.

필수 예제

01 If you _____ him, he would have succeeded.
(a) had helped
(b) helped

02 If only I were rich, I _____ homeless people.
(a) could help
(b) could have helped

03 If I _____ last night, the road would not be so muddy now.
(a) didn't rain
(b) hadn't rained

04 If only I had not been busy, I _____ his invitation.
(a) would accept
(b) would have accepted

05 Students' daily workload would be reduced if only their normal work _____ spread over the full year.
(a) would have been
(b) were

06 _____ for your help, I would have failed.
(a) Were it not
(b) Had it not been

07 If I had studied Chinese when I was at school, I _____ what this sentence means now.
(a) could have understood
(b) could understand

08 If you had a robot which could do whatever you want, what _____ it to do first?
(a) would you have asked
(b) would you ask

09 I _____ the bus, if I had walked more slowly.
   (a) may have missed   (b) might have missed

10 If only your hair _____, you'd look almost exactly like my sister.
   (a) were a little darker   (b) had been a little darker

11 Had the bus not stopped, they _____ the death.
   (a) would not escape   (b) would not have escaped

12 If I _____ enough money at that time, I would have lent it to you.
   (a) had   (b) had had

13 _____ a gun yesterday, I should have killed him.
   (a) Did I have   (b) Had I had

14 Sarah would be offended if I _____ to her party.
   (a) didn't go   (b) hadn't gone

15 A: Your performance was fantastic. B: I could have done better, _____ more time.
   (a) if I had   (b) had I had

16 If I _____ her then, I would be happy now.
   (a) married   (b) had married

17 If you heard someone say your name, even if you were being pushed around in a big noisy crowd, you _____ attention and listen.
   (a) paid
   (b) would pay

18 Had it not been for oxygen, all animals _____ long time ago.
   (a) would have disappeared
   (b) would have been disappeared

19 If he failed, his prestige _____ damaged for having tried such an adventurous operation.
   (a) was
   (b) would be

20 If we had not developed our own recreation program then, we _____ nothing to do for fun now.
   (a) would have
   (b) would have had

21 If Hitler hadn't invaded other European countries, World War II _____ place.
   (a) might not take
   (b) might not have taken

22 If you _____ a butterfly, would you be attracted to a more colorful flower or a less colorful one?
   (a) had been
   (b) were

23 If only you had got up earlier, you _____ the plane.
   (a) could have caught
   (b) can catch

24 If it _____ for the sun, nothing could live on the earth.

(a) were not (b) had not been

25 If only I _____ hard last year, I could be a college student now.

(a) had studied (b) studied

26 Had the computer parts been delivered earlier, we _____ able to complete the project on time.

(a) could have been (b) had been

27 Dave complains that he is very fat. Even so, he is so fond of junk food, and doesn't go on a diet. I told him that if he watched what he's eating, he _____ complaining.

(a) would stop (b) will stop

28 Tony could not believe that the company where he invested his retirement savings closed down. Had he done more research about its financial status, he _____ in a more stable company.

(a) would be investing (b) would have invested

29 Most countries in Southeast Asia are experiencing a food shortage due to a heavy drought. If only these countries had been able to predict the coming calamity, they _____ a disaster plan.

(a) would have prepared (b) would be preparing

30 It's past 9 o'clock, and I'm still waiting for a taxi to get to work. If the train station were not four blocks away, I _____ the train to the office. It would definitely be faster.

(a) had gladly taken (b) would gladly take

31 Because of her weak heart, Jane was discouraged from engaging in tiring activities by her doctor. If only she had listened to her doctor, she _____ a marathon and collapsed along the course.

(a) would not have joined (b) would not be joining

32 I consider myself lucky for living in a tropical country. There are only two seasons here: the wet and the dry season. If we also had winter here, I don't know how I _____!

(a) would have coped (b) would cope

33 Eric was hiking in the mountains when he slipped on a rock and sprained his ankle. He _____ a freezing night up there if the mountain ranger had not seen and helped him.

(a) had spent (b) would have spent

1

Gregory rarely goes to his classes, and when he does, he is always late. He also fails to submit course assignments and papers on time. If I were his teacher, I _____ him.

(a) flunked
(b) will flunk
(c) would flunk
(d) am flunking

2

Martin took medicines for his insomnia without consulting a doctor. Last night, he was rushed to the hospital after overdosing on tranquilizers. If he had consulted a doctor first, he _____ the right dosage.

(a) would take
(b) took
(c) had been taking
(d) would have taken

3

Paul wants to go hiking with his friends today. However, his mother is advising him against it, because he is still recovering from the flu. If only he were not sick, he _____ with them.

(a) will go
(b) had gone
(c) goes
(d) would go

4

Mary had to close down the bakery she opened in front of her house. The business hardly made a profit. If only she _____ a better location, her shop would have attracted more customers.

(a) had chosen
(b) was choosing
(c) chose
(d) will have chosen

5

Glenda is disappointed that someone else was promoted to the supervisory position she wanted. If she had gotten the promotion, she _____ for a raise and a company car.

(a) would qualify
(b) would have qualified
(c) was qualifying
(d) qualifies

6

Grace loves reading, but her busy work schedule doesn't allow her to indulge in her interest. If only she had more free time, she _____ all the books she missed and read them.

(a) buys
(b) had bought
(c) is buying
(d) would buy

7

Jack sets big goals for himself, yet lacks the initiative to pursue any of them. If he were more serious in his effort to realize his dreams, he _____ a success in life.

(a) is becoming
(b) becomes
(c) has become
(d) would become

8

The camera that I wanted went on sale the other day. Unfortunately, by the time I got to the store, the promotion had ended. If only I had gone sooner, I _____ it for less.

(a) was buying
(b) would have bought
(c) would be buying
(d) bought

9

Andrew has been smoking over two packs of cigarettes a day for decades. He is now experiencing breathing difficulties. If he had known this would happen, he _____ smoking at all.

(a) wouldn't start
(b) didn't start
(c) wouldn't have started
(d) wasn't starting

10

The moa is an extinct flightless bird that is believed to have been 12 feet tall. It _____ the tallest bird in the world today had it not been wiped out hundreds of years ago.
(a) was being
(b) would have been
(c) was
(d) would be

11

Thomas works six days a week, and his only chance to rest is on Sundays. However, he also has to coach little league baseball on that day. If he weren't so busy, he _____ Sundays resting.
(a) would have spent
(b) would spend
(c) spends
(d) is spending

12

Fred was late for an important meeting this morning because he missed the train. If he _____ when his alarm clock went off, he would have caught his ride.
(a) was getting up
(b) had gotten up
(c) got up
(d) will get up

13

My five-year-old niece is very disappointed. She still doesn't have the walking doll that she has wanted for so long. If her mom had given her the toy last Christmas, she _____ the gift very much.

(a) would have appreciated
(b) will have been appreciating
(c) would appreciate
(d) was appreciating

14

Hillary became aware of lung cancer after her uncle was diagnosed with it. In his case, the cancer was caused by smoking and a poor diet. If he lived a healthier lifestyle, he _____ from the disease.

(a) has not suffered
(b) would not suffer
(c) does not suffer
(d) is not suffering

15

Marty got a fractured leg in a biking accident last week. He wasn't able to slow down over a speed hump which caused him to fall badly. If he had been careful, he _____ that mishap.

(a) would have avoided
(b) will have been avoided
(c) was avoiding
(d) would avoid

16

It's a good thing that our ancestors learned how to make houses, from simple wooden huts at first, to concrete palaces later. If they had not learned this skill, we _____ living in caves.

(a) would have continued
(b) would be continuing
(c) continued
(d) had continued

17

Jessie has already lost 14 pounds, but he still plans to continue jogging every morning to lose more weight. If I were as determined as Jessie is, I _____ as much calories as he does daily.

(a) have burnt
(b) would burn
(c) was burning
(d) will burn

18

Our bedroom looks calm and relaxing now that we've painted the walls lavender and light green. However, if we had hired a professional, I'm sure the room _____ even better.

(a) would have looked
(b) will be looking
(c) looks
(d) looked

19

Last weekend, I visited my cousin at his house in Surfers Paradise, Australia. Nothing could have been more fun than hitting the waves! If I lived there, I _____ every day.

(a) am swimming and surfing
(b) will swim and surf
(c) have swum and surfed
(d) would swim and surf

20

The Johnsons bought a new pet poodle yesterday. It is so small that they decided to name it "Minnie." However, if it were a big dog, they _____ it "Max."

(a) will call
(b) are calling
(c) have called
(d) would call

21

Sue partied with her friends last night. When she woke up this morning, she was still so tired that she couldn't go to school. If she had gone to bed early, she _____ ready for school.

(a) has been being
(b) would have been
(c) is being
(d) would be

22

The new budget airlines are making traditional carriers lose much of their income. I agree with their business strategy. If I owned an airline, I _____ less for airfare and rely on having more passengers instead.

(a) also charge
(b) will also charge
(c) am also charging
(d) would also charge

23

Before Dan retired as the company's CEO at age 55, he had saved quite a lot of money. If he had not retired so early, however, I'm sure he _____ even more.

(a) had saved
(b) would save
(c) would have saved
(d) would be saving

24

Mike and Jenny are carefully planning their wedding guest list. Both of them have big families, but they can only accommodate 150 guests. If they had a bigger budget, they _____ more people.

(a) would invite
(b) have invited
(c) will invite
(d) are inviting

25

When Randy booked a flight to Hawaii, he found out that the airline company had just imposed a price increase. Had he made the reservation a day earlier, he _____ a ticket at a lower rate.

(a) would be buying
(b) would have bought
(c) was buying
(d) had bought

26

Sandy refused to watch the latest horror film with her friend Jane. "You know that I get scared so easily. if you were a good friend, you _____ me to a horror movie!" she said.

(a) aren't inviting
(b) haven't invited
(c) wouldn't invite
(d) won't invite

27

Harry didn't watch TV on Saturday because he needed to finish an urgent eport. If he had not been busy, he _____ on the couch watching TV all day long.

(a) will be sitting
(b) would have sat
(c) sits
(d) is sitting

28

Amy wanted to buy the laptop she saw in a computer store, but it was too expensive for her. If it _____ , She would have bought the laptop right away.
(a) is cheaper
(b) had been cheaper
(c) was cheaper
(d) would be cheaper

29

Many species of fish lay their eggs in mangrove forests, but these so-called "fish nurseries" have disappeared. If only the mangroves had been protected sooner, many of the breeding areas _____.
(a) had been saved
(b) will have been saved
(c) are being saved
(d) would have been saved

30

Mrs. Bailey is wondering if she should take her baby out for a stroll today. There's a light drizzle outside. If the weather were finer, she _____ her baby to the park.
(a) takes
(b) is taking
(c) would take
(d) had taken

31

My kid sister just loves her vacations at grandfather's farm. What she enjoys most are her pony rides in the morning. I'm sure that if she had a pony at home, she _____ it every day.

(a) would ride
(b) is riding
(c) will ride
(d) rides

05

EBS 이재훈의 **지텔프 2급 뽀개기** – 문법

부정사와 동명사

Infinitive & Gerund

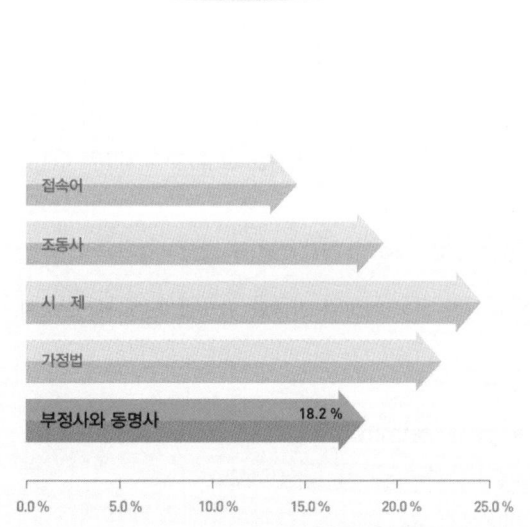

05 부정사 / 동명사

1 부정사

1) 부정사의 용법

A. **To keep** early hours is good for your health. [**명사적 용법- 주어**]
　　　　　　　　　　　　　　　　　　　　　　　일찍 자고 일찍 일어나는 것은 당신의 건강에 좋다.
= It is good for your health **to keep** early hours.

She decided **to devote** the rest of her life to helping the poor. [**명사적 용법- 목적어**]
　　　　　　　　　　　　　　　　　　그녀는 자신의 남은 삶을 가난한 사람을 돕는 데 바치기로 결심했다.

His plan is **to complete** all the courses in three years. [**명사적 용법- 보어**]
　　　　　　　　　　　　　　　　　　　　　그의 계획은 3년 만에 모든 과정을 밟는 것이다.

B. I'd like something **to drink**. [**형용사적 용법-한정**]　　　　　　　마실 것을 좀 주십시오.

I am **to meet** her here at five. [**형용사적 용법- 서술**]　나는 여기서 그녀를 5시에 만나기로 했다.

C. We hurried to the station **to catch** the first train. [**부사적 용법-목적**] 우리는 첫 기차를 타기 위하여 서둘러 갔다.

I awoke **to find** myself lying in the park. [**부사적 용법-결과**] 깨어나 보니 내가 공원에 누워있는 것을 알게 되었다.

I'm *glad* **to meet** you. [**부사적 용법-감정의 원인**]　　　　　당신을 만나서 반갑습니다.

To hear him speak English, you *might* take him for an American. [**부사적 용법-조건**]
　　　　　　　　　　　　　　　　　　그가 말하는 것을 들으면 너는 그를 미국사람으로 여길지도 모른다.

To do your best, you would not catch up with me. [**부사적 용법-양보**]
　　　　　　　　　　　　　　　　　　네가 최선을 다 한다 할지라도, 너는 나를 따라잡지 못할 것이다.

He *must* be a fool **to believe** such a thing. [**부사적 용법-이유, 판단의 근거**]
　　　　　　　　　　　　　　　　　　　　　그러한 것을 믿다니 그는 바보임에 틀림없다.

This water is not *good* **to drink**. [**부사적 용법-정도**]　이 물은 마시기에 적당치 않다.

GRAMMAR POINT

A. 부정사의 명사적, 형용사적, 부사적 용법.

　부정사는 'to+동사원형'의 형태로 (동사의 성질을 가지면서) 명사, 형용사, 부사의 기능을 하는 준동사이다.

(1) 부정사의 명사적 기능.

　① <u>**To become**</u> a great statesman is his ambition. [**주어가 된다.**]　위대한 정치가가 되는 것이 그의 야망이다.

② His ambition is **to become** a great statesman. [보어가 된다.]　　그의 야심은 위대한 정치가가 되는 것이다.

③ He wants **to become** a great statesman. [타동사의 목적어가 된다.]　　그는 위대한 정치가가 되기를 원한다.

　cf We have no alternative *but* **to arrest** you. [전치사 but의 목적어가 된다.]
　　　　　　　　　　　　　　　　　　　　　　　　　너를 체포하는 수밖에 없다.

(2) 부정사의 형용사적 기능

① There is no chair **to sit on** in this room. [한정용법]　　이 방에는 앉을 의자가 없다.
　 I want a knife **to cut** bread **with**.　　나는 빵을 썰 칼이 필요하다.
　 Give me some books **to read**.　　읽을 책 몇 권 주세요.

② We are **to leave** tomorrow morning. [서술용법] [예정]　　우리는 내일 떠날 예정이다.
　 You are **to pay** your debt as soon as possible. [의무]　　당신은 가능한 한 빨리 빚을 갚아야 한다.
　 Nothing is **to be obtained** without labor. [가능]　　노고 없이는 아무 것도 얻을 수 없다.
　 If you are **to succeed**, you must learn English. [의도]　　네가 성공하려면, 영어를 꼭 배워야 한다.
　 They were never **to see** each other again. [운명]　　그들은 다시는 서로 못 볼 운명이었다.

(3) 부정사의 부사적 기능

① 목적 (~하기 위하여)
　 He works hard **to pass** the exam. (=**so as to** pass, **in order to** pass)
　　　　　　　　　　　　　　　　　　　　그는 시험에 합격하기 위해 열심히 공부한다.

　 We climbed higher **so as to get** a better view.　　우리는 좀 더 좋은 경치를 보기 위해 더 높이 올라갔다.
　 He worked hard **in order to support** his family.　　그는 가족을 부양하기 위해 열심히 일했다.
　 She raised her hand for the taxi **to stop**.　　택시가 서도록 그녀는 손을 들었다.
　 He works hard **so as** **not** **to fail** in the exam.(o) [**부정어는 준동사 바로 앞에 위치**]
　　　　　　　　　　　　　　　　　　　　그는 그 시험에 떨어지지 않기 위하여 열심히 공부한다.
　 *He works hard **not** so as to fail in the exam.(x)　　그는 그 시험에 합격하기 위하여 열심히 공부한다.

② 결과 (그래서~하다, 결국~하다)
　 He grew up **to be** a great poet.　　그는 자라서 위대한 시인이 되었다.
　 She tried to sleep **only to fail**. [only to: **결국~하다**]

③ 감정의 원인
　 감정을 나타내는 형용사(glad, delighted, happy, sad, sorry, surprised 등)나 동사(smile, laugh, weep 등)의 다음에 오는 부정사는 이런 감정을 일으킨 원인을 나타낸다.
　 I was sad **to hear** the news.　　나는 그 소식을 듣고 슬펐다.
　 She *wept* **to see** him looking so sick.　　그녀는 그가 그렇게 아픈 것을 보고 울었다.

④ 조건
if절[조건절]의 대용어구로 부정사가 쓰일 수 있다.
You *would[will]* be punished **to do** such a thing again.   그러한 짓을 또 한다면, 너는 처벌 받게 될 것이다.

⑤ 양보
양보절의 대용어구로 부정사가 쓰일 수 있다.
To do his best, he could not pass the test.   최선을 다했지만, 그는 시험에 합격할 수 없었다.

⑥ 이유, 판단의 근거
must, cannot의 강한 추측 조동사 혹은 감탄문 뒤에 오는 부정사는 그렇게 판단하는 근거를 나타낸다.
He *cannot* be poor **to buy** a Porsche.   포르쉐를 사다니 그는 가난할 리가 없어.

⑦ 정도
형용사나 부사 뒤에 부정사가 와서 정도를 나타낸다.
This coffee is *hot* **to drink**.   이 커피는 마시기에 뜨겁다.
I'm old *enough* **to go** to club.   나는 클럽에 갈만큼 충분히 나이가 들었어요.

2) 부정사의 시제와 의미상주어

A. He **seems** *to be* rich. [술어동사와 같은 시제] 그는 부유해 보인다.

  He **seems** *to have been* rich. [술어동사 보다 이전] 그는 부유했던 것처럼 보인다.

B. I **hope** *to meet* her again. [술어 동사보다 미래내용] 나는 그녀를 다시 만나길 희망한다.

C. I **stepped aside** for the fat lady to pass by.
  = I **stepped aside** that **the fat lady** might pass by. 나는 그 뚱뚱한 여인이 지나갈 수 있도록 옆으로 비켜섰다.

GRAMMAR POINT

A. 부정사의 시제

(1) 단순 시제 : [to +동사원형]
 - 술어동사의 시제와 같거나, (동사에 따라) 그 이후 즉 미래의 내용을 나타내기도 한다.

  He **seems** *to be* rich. [술어동사와 같은 시제]
  = It **seems** that he **is** rich. 그는 부유해 보인다.
  He **seemed** *to be* rich. [술어동사와 같은 시제]
  = It **seemed** that he **was** rich. 그는 부유해 보였다.

- 희망, 기대 등을 나타내는 동사(hope, expect, want, wish, offer, promise 등)의 다음에 오는 단순부정사는 그 이후, 즉 미래의 내용을 나타낸다.
  I **hope** *to meet* her again. [술어 동사보다 미래내용]
  = I **hope** that I **will** meet her again. 나는 그녀를 다시 만나길 희망한다.
  I **expected** *to meet* her again.
  = I **expected** that I **would** meet her again. 나는 그녀를 다시 만나길 기대했다.

(2) 완료시제 : [to have p.p.]
 - 술어동사의 시제보다 앞 선 시제를 나타낸다.
  He **seems** *to have been* rich. [술어동사 보다 이전]
  = It **seems** that he **was[has been]** rich. 그는 부유했던 것처럼 보인다.
  He **seemed** *to have been* rich. [술어동사 보다 이전]
  = It **seemed** that he **had been** rich. 그는 부유했던 것처럼 보였다.

B. 부정사의 의미상 주어

부정사의 의미상 주어가 일반인이거나 문장의 주어나 목적어와 일치할 경우에는 쓰지 않는다. 부정사의 의미상 주어를 써 줄 경우에는 『for+목적격』이 원칙이다.

To tell a lie is wrong. [일반인 주어는 생략]   거짓말을 하는 것은 나쁘다.
I hope **to go** to Bhutan. [문장의 주어와 일치]   나는 부탄에 가고 싶다.
I want *you* **to marry** Jack.[문장의 목적어와 일치]   나는 네가 잭과 결혼했으면 한다.

There are many things that I should do today.   오늘 내가 해야 할 많은 일이 있다.
= There are many things for me **to do** today.

It is natural that **he** should get angry.   그가 화를 내는 것은 당연하다.
= It is natural *for him* to get angry.

※ 독립 부정사

문장 전체를 수식하는 일종의 부사구로서 to부정사의 관용적 용법에 해당된다.

- **not to speak of** : ~은 말할 것도 없고
  He has been to Europe, **not to speak of** America.   그는 미국은 물론이고 유럽에도 간 적이 있다.

- **so to speak** : 말하자면, 소위
  He is, **so to speak**, a man of an iron will.   말하자면, 그는 철의 의지를 가진 사나이이다.

- **to make matters worse** : 설상가상, 엎친 데 덮친 격으로
  To make matters worse, she lost her health.   설상가상, 그녀는 건강마저 잃었다.

- **to begin with** : ① 우선, 무엇보다도(=above all, first of all) ② 처음에는(=at first)
  To begin with, I don't like his appearance.   우선, 난 그의 외모가 마음에 안 들어.
  I found it tiring **to begin with** but I soon got used to it.   처음에는 그게 좀 힘들었지만 난 곧 익숙해졌다.

- **to do (him) justice**: (그를) 공평하게 말하면, 공정하게 평한다면
  To do him justice, he has many faults, but is not an ill-natured man.
       공정하게 평한다면, 그는 결점이 많으나, 성질이 고약한 사람은 아니다.

※ 기타 to부정사 빈출표현

(1) be willing to Ⓡ	기꺼이 ~하다
(2) can[not] afford to Ⓡ	~할 여유가 있다[없다]
(3) have no choice [option, alternative, other way] but to Ⓡ = cannot but 동사원형 = cannot help ~ing = cannot choose but 동사원형	~하지 않을 수 없다
(4) be the last man to Ⓡ = be far from ~ing = be above ~ing = be least likely to부정사	결코 ~하지 않다
(5) be able to Ⓡ = be capable of ~ing	~할 수 있다.
(6) be eligible to Ⓡ	~할 권리가 있다.
(7) be likely to Ⓡ	~할 것 같다
(8) be ready to Ⓡ	~할 준비가 되다
(9) be apt to Ⓡ	~하기 쉽다
(10) be anxious to Ⓡ	몹시 ~하고 싶다
(11) be about to Ⓡ = be on the point[brink, verge, edge] of ~ing	막 ~하려고 하다
(12) be scheduled to Ⓡ	~하기로 예정되어 있다
(13) be glad to Ⓡ	~하게 되어서 기쁘다
(14) be eager to Ⓡ	몹시 ~하고 싶다
(15) be liable to Ⓡ	~할 책임이 있다
(16) be pleased to Ⓡ	~하게 되어서 기쁘다
(17) be sad to Ⓡ	~하게 되어서 슬프다
(18) be reluctant to Ⓡ	~하는 것을 꺼리다
(19) make it a rule[point] to Ⓡ = make a point of ~ing = be in the habit of ~ing	반드시 ~하다, 꼭 ~하다, ~하는 것을 규칙으로 삼다
(20) be sorry to Ⓡ	~하게 되어서 유감이다
(21) be sure to Ⓡ = be certain to R	반드시 ~하다
(22) in an effort to Ⓡ	~하기 위한 노력으로

(24) never fail to Ⓡ	반드시 ~하게 되다
(23) never fail to say	입버릇처럼 말하다
(25) know better than to Ⓡ	~할 정도로 어리석지는 않다
(26) be used to Ⓡ (비교) be used[accustomed] to ~ing ~에 익숙하다 used to Ⓡ ~하곤 했다 (과거의 습관)	~에 사용되다

2 동명사

1) 동명사의 용법

A. **Reading** Spanish is not difficult. [주어자리] 스페인어를 읽는 것은 어렵지 않다.

B. One of her bad habits *is* **biting** her nails. [보어자리] 그녀의 나쁜 버릇 중 하나는 손톱을 물어뜯는 것이다.

C. He doesn't *mind* **working** at night. [타동사의 목적어자리] 그는 밤에 일하는 것을 꺼려하지 않는다.
I'm sure *of* **passing** the test. [전치사의 목적어자리] 나는 그 시험에 합격할 것을 확신한다.

GRAMMAR POINT

동명사는 명사의 역할을 하므로 문장에서 주어, 목적어, 보어의 구실을 한다.

A. 주어로서의 동명사

Making much money is not the end and aim of life. 많은 돈을 버는 것이 인생의 궁극적인 목적은 아니다.

B. 보어로서의 동명사

The girl's hobby *is* **singing** my song. [singing = 동명사] 그 소녀의 취미는 내 노래를 부르는 것이다.

비교 The girl *is* **singing** my song. [singing = 현재분사] 그 소녀는 내 노래를 부르고 있는 중이다.
The girl **singing** my song *is* my daughter. [singing = 현재분사] 내 노래를 부르고 있는 그 소녀는 내 딸이다.

C. 목적어로서의 동명사

She *enjoys* **swimming** every day. [타동사의 목적어자리] 그녀는 매일 수영을 즐긴다.
I am looking forward *to* **hearing** from her. [전치사의 목적어자리] 나는 그녀로부터의 소식을 고대하고 있다.
[전치사의 목적어로 준동사가 올 경우 부정사가 아닌 동명사가 온다.]

2) 동명사의 시제와 의미상 주어

A. I'm proud of **being** your teacher. [술어동사와 같은 시제]   내가 네 선생님인 것이 자랑스럽다.
I'm proud of **having been** your teacher. [술어동사 보다 이전]   내가 네 선생님이었다는 것이 자랑스럽다.
I won't *forget* **meeting** her at the party. [술어동사 보다 이전] 나는 파티에서 그녀를 만났던 것을 잊지 못할 것이다.

B. She objected to *his[him]* **going** there alone.   그녀는 그가 거기에 혼자 가는 것을 반대했다.
I really understand *their[them]* **crying**.   나는 그들이 우는 것을 진정으로 이해한다.

GRAMMAR POINT

A. 동명사의 시제

(1) 단순 시제: [동사원형+ing]
- 술어동사의 시제와 같거나, (동사에 따라) 그 이전이나 이후의 시제를 나타내기도 한다.

She **is** proud of *living* in Gangnam. [술어동사와 같은 시제]
= She **is** proud that she **lives** in Gangnam.   그녀는 강남에 사는 것을 자랑스러워한다.

He **was** ashamed of *being* poor. [술어동사와 같은 시제]
= He **was** ashamed that he **was** poor.   그는 가난한 것을 부끄럽게 여겼다.

I remember *seeing* her somewhere. [술어동사보다 이전: seeing = having seen]
= I remember that I saw her somewhere.   나는 어디선가 그녀를 본 기억이 있다.

(2) 완료시제: [having p.p.]
- 술어동사의 시제보다 앞 선 시제를 나타낸다.

He **is** ashamed of *having been* poor. [술어동사 보다 이전]
= He **is** ashamed that he **was** poor.   그는 가난했던 것을 부끄럽게 여긴다.

She **denied** *having seen* her boyfriend there. [술어동사 보다 이전]
= She **denied** that she **had seen** her boyfriend there.   그녀는 그곳에서 자신의 남자친구를 본 것을 부인했다.

B. 동명사의 의미상주어

동명사의 의미상 주어가 일반인이거나 문장의 주어와 일치할 경우에는 쓰지 않는다. 동명사의 의미상 주어는 **소유격**이 원칙이나 현대영어에서는 **목적격**도 흔하게 쓴다.

Swimming is a good excercise. [일반인 주어는 생략]   수영은 좋은 운동이다.
He enjoyed hunting. [문장의 주어와 일치]   그는 사냥을 즐겼다.

She insisted that he should be sent to a mental hospital.
= She **insisted** on *his[him]* **being** sent to a mental hospital.   그녀는 그를 정신병원에 보내야 한다고 주장했다.

I am sorry that my son offended you.
= I am **sorry** for *my son[my son's]* **having offended** you.
    내 아들이 당신의 기분을 상하게 한 것에 대해 죄송한 마음입니다.

I cannot accept that he is to blame.
= I cannot **accept** *his[him]* **being** to blame.   나는 그가 비난 받아야함을 받아들일 수 없다.

- 의미상의 주어가 무생물인 경우 명사(목적격)를 그대로 둔다.
  I don't like *the room* **being** messy. [the room's being(x)]   나는 방이 지저분한 것을 좋아하지 않는다.

3) 동명사의 관용적 용법

A. My chair **wants** mending. — 내 걸상은 수리를 요한다.

B. He **was on the verge of** leaving the room. — 그는 막 방을 나서려던 참이었다.

C. I don't **feel like** having dinner now. — 나는 지금 저녁을 먹고 싶지 않다.

D. **It is no use[=good]** crying over spilt milk. — 엎질러진 우유를 보고 울어봤자 소용없다.

GRAMMAR POINT

A. require, want, need + ~ing(능동동명사)/ to be p.p.(수동부정사): ~을 필요로 하다.

My chair requires *mending*. — 내 걸상은 수리를 요한다.
= My chair requires *to be mended*.
*My chair requires **being mended**.(x) *My chair requires **to mend**.(x)

Rice requires soaking before cooking. — 쌀은 요리하기 전에 물에 불려야 한다.
The plants want watering daily. — 그 화초들은 매일 물을 주어야 한다.

B. be on the verge of ~ing: 막 ~하려 하다, 막 ~하려는 참이다.

He **was on the verge of** leaving the room. — 그는 막 방을 나서려던 참이었다.
= He **was on the point of** leaving the room.
= He **was on the edge of** leaving the room.
= He **was on the brink of** leaving the room.
= He **was about to leave** the room.

C. feel like ~ing : ~ 하고 싶은 기분이다

I don't **feel like** having dinner now. — 나는 지금 저녁을 먹고 싶지 않다.
= I don't **feel inclined to have** dinner now.
= I am not **disposed to have** dinner now.

D. It is no use ~ing : ~ 하는 것은 소용없다

It is no use[=good] crying over spilt milk.   엎질러진 우유를 보고 울어봤자 소용없다.
= It is of no use to cry over spilt milk.
= It is useless to cry over spilt milk.
= There is no use (in) crying over spilt milk.

※ to 부정사로 착각하기 쉬운 전치사 to+동명사[명사]

> look forward to + **동명사** : ~을 기대하다
> object to + **동명사** : ~을 반대하다
> be used(accustomed) to + **동명사** : ~에 익숙하다
> devote oneself to + **동명사** : ~에 헌신하다 (= be committed[dedicated] to + **동명사**)
> prior to + **동명사** : ~ 이전에
> when it comes to + **동명사** : ~에 대해서는, ~에 관한한

My boss **objects to** *giving* his assistant more money.
　　　　　　　　　　　　　　　나의 상사는 그의 비서에게 더 많은 돈을 주는 것을 반대한다.
I have to **devote** myself **to** *spending* my life writing music. 나는 나의 삶을 작곡하는데 헌신해야 한다.
Please come to my place **prior to** *attending* the official meeting.
　　　　　　　　　　　　　　　그 공식회의에 참석하기 전에 나의 자리로 오세요.
When it comes to *hiring* two more engineers, we need more detailed plans.
　　　　　　　　　　　　　엔지니어 두 명을 더 고용하는 것에 대해서 우리는 더 세부적인 계획을 필요로 한다.

※ 기타 주요 동명사 관용표현

(1) be busy (in) ~ing 　= be busy with 명사	~하느라 바쁘다.
(2) be capable of ~ing 　= be able to ⓡ	~할 수 있다.
(3) be committed to ~ing 　= be devoted to ~ing 　= be dedicated to ~ing	~에 헌신, 전념하다.
(4) be far from ~ing 　= be above ~ing 　= be the last man to ⓡ 　= be least likely to ⓡ	결코 ~하지 않는다.

(5) come near (to) ~ing = nearly / barely / narrowly escape from ~ing	거의 ~할 뻔하다.
(6) feel like ~ing = feel inclined to Ⓡ	~하고 싶다.
(7) go on ~ing = keep (on) ~ing	계속 ~ 하다.
(8) have (fun / a good time) ~ing	~하면서 즐거운 시간을 보내다
(9) have (trouble / difficulty / a hard time / a difficult time) ~ing	~하는 데 어려움을 겪다.
(10) It goes without saying that ~ = It is needless to say that ~ = It is a matter of course that ~ = It is not too much to say that ~	~는 말할 필요도 없다.
(11) make a point of ~ing = be in the habit of ~ing = make it a rule [point] to Ⓡ	~하는 습관이 있다.
(12) waste 시간/ 돈 (in)~ing / on 명사	~하는데 낭비하다
(13) spend 시간/ 돈 (in)~ing / on 명사	~하는데 ~를 쓰다.
(14) There is no ~ing = It is impossible to Ⓡ	~하는 것은 불가능하다.
(15) What do you say to ~ing? = How about ~ing? = Why don't you Ⓡ? = Let's Ⓡ. = Shall we Ⓡ?	~하는 게 어때?
(16) 주어 + be worth ~ing = 주어 + be worthy of ~ing = 주어 + deserve ~ing = 주어 + deserve to be p.p	~할 만한 가치가 있다.
(17) 부정어 (not, never) ~ without ~ing = 부정어 (not, never) ~ but 주어 동사~ = Whenever 주어 동사~, 주어 동사~. = When 주어 동사~,주어 always 동사 ~.	~하면 반드시 ~하다 ex I never see her without thinking of my mom. 난 그녀만 보면 엄마가 생각나.
(18) on ~ing	~하자마자(as soon as)
(19) in ~ing	~할 때(when)

★ Go + ing : ~하러 가다 [놀이, 여흥, 스포츠, 쇼핑 등에 한정된다.]

go shopping 쇼핑가다
go hiking[on a hike] 하이킹 가다
go jogging 조깅하러 가다
go bowling 볼링 치러가다
go dancing 춤추러 가다
go sightseeing 관광가다
go snow boarding 스노보드 타러 가다
go (water) skiing (워터) 스키 타러가다
go boating[sailing] 배를 타러 가다

go fishing[angling] 낚시질 가다
go hunting 사냥 가다
go running 달리기하러 가다
go camping 캠핑 가다
go mountain climbing 등산 가다
go swimming 수영하러 가다
go (ice) skating 스케이트 타러가다
go skydiving 스카이다이빙을 하러 가다

★ 목적어로서의 부정사와 동명사

(1) 부정사만을 목적어로 취하는 타동사 - 주로 미래 지향적, 외부 지향적, 순간적 행위의 의미를 갖는 동사.

① 원하다: want, wish, hope, desire, long, would like, would love, would prefer, would hate
② 결심하다: decide, determine, resolve
③ 계획[준비/의도]하다: plan, design, intend, aim, *prepare
④ 약속[맹세, 보장]하다: promise, pledge, swear, guarantee
⑤ 선택하다: choose, elect
⑥ 예상하다: expect
⑦ 동의하다: agree, *consent, *assent
⑧ 노력하다, 애쓰다: seek, endeavor
⑨ ~인 듯하다: *seem, *appear
⑩ 우연히 ~하다: *happen, *chance

※ 기타: care(애를 쓰다, 노력하다; ~하고 싶어 하다), manage(간신히[용케] 해내다), need(~을 필요로 하다), ask(부탁[요청]하다), demand(요구하다), claim(주장하다), offer(제안하다), dare(감히~하다), attempt(시도하다), refuse(거절하다), arrange(마련하다), pretend(~인 척하다), fail(~하지 못하다), learn(배우다), *tend(~하는 경향이 있다), afford(~할 여유가 있다), threaten(~하겠다고 위협하다), *bother([부정문에서] 일부러 ~하다), *prove(~으로 판명되다), *wait(~하려고 기다리다), *hesitate(~하기를 망설이다, 주저하다), *hurry(서두르다), volunteer(자원하다)

🅖 (학습 편의상) 자동사적으로 쓰이지만 바로 뒷자리에 to 부정사를 두는 동사 역시 (*)표를 붙여 함께 수록.

Summary : want, wish, hope, desire, long, would like, would love, would prefer, would hate, decide, determine, resolve, plan, design, intend, aim, prepare, promise, pledge, swear, guarantee, choose, elect, expect, agree, consent, assent, seek, endeavor, seem, appear, happen, chance, care, manage, need, demand, claim, offer, dare, attempt, refuse, arrange, pretend, fail, learn, tend, afford, threaten, bother, prove, wait, hesitate, hurry, volunteer

최빈출 동사 : decide, plan, want, seem

I **want** *to buy* a watermelon.	수박을 사고 싶어요.
He **wished** *to be* remembered forever.	그는 영원히 기억되기를 희망했다.
We **hope** *to hear* from you.	우린 네게서 소식이 오기를 바란다.
I **desire** *to buy* a new car.	나는 새 차를 사고 싶다.
I **longed** for him *to stay*.	나는 그가 머무르기를 바랐다.
I **would like** *to apply* for a Gold Visa card.	골드비자 카드를 신청하고 싶습니다.
I **would love** *to have* you over for dinner tonight.	제가 오늘 저녁에 식사를 대접해드리고 싶은데요.
I **would prefer** *to postpone* the meeting.	나는 회의를 미루는 것이 나을 것 같다.
I **would hate** *to return* empty-handed.	나는 빈손으로 돌아가기 싫습니다.
We **decided** *to stop* using the machine.	우리는 그 기계를 사용하는 것을 중단하기로 결심했다.
They **determined** *to start* early.	그들은 일찍 출발하기로 결정했다.
The House **resolved** *to take* up the bill.	의회는 그 법안의 채택을 결의했다.
What do you **plan** *to do* this weekend?	이번 주말에 뭐 하실 계획이세요?
She **designed** *to study* medicine.	그녀는 의학 공부에 뜻을 두었다.
They **intend** *to visit* Germany this year.	그들은 올해 독일을 방문할 계획이다.
They **aimed** *to help* homeless people.	그들은 노숙자들을 돕는 것을 목표로 하고 있다.
Let's **prepare** *to climb* down.	하산 준비를 합시다.
He **promised** not *to be late*.	그는 늦지 않기로 약속했다.
The candidate **pledged** *to bring* income taxes down.	그 후보는 소득세 인하를 공약했다.
He **swore** *to revenge* himself on his enemy.	그는 적에게 복수할 것을 맹세했다.
We **guarantee** *to deliver* your goods within two days.	주문하신 상품을 이틀 이내에 배달해 드릴 것을 약속합니다.
She **chose** *to meet* them alone.	그녀는 혼자서 그들을 만나기로 했다.
He **elected** *to join* the company as a market researcher.	그는 시장 조사원으로서 그 회사에 취직하기로 했다.
I did not **expect** *to see* you here.	자네를 여기서 만날 줄은 예상치 못했네.
We **agreed** *to continue* the tour.	우리는 여행을 계속하기로 동의했다.

We **consented** *to put* the matter to the question.	우리는 그 문제를 표결에 부치기로 동의했다.
They **assented** *to start* at once.	그들은 즉시 출발하기로 합의했다.
He **sought** *to persuade* me.	그는 나를 설득시키려고 애를 썼다.
They **endeavored** *to protect* wild animals.	그들은 야생동물을 보호하려고 노력했다.
You **seemed** *to have* a crush on Kevin at first sight.	넌 케빈에게 첫눈에 반한 것 같았어.
She **appeared** *to be* somewhat disappointed.	그녀는 다소 실망한 기색이었다.
Grandma **happened** *to be* out when we called.	우리가 갔을 때 할머니는 마침 외출 중이셨다.
We **chanced** *to be* staying at the same hotel.	우리는 우연히 같은 호텔에 머물게 되었다.
Would you **care** *to elaborate* on that?	좀 더 자세히 말씀해 주시겠습니까?
She **managed** *to avoid* being punished.	그녀는 가까스로 처벌을 면했다.
You don't **need** *to write* it down.	그걸 받아 적을 필요는 없습니다.
I **demand** *to see* the manager.	매니저를 만나게 해 주세요.
He **claimed** *to be* Mary's uncle.	그는 Mary의 삼촌이라고 주장했다.
He **offered** *to relieve* her of her suitcase.	그는 그녀에게 가방을 들어다 주겠다고 했다.
No one **dared** *to speak* with him.	아무도 그와 이야기할 엄두를 못 냈다.
He **attempted** *to climb* an unconquered peak.	그는 미정복의 정상 등반을 시도했다.
He **refused** *to believe* what I said.	그는 내가 말한 것을 믿기를 거부했다.
We **arranged** *to start* early in the morning.	우리는 아침 일찍 출발하기로 정했다.
The soldier **pretended** *to be* dead.	그 군인은 죽은 시늉을 했다.
Emily **failed** *to pay* back her debt.	Emily는 빚을 갚는데 실패했다.
He had never **learned** *to read* and write.	그는 읽고 쓰기를 전혀 배우지 못했다.
She **tends** *to jump* to conclusions at times.	그녀는 가끔 성급히 결론을 내린다.
I couldn't **afford** *to go* on an overseas trip.	나는 해외여행을 갈 수 있는 형편이 안 되었다.
He did not **threaten** *to kill* her.	그는 그녀를 죽이려고 위협하지 않았다.
Don't **bother** *to fix* a lunch for me.	나를 위해 일부러 점심 준비를 할 것 없다.
The rumor **proved** *to be* false.	그 소문은 거짓으로 판명되었다.
I have been **waiting** *to hear* from you.	당신에게서 소식을 들으려고 기다리고 있었습니다.
Don't **hesitate** *to express* your opinion.	주저하지 말고 당신의 의견을 표현하세요.
Alice **hurried** *to open* her present.	Alice는 급히 선물을 풀었다.
Jane **volunteered** *to help* to organize the party.	Jane이 파티 준비를 자원했다.

(2) 동명사를 목적어로 취하는 타동사 - (부정사를 목적어로 취하는 타동사와는 반대되는 속성을 가진 동사들로서) '현실 안주, 회피, 중단, 포기, 부인, 연기, 후회, 분개, 완료, 받아들임(인정)' 같은 퇴보적이고 내부 지향적인 의미를 갖는 동사

① 즐기다: enjoy
② 고려하다: consider
③ 회피[모면]하다: avoid, evade, dodge, escape, miss
④ 꺼려하다: mind
⑤ 싫어하다 : dislike, detest
⑥ 참다[견디다]: tolerate, stand
⑦ 포기하다: give up
⑧ 후회하다: repent
⑨ 회상하다[기억해내다]: recall
⑩ 상상하다: imagine, [명령문 형태로] fancy
⑪ 부인하다: deny
⑫ 연기하다[미루다]: delay, defer, postpone, put off
⑬ 인정하다: acknowledge
⑭ 허락하다: allow, permit
⑮ 분개하다: resent
⑯ 권고[조언]하다: recommend, advise
⑰ 연습하다: practice
⑱ 계속~하다: keep
⑲ 멈추다[중단하다]: stop, quit, discontinue
⑳ 완료하다 : finish, complete

※ 기타 : suggest(제안하다), appreciate(감사하다), involve(수반[포함]하다), anticipate(고대[기대]하다), resist(저항하다), risk(~의 위험을 무릅쓰다), resume(다시 시작하다), resent(분개하다), understand(이해하다), report(말[보고]하다), discuss(의논하다), oppose(반대하다), can't help(~하지 않을 수 없다), undergo(~을 경험하다, 겪다), encourage(장려[고무]하다)

Summary : enjoy, consider, avoid, evade, dodge, escape, miss, mind, dislike, detest, tolerate, stand, give up, repent, recall, imagine, fancy, deny, delay, defer, postpone, put off, acknowledge, allow, permit, resent, recommend, advise, practice, keep, stop, quit, discontinue, finish, suggest, appreciate, involve, anticipate, resist, risk, resume, understand, report, discuss, oppose, can't help, undergo, encourage

EBS 이재훈의 지텔프 2급 뽀개기 - 문법

PERFECT G-TELP 최빈출 동사 : enjoy, consider, finish, require, appreciate, recommend, tolerate, delay

My grandma **enjoys** *sewing and knitting*.	나의 할머니는 바느질과 뜨개질을 즐기신다.
We **considered** *selling* the house.	우리는 그 집을 팔려고 생각했다.
You should **avoid** *driving* through the city.	너는 그 도시를 통과해서 운전하는 것을 피해야 한다.
Mark **evaded** *answering* the reporter's question.	Mark는 기자의 질문을 회피했다.
Jack tried to **dodge** *paying* his taxes.	Jack은 세금을 내는 것을 피하려고 했다.
He narrowly **escaped** *being* drowned.	그는 간신히 익사되는 것을 피했다.
She narrowly **missed** *being* seriously injured.	그녀는 심하게 다치는 것을 가까스로 면했다.
Would you **mind** *moving* along slightly?	조금 움직여도 괜찮으시겠습니까?
She **disliked** *being* away from her family.	그녀는 가족과 떨어져 있는 것이 싫었다.
As a child, I **detested** *taking* a bath.	어렸을 때, 나는 목욕하는 것을 몹시 싫어했다.
The teacher won't **tolerate** *cheating* on exams.	그 선생님은 시험에서 부정행위 하는 것을 용인하지 않을 것이다.
He couldn't **stand** *being* kept waiting.	그는 계속 기다리게 되는 것을 참을 수 없었다.
He **gave up** *teaching* 10 years ago.	그는 10년 전에 교직을 그만 두었다.
She **repented** *shouting* at her children.	그녀는 아이들에게 소리친 것을 후회했다.
I can't **recall** *meeting* him before.	나는 그를 전에 만난 기억이 안 난다.
It is hard to **imagine** *living* without a car.	자동차 없이 사는 것을 상상하기는 힘들다.
Fancy *spending* a day in Naples.	나폴리에서 하루를 보내고 있다고 상상해 보라.
Sam **denied** *making* such a statement.	Sam은 그러한 진술을 한 것을 부인했다.
He **delayed** *telling* about his father's death.	그는 부친의 죽음에 대해 말하는 것을 연기했다.
Can we **defer** *making* a decision until next week?	우리가 결정을 다음 주까지 미룰 수 있습니까?
My father **postponed** *visiting* his friend in the country.	아버지는 시골에 사는 친구 방문을 연기하셨다.
He **put off** *going* to the dentist.	그는 치과에 가는 것을 연기했다.
He **acknowledged** *receiving* the message.	그는 그 메시지를 받았음을 인정했다.
They didn't **allow** *taking* photographs.	그들은 사진 촬영을 허락하지 않았다.
My parents did not **permit** my *buying* a motorcycle.	나의 부모님은 내가 오토바이 사는 것을 허락하시지 않았다.
I **resent** his *being* too arrogant.	그가 너무 오만해서 불쾌하다.
I **recommended** *seeing* a doctor immediately.	나는 즉시 의사를 만나볼 것을 권했다.
The weather report **advised** *carrying* an umbrella.	일기예보는 우산을 지참할 것을 권고했다.
He **practiced** *playing* the flute every day.	그는 매일 플루트를 연습했다.
To hide I was frightful, I **kept** *smiling*.	나는 공포심을 감추기 위해 계속 웃었다.
He **stopped** *smoking* for his health.	그는 건강을 위해 담배를 끊었다.
I hope you all **quit** *complaining*.	나는 너희 모두가 불평을 그만했으면 좋겠다.
The company has **discontinued** *producing* that item.	회사에서는 그 품목의 제작을 중단했다.
She has **finished** *cleaning* the room.	그녀는 그 방 청소를 끝마쳤다.
I finally **completed** *writing* my term paper.	나는 마침내 내 학기말 리포트 쓰기를 마쳤다.

He **suggested** *staying* there another day.
그는 그곳에서 하루 더 머무르자고 제안했다.
I would **appreciate** *receiving* a copy of your book.
나는 당신의 책 한권을 받아 볼 수 있으면 감사하겠습니다.
The operation **involves** *putting* a small tube into your heart.
그 수술은 작은 관을 당신의 심장에 집어넣는 것을 포함한다.

They **anticipate** *moving* to a bigger apartment.
그들은 더 큰 아파트로 이사 갈 것을 기대한다.
The child **resisted** *being* carried off.
그 아이는 실려 가는 것에 저항했다.
She **risked** *crossing* the river.
그녀는 위험을 무릅쓰고 강을 건넜다.
The driver got back in the bus and **resumed** *driving*.
그 운전기사는 버스로 돌아가서 다시 운전을 시작했다.
We just couldn't **understand** his *taking* the money.
우리는 그가 그 돈을 받는 것이 그냥 이해가 안 되었다.
He **reported** *having* seen her enter the building.
그는 그녀가 그 건물에 들어가는 것을 보았다고 말했다.
We briefly **discussed** *buying* a new house.
우리는 새 집을 사는 것을 짧게 토론했다.
Many politicians **opposed** *building* the expressway.
많은 정치인들은 고속도로 건설을 반대했다.
She **couldn't help** *feeling* sorry for the poor man.
그녀는 그 가엾은 남자에 대해 동정을 금할 수 없었다.
I understand you fully since I **underwent** *suffering* big losses last year, too.
작년에 나 역시 큰 손실을 입었기에, 나는 너를 충분히 이해한다.
He **encouraged** my *studying* medicine.
그는 내가 의학 공부하는 것을 격려했다.

✔ 참고 : 사전적으로 intend, attempt, dislike는 to 부정사, 동명사 둘 모두를 목적어로 취할 수 있으나, 지텔프 시험에서는 intend, attempt는 to 부정사를 dislike는 동명사를 목적어로 갖는 것을 우선 원칙으로 한다.

(3) 부정사, 동명사 둘 모두를 목적어로 취하는 동사
① 의미 변화가 없는 동사
like, love, hate, begin, start, continue, prefer, neglect, cease 등

The children **like** *to watch* TV. = The children **like** *watching* TV.
아이들은 텔레비전 보는 것을 좋아한다.
He **loves** *to play* chess. = He **loves** *playing* chess.
그는 체스 하는 것을 좋아한다.
She **hates** *to get* up early. = She **hates** *getting* up early.
그녀는 일찍 일어나는 것을 싫어한다.
It **began** *to rain*. = It **began** *raining*.
비가 오기 시작했다.
They **started** *to dance*.
그들은 춤을 출 준비를 시작했다.
They **started** *dancing*.
그들은 춤추기 시작했다.
[원칙적으로 start 다음의 부정사는 '부정사가 가리키는 일을 할 채비를 하는 것'을, 동명사는 '동명사가 가리키는 과정에 들어가는 것'을 의미하나 지텔프 시험에서는 그 구분을 하지 않아도 된다.]

He **continued** *running* even when it began to rain. 비가 오기 시작했는데도 그들은 계속해서 뛰었다.
Her parents **continued** *to ignore* everything that she said.
그녀의 부모님은 그녀가 하는 모든 말을 계속 무시했다.
[원칙적으로 continue 다음의 부정사는 '중단 후 계속이나 끊임이 있는 간헐적이나 규칙적인 일을 하는 것을, 동명사는 '중단 없는 계속'을 의미하나 지텔프 시험에서는 그 구분을 하지 않아도 된다.]

Don't **neglect** *to water* the flowers. 꽃에 물을 주는 일을 소홀히 하지 마라.
= Don't **neglect** *watering* the flowers.

I **prefer** *staying* here **to** *going* out. 나는 외출하는 것보다 여기에 머무는 것이 더 좋다.
= I **prefer** *to stay* here **rather than** *(to) go* out.
*I prefer to stay here to going out.(x)

The town **ceased to exist** years ago. 그 마을은 수년 전에 사라졌다.
They **ceased fighting** temporarily. 그들은 잠정적으로 싸움을 멈추었다.
[원칙적으로 cease 다음의 부정사는 '더 이상 부정사가 가리키는 일이 일어나지 않음'을, 동명사는 '동명사가 가리키는 일을 그만 둘 때까지 했고 앞으로 다시 할 수 있음'을 의미하나 지텔프 시험에서는 그 구분을 하지 않아도 된다.]

② 의미 변화가 있는 동사

- forget/ remember +동명사 : ~한 일을 잊다/ ~한 일을 기억하다(과거)
- forget/ remember +to 부정사: ~할 일을 잊다/ ~할 일을 기억하다(미래)

I won't **forget** *seeing* her then. She was so beautiful and kind.
나는 그 때 그녀를 본 것을 잊지 못할 것이다. 그녀는 매우 아름답고 친절했다.
I **forgot** *watering* the flowers, so I watered them once more.
나는 꽃에 물을 준 것을 잊어버렸다. 그래서 한 번 더 줬다.

Don't **forget** *to mail* this letter tomorrow. 내일 이 편지를 부치는 것을 잊지 마라.
She **forgot** *to bring* a hat and sunscreen, so she got a sunburn.
그녀는 모자와 썬크림 가져오는 것을 잊어서 햇볕에 탔다.

cf I **forgot** *locking* the door. 나는 문을 잠근 것을 잊었다. [문을 잠갔음]
I **forgot** *to lock* the door. 나는 문을 잠글 것을 잊었다. [문을 잠그지 않음]

After taking a shower, **remember** *to put* body lotion.   샤워를 한 후, 바디로션을 바르는 것을 기억하세요.
You must **remember** *to watch* the TV program tomorrow morning.
너는 내일 아침 그 TV 프로그램 보는 것을 기억해야 한다.

I **remember** *seeing* that watch on the bed last night.   나는 어제 그 시계가 침대 위에 있는 것을 본 기억이 있다.
I **remember** *locking* the door. I'm sure of that.   나는 문을 잠근 것을 기억한다. 나는 그것을 확신한다.

- try +동명사: ~을 (시험 삼아) 해보다.
- try +to 부정사: ~을 하려고 애쓰다[노력하다].

He **tried** *writing* to her, but she didn't answer.   그는 시험 삼아 그녀에게 편지를 썼지만, 그녀는 답장하지 않았다.
When you do not have a toothbrush, **try** *eating* an apple.   당신에게 칫솔이 없다면, 사과를 먹어보세요.

He **tried** *to write* to her, but he couldn't.   그는 그녀에게 편지를 쓰고자 애썼으나, 쓸 수가 없었다.
I **tried** *to solve* the problem, but it was too hard for me.   문제를 풀려고 했지만 내겐 너무 어려웠어.

- regret + 동명사: ~한 것을 후회하다.
- regret + to 부정사: ~하게 되어 유감이다.

He *regrets spending* the money. (=regrets *having spent*)   그는 그 돈을 쓴 것을 후회한다.
She deeply **regretted** *losing* her temper.   그녀는 화낸 것을 깊이 후회했다.

We **regret** *to inform* you that the train will be late.   기차가 늦을 것임을 알려드리게 되어 유감입니다.
We **regret** *to say* that those items have sold out.   죄송합니다만, 그 품목들은 다 팔렸습니다.

- mean + 동명사: ~을 의미[뜻]하다
- mean + to 부정사: ~을 의도하다

That **means** *risking* your life.   그것은 네 삶을 거는 것을 의미한다.
I didn't **mean** *to embarrass* you.   저는 당신을 난처하게 할 의도는 없었어요.

- stop + 동명사: ~하는 것을 멈추다 [stop의 목적어로 온 동명사]
- stop + to 부정사: ~하기 위하여 (가던 길이나, 하던 일을) 멈추다 [부사적으로 쓰인 to 부정사]

He **stopped** *smoking* with the help of his family and friends. 그는 가족과 친구들의 도움으로 담배를 끊었다.
They **stopped** *quarreling* and shook hands with each other. 그들은 싸우는 것을 멈추고 서로 악수했다.

He was so tired that he **stopped** *to take* a rest under a tree.
그는 너무 피곤해서 나무 아래에서 쉬기 위하여 (가던 길을) 멈췄다.
Although he was late, he had to **stop** *to get* gas. 비록 늦었지만, 그는 주유를 하기 위해 멈춰야 했다.

- propose + 동명사: ~을 제의[제안]하다(=suggest)/ ~을 작정하다, 꾀하다(=intend)
- propose + 부정사: ~을 작정하다, 꾀하다(=intend)

I **proposed** *taking* a rest under a tree. 나는 나무 아래에서 쉬자고 제안했다.
What do you **propose** *to do*[=*doing*] now? 지금 뭘 하려고 하십니까?

(4) 문형에 따라 준동사를 달리 취하는 동사
① 3형식에서는 **동명사 목적어**를, 5형식에서는 **to부정사 목적보어**를 갖는 동사
allow, permit, forbid, recommend, advise, encourage

He doesn't **allow** *smoking* in the office. [3형식] 그는 사무실에서 담배 피우는 것을 허용하지 않는다.
He doesn't **allow** us *to smoke* in the office. [5형식] 그는 우리가 사무실에서 담배 피우는 것을 허용하지 않는다.

His riches **permit** his *living* comfortably.
His riches **permit** him *to live* comfortably. 그는 부유해서 편하게 살 수 있다.

The housemother **forbade** *playing* cards in the dorm. 사감 선생님은 기숙사에서 카드 놀이하는 것을 금지했다.
The housemother **forbade** us *to play* cards in the dorm.
사감 선생님은 우리가 기숙사에서 카드 놀이하는 것을 금지했다.

I wouldn't **recommend** *staying* in the district. 나는 그 지역에 사는 것을 추천하고 싶지 않다.
I wouldn't **recommend** you *to stay* in the district. 나는 네가 거기에 사는 것을 추천하고 싶지 않다.

His parents **advised** his *taking* a rest.
His parents **advised** him *to take* a rest. 그의 부모님은 그가 휴식을 취할 것을 권고했다.

Giving him some time off will **encourage** *studying*. 그에게 휴가를 좀 주면 공부를 더 열심히 할 것이다.
He **encouraged** me *to continue* my research. 그는 연구를 계속하도록 나를 격려했다.

② 3형식 목적어 및 5형식 목적보어로 to부정사를 갖는 동사
   want, expect, ask, beg, need, dare, intend, would like

I want *to marry* her. 나는 그녀와 결혼하고 싶어.
I want you *to marry* her. 나는 네가 그녀와 결혼하기를 원해.

He expects *to find* a good job. 그는 좋은 일자리를 얻으리라고 기대하고 있다.
He expects his son *to find* a good job. 그는 아들이 좋은 일자리를 얻으리라고 기대하고 있다.

Did you ask *to use* the copy machine? 복사기를 쓰겠다고 허락을 구했니?
She asked him *to hold* on while she finished getting dressed.
그녀는 그에게 옷을 다 입을 때까지 기다려 달라고 말했다[부탁했다].

The child begged *to stay* with us. 그 아이는 우리와 함께 지내겠다고 애원했다.
The child begged his mother *to stay* with us. 그 아이는 자신의 어머니에게 우리와 함께 지내겠다고 애원했다.

I need *to get* some sleep. 난 잠을 좀 자야 한다.
I don't need you *to help* me. 당신 도움 따위는 필요 없어요.

She dared *to go* there all alone. 그녀는 대담하게도 혼자 거기에 갔다.
She dared me *to swim* across the lake. 그녀는 내게 그 호수를 헤엄쳐서 건널 수 있으면 건너보라고 부추겼다.

I intend *to help* him with his homework. 나는 그의 숙제를 돕고자 한다.
I intend him *to help* me with my homework. 나는 그에게 나의 숙제를 도와달라고 할 작정이다.

I would like *to discuss* this problem with you. 이 문제를 당신과 논의했으면 합니다.
I would like you *to discuss* this problem with us. 이 문제를 당신이 우리와 함께 논의했으면 합니다.

③ 목적보어로 to부정사를 갖는 동사

cause, enable, force, compel, get, order, tell, warn, urge, teach, persuade, remind, require, instruct, convince, mean, think, believe

최빈출 동사 : persuade, advise, tell

The noise caused him *to startle*. 그 소음이 그를 깜짝 놀라게 했다.
Endurance enabled him *to win* the race. 그는 인내의 덕분에 경쟁에 이길 수 있었다.
They forced him *to sign* the paper. 그들은 그에게 서류에 서명하도록 강요했다.

Her illness **compelled** her *to stay* in bed.	그녀는 아파서 어쩔 수 없이 침대에 누워있어야 했다.
I **got** him *to quit* drinking.	나는 그를 설득하여 술을 끊게 했다.
He **ordered** them *to clear* up the unsolved work.	그는 그들에게 미결사항을 깨끗이 마무리하라고 지시했다.
I **told** him *to do* it immediately.	그것을 즉시 하라고 그 사람에게 말했다.
The police officer **warned** them *to step* back from the spot.	경찰관은 그 지점에서 물러나라고 그들에게 경고했다.
His father **urged** him *to study* law.	그의 아버지는 그에게 법률 공부를 하도록 권했다.
My parents **taught** me *to be* thrifty.	부모님은 나에게 검소하라고 가르치셨다.
They **persuaded** him *to turn* himself in to the police.	그들은 그를 설득해서 자수하게 했다.
Please **remind** him *to call* me.	그에게 잊지 말고 전화해 달라고 일러 주시오.
The police **required** them *to be* present.	경찰은 그들에게 출석하라고 명령했다.
The doctor **instructed** me *to diet*.	의사가 나에게 다이어트를 하라고 지시했다.
He tried to **convince** me *to buy* a luxurious car.	그는 호화스러운 차를 사라고 나를 설득하려 하였다.
Please forgive me. I really didn't **mean** you *to do* it.	제발 용서해 줘. 나는 네가 그것을 하라는 의도는 아니었어.
We **think** her *to be* a charming person.	우리는 그녀를 매혹적인 사람이라고 여긴다.
They **believed** him *to be* innocent.	그들은 그가 무죄라고 생각했다.

※ 5형식 문형이 수동태가 되면 2형식 문형이 되는데, 이때에도 역시 주격보어로 to부정사가 온다는 것에 주목한다.

We **aren't allowed** *to smoke* in the office.	우리는 사무실에서 흡연을 할 수 없다.
*We **aren't allowed** *smoking* in the office. [x]	
She **is thought** *to be* a charming person.	그녀는 매혹적인 사람으로 여겨진다.
He **was believed** *to be* innocent.	그는 무죄라고 믿어졌다.
The rice **is expected** *to be* an average crop.	벼는 평작이 예상된다.
The clerk **was compelled** *to open* the safe.	그 직원은 금고를 열도록 강요받았다.
She **was asked** *to leave* the room, but she refused to do so.	그녀는 방에서 나가 달라고 요구를 받았으나 그러기를 거부했다.
All supervisors **are required** *to attend* the meeting.	모든 관리자들은 그 회의에 참석해야 한다.

※ 부정사, 동명사의 태
동사의 성질을 그대로 유지하는 부정사, 동명사는 동사처럼 태를 갖는다.

(1) to 부정사

시제＼태	능동	수동
단순	to Ⓡ	to be p.p.
완료	to have p.p.	to have been p.p.

You don't need **to write** it down.   그걸 받아 적을 필요는 없어.
He is known **to have died** of strokes.   그는 뇌졸중으로 사망한 것으로 알려져 있다.
This letter seems **to be written** by a woman.   이 편지는 여성에 의해 쓰여진 것 같다.
He is believed **to have been killed** by the rebel army.
    그는 반군에 의해 살해된 것으로 여겨지고 있다.

(2) 동명사

시제＼태	능동	수동
단순	Ⓡing	being p.p.
완료	having p.p.	having been p.p.

She likes **playing** with children.   그녀는 아이들과 놀기를 좋아한다.
I am sure of his **having passed** the test.   나는 그가 시험에 합격했다고 확신하고 있다.
I don't like **being seen** in shabby clothes.   나는 초라한 옷을 입은 꼴을 남에게 보이고 싶지 않다.
My son's **having been punished** disappointed me.   내 아들이 벌 받아서 나는 실망했다.

필수 예제

01 Don't you think we should consider _____ a babysitter?
(a) hiring
(b) to hire

02 My teacher encouraged me _____ widely in philosophy.
(a) to read
(b) to be read

03 _____ a better view, he climbed higher.
(a) To get
(b) Getting

04 Most people will just pretend not _____ anything even if there is a crime in progress.
(a) to see
(b) seeing

05 I was glad _____ to work after my long vacation.
(a) to return
(b) returning

06 French cooking is thought _____ the best in the world.
(a) to be
(b) being

07 The fire is thought _____ in an upstairs room.
(a) to have started
(b) to start

08 _____ a walk is a good exercise especially for the elderly.
(a) To take
(b) Taking

09 _____ a walk is a good exercise especially for the elderly.

(a) To take   (b) Being taken

10 It is extremely important _____ a good habit from early childhood.

(a) to form   (b) forming

11 It is no use _____ the search any longer.

(a) to continue   (b) continuing

12 It was hard for Andrew _____ with all the criticism he got.

(a) to deal   (b) dealing

13 The terrorists masked themselves to avoid _____ identified.

(a) to be   (b) being

14 One of my hobbies is _____ computer games with close friends.

(a) playing   (b) to play

15 Her dream is _____ around the world with her parents.

(a) to travel   (b) traveling

16 What do you say _____ dinner with us?

(a) to have   (b) to having

17 My niece is always in the condition of having a cold, or of being liable _____ a cold if she gets wet.
(a) to catch (b) catching

18 Nylon costs much less than cotton and is easy _____.
(a) to clean (b) cleaning

19 _____ her best, she cannot make both ends meet.
(a) Trying (b) To try

20 He happened _____ into her shopping cart and was amazed to see cat food.
(a) to looking (b) to look

21 Audrey was constantly warned _____ her improvident ways.
(a) to mend (b) mending

22 We should find a suitable way for surgeons to practice _____ the delicate movements required on the operating table.
(a) making (b) to make

23 Many people did not expect him _____ a successful writer.
(a) becoming (b) to become

24 The experiment is expected _____ fine results.
(a) to produce (b) producing

25 Restaurant owners who allow _____ can be fined for each infraction.

(a) to smoke (b) smoking

26 No pets are allowed _____ the hospital.

(a) to enter (b) entering

27 When Jake tried to eat his rice with a spoon, Yamaguchi said, "In Japan, we use chopsticks _____ rice."

(a) to eat (b) eating

28 When it comes _____ a career, your choices are never that simple.

(a) to choose (b) to choosing

29 This question seems likely _____ asked on the exam

(a) to be (b) being

30 The German government is committed _____ the refugees.

(a) to house (b) to housing

31 I don't want to waste my time _____ what I didn't or couldn't do.

(a) to regret (b) regretting

32 She managed _____ her driving test on the tenth attempt.

(a) to pass (b) to passing

33. Martha was very pale when born and had difficulties _____.
    (a) to breathe (b) breathing

34. She denies _____ to murder her husband.
    (a) attempting (b) to attempt

35. A triangle is a musical instrument which can be made by _____ a steel rod into the shape of a triangle.
    (a) to bend (b) bending

36. Material of the uniform is another important deciding factor _____ you purchase the right uniform.
    (a) help (b) to help

37. Members of a group tend _____ promoting viewpoints outside the comfort zone of consensus thinking.
    (a) to avoid (b) avoiding

38. My car broke down, and _____ matters worse, it began to rain.
    (a) to make (b) making

39. These days, many children choose _____ nutritional snacks for their health.
    (a) to eat (b) eating

40. In spite of their efforts, they failed _____ the prize.
    (a) to win (b) winning

41 This morning I had a longing for some orange juice. I knew there must be some in the refrigerator since my roommate went _____ yesterday.

(a) to shop   (b) shopping

42 Drivers were warned _____ of slippery conditions.

(a) to beware   (b) bewaring

43 They will devote themselves _____ graceful but unoriginal buildings, where we will not feel disoriented.

(a) to designing   (b) to design

44 _____ a foreign language is very important nowadays.

(a) To learn   (b) Learning

45 _____ him money would be throwing your money into the river.

(a) Being lent   (b) To lend

46 It is no use _____ to dodge the fact or hide it away.

(a) to try   (b) trying

47 It must have been very hard for him _____ such a decision.

(a) to make   (b) making

48 She told reporters after the tournament that she recalled _____ Park Se-ri on television as a young girl.

(a) watching   (b) to watch

49 When divers are about _____ deep down into the water, they fill their lungs with air.
(a) to dive
(b) diving

50 Sorry about _____ so late. The traffic was really heavy this morning.
(a) to be
(b) being

51 Many countries in the world are busy _____ for Christmas.
(a) preparing
(b) to prepare

52 Many people have tried over the years, but sometimes the ways of looking for ghosts have been just a way _____ people.
(a) to cheat
(b) cheat

53 Several researchers suggest that schools use video games verified by educators _____ real world situations in the classroom.
(a) to simulate
(b) simulating

54 If you are indecisive and plan _____ something about it, you can take immediate comfort in the fact that indecision is not necessarily due to ignorance and slow thinking.
(a) to do
(b) doing

55 What does Charlie suggest _____ next time?
(a) to do
(b) doing

56 Do you think you'll have a problem _____ your work?
(a) to complete
(b) completing

57 Mandela said he spent much of his time in prison _____.

(a) to read	(b) reading

58 She fully intended _____ for the damage.

(a) to pay	(b) to have paid

59 Female teachers are just not physically tough enough _____ trouble-making students.

(a) controlling	(b) to control

60 Not many mathematicians can work alone; they need _____ about what they are doing.

(a) to talk	(b) talking

61 The bike is so much more important to me that I don't mind _____ without electronic gadgets and extra shirts.

(a) doing	(b) to do

62 When was the last time you went _____?

(a) to fishing	(b) fishing

63 Daniel appeared _____ somewhat disappointed.

(a) to be	(b) being

64 Car makers were totally focused on selling rather than building a relationship with customers, and it was considered good business to charge a lot for spare parts because the owner had no choice but _____ them.

(a) buying	(b) to buy

65 The President refused _____ the need for reform.
(a) to acknowledge   (b) acknowledging

66 Spend time with your child and encourage him or her _____ involved in other activities, like sports.
(a) to get   (b) getting

67 Jack was advised by his brother _____ himself to the police.
(a) to surrender   (b) surrender

68 You cannot postpone _____ that letter any longer.
(a) to answer   (b) answering

69 Young men have a passion _____ the celebrated.
(a) to meet   (b) meeting

70 Please remind me _____ Benjamin before I go to bed.
(a) to phone   (b) phoning

71 Nowadays, we can enjoy athletic competition of every kind without _____ our homes.
(a) to leave   (b) leaving

72 The town is worth _____ for many reasons.
(a) seeing   (b) to see

73 When you need to finish an assignment but decide _____ a little TV to relax, you train your mind to be lax.

(a) watching (b) to watch

74 We are generally too busy _____ to squeeze more and more activities into less and less time.

(a) trying (b) to try

75 The traveller was surprised and delighted _____, extended like a map beneath him, a country differing absolutely from that which he has passed through.

(a) to behold (b) beholding

76 Shakespeare's handwriting is difficult _____.

(a) to read (b) reading

77 The first thing I notice upon _____ this garden is that the ankle-high grass is greener than that on the other side of the fence.

(a) to enter (b) entering

78 Sheep with this disease may have trouble _____ normally.

(a) to walk (b) walking

79 Reporters are not allowed _____ the conference room.

(a) to enter (b) entering

80 They should have allowed him _____ the army to get treatment.

(a) to leave　　　　　　　　　　　(b) leaving

81 He goes to bed early _____ to get plenty of sleep.

(a) so as　　　　　　　　　　　　(b) so

82 The tenant was asked _____ the house, but he refused to do so.

(a) to leave　　　　　　　　　　　(b) leaving

83 The young seedlings require _____ after carefully.

(a) to look　　　　　　　　　　　(b) looking

84 Culture means _____ to perfect oneself and one's own mind.

(a) to try　　　　　　　　　　　　(b) trying

85 Please forgive me. I really didn't mean _____ it.

(a) to do　　　　　　　　　　　　(b) doing

86 For a headache, try _____ a pencil between your teeth.

(a) to put　　　　　　　　　　　(b) putting

87 After that, many advertising companies tried _____ him, but he refused all.

(a) to hire　　　　　　　　　　　(b) hiring

88 I didn't like the way the furniture was arranged, so I tried _____ the table to the other side of the room.

(a) to move   (b) moving

89 When I saw their attention wander, I tried _____ them back.

(a) to bring   (b) bringing

90 A: The photocopier doesn't seem to be working. B: Try _____ the green button.

(a) to press   (b) pressing

91 Thomas isn't here. Why don't you try _____ his home number?

(a) to phone   (b) phoning

92 I regret _____ that the flight 101 from London has been delayed due to the inclement weather.

(a) to say   (b) saying

93 I regret _____ the money. Now I have no money to have a date with Mary.

(a) having spent   (b) to have spent

94 I regret _____ that I'm very disappointed with the delivery system of your company.

(a) to advise you   (b) advising you

95 He bitterly regretted ever _____ it.

(a) to have mentioned   (b) having mentioned

96 I regretted _____ so much at the party.
(a) to have eaten　　　　　　　　　(b) having eaten

97 I regret _____ that the course is now full.
(a) to say　　　　　　　　　　　　　(b) saying

98 Whenever you enter someone's house, always remember _____ your shoes.
(a) to remove　　　　　　　　　　　(b) removing

99 I remember _____ Omar Sharif. At that time, I thought he was astoundingly handsome.
(a) to see　　　　　　　　　　　　　(b) seeing

100 She remembered _____ the man in the wanted poster, providing the police with a valuable piece of information to prove him guilty.
(a) to see　　　　　　　　　　　　　(b) seeing

101 You must remember _____ the wastebasket before you leave.
(a) to empty　　　　　　　　　　　　(b) emptying

102 Oops! I forgot _____ my ID card. Is that OK?
(a) to bring　　　　　　　　　　　　(b) bringing

103 I'll never forget _____ her for the first time. She was so beautiful.
(a) to see　　　　　　　　　　　　　(b) seeing

104 Sam forgot _____ his cell phone and now he is unreachable.

(a) to take (b) taking

105 I don't forget _____ insulted in public that year.

(a) to be (b) being

106 On the way home, I stopped _____ some meat.

(a) to buy (b) buying

107 He should have stopped _____ before it was too late.

(a) to drink (b) drinking

108 When Tom was walking down the road, he ran into his ex-girlfriend. He stopped _____ to her.

(a) to talk (b) talking

109 When the teacher entered the classroom, the students stopped _____. The classroom became quiet.

(a) to talk (b) talking

1

Danny and Leah, the oldest members of the ballet company, have been with the dance troupe for more than 30 years. They are now considering _____ to start their own ballet studio.

(a) having retired
(b) to be retiring
(c) to retire
(d) retiring

2

William has moved up through the ranks of Zenith Corporation since he first worked there as a clerk. He had been so responsible and hardworking that his boss didn't delay _____ him.

(a) to be promoting
(b) be promoting
(c) to promote
(d) promoting

3

Mother was quite moved after she received the birthday card we made for her. She was touched that we decided _____ a personalized card for her instead of just buying one from a store.

(a) having made
(b) to be making
(c) making
(d) to make

4

The police are trying to retrace the events that led to the theft of a rare painting in the national museum. _____ the art curator was the first thing they did to solve the case.

(a) Interviewing
(b) Having interviewed
(c) To have interviewed
(d) Will interview

5

Members of the student council are in a closed-door meeting with the university president right now. They are persuading him _____ a proposal to increase tuition fees because many students cannot afford it.

(a) to reject
(b) rejecting
(c) having rejected
(d) to be rejecting

6

Just like all alcoholic beverages, beer undergoes fermentation to make. However, it is one of the few types of liquor that requires _____, the process of converting barley into malt.

(a) to be malting
(b) having malted
(c) malting
(d) to malt

7

Sue exchanges letters with her childhood friend, Dawn. Although they could just send e-mails over the Internet, both of them appreciate _____ handwritten letters from each other.

(a) to be receiving
(b) having received
(c) receiving
(d) to receive

8

Dr. McGregor won a science award for his work in analyzing the moon's gravitational pull on Earth. He was so gratified _____ the award that recognizes his tireless work in the highly specialized field.

(a) receiving
(b) to receive
(c) having received
(d) will receive

9

Julia hopes to have a grand party when she turns eighteen. It has always been her wish _____ her eighteenth birthday wearing an elegant gown while dancing gracefully like a princess.

(a) to celebrate
(b) celebrating
(c) to have celebrated
(d) having celebrated

10

Celine fell asleep after working on a project for 12 hours straight. Her partner Julia, however, continued _____ on it through the night, and was able to finish it by 7 a.m. the next day.

(a) to be working
(b) having worked
(c) working
(d) to working

11

My brother and I got so dirty from playing football in the muddy field. As we entered the house, Mom told us to take off our shoes _____ to avoid soiling the newly polished floor.

(a) therefore
(b) so as
(c) because
(d) except

12

The first time the Earth was circled in a hot air balloon was in 1999. The task was very dangerous because it involved _____ at either extremely hot or cold altitudes for almost twenty days.

(a) having flown
(b) to be flying
(c) to fly
(d) flying

13

According to reports, the price of rice, which has already increased by 70%, will continue to go up. That's why many Asian countries are trying _____ cheaper ways to grow the grain.

(a) will develop
(b) having developed
(c) developing
(d) to develop

14

My father wants me to follow in his footsteps and become a lawyer. However, I declined his wish. Nonetheless, he understood when I told him I enjoy _____ and want to be a flight steward.

(a) having traveled
(b) to travel
(c) to have traveled
(d) traveling

15

Lucy refused her friends' invitation to hang out in their favorite restaurant. She still has a research paper _____, and is going straight to the library after class to work on it.

(a) write
(b) written
(c) to write
(d) to be writing

16

I think we have spent too much time playing PC games; Mom left the house an hour ago. We'd better finish _____ the garden before she arrives from the grocery store.
(a) having weeded
(b) to be weeding
(c) weeding
(d) to weed

17

I will miss my best friend Jessica. She will study in America this fall and will stay there for more than a year. I told her _____ me an email as soon as she arrives there.
(a) to send
(b) sending
(c) having sent
(d) to have sent

18

Tom always seems to find humor in everything — even in bad situations. It is his way of coping with life's difficulties. He recommends _____ at situations that may otherwise prove embarrassing.
(a) laughing
(b) having laughed
(c) to laugh
(d) to be laughing

19

Our sociology professor is a very outspoken person who likes to mix facts with his opinions. Although I respect him as a learned man, I can't seem _____ with many of his conclusions.
(a) to agree
(b) agreeing
(c) having agreed
(d) to have agreed

20

Mr. Cook is flying to the Philippines today to close an important business deal with an airline company. It is a very important venture because it can mean _____ the company's revenue.
(a) having doubled
(b) to double
(c) to have doubled
(d) doubling

21

Did you know that it is not only snakes and lizards that "molt," or shed off their skin? Even crabs and lobster undergo _____ to replace their shells with new growths.
(a) to molt
(b) molting
(c) having molted
(d) to be molting

22

Mr. Harris has been working for BestGard Corporation for 35 years. He started as a clerk before being promoted to senior accountant. He plans _____ when he turns sixty next year.

(a) having retired
(b) to be retired
(c) to retire
(d) retiring

23

To stay physically fit, Alex goes to the gym regularly and engages in various sports. He has also stopped _____; a habit that used to make him tire easily during physical activities.

(a) to smoke
(b) smoking
(c) having smoked
(d) to be smoking

24

Levi has been saving money for a trip. He has always wanted _____ Mongolia ever since he read about the world-famous Mongolian steppes. He'll see the steppes with his own eyes next year.

(a) visiting
(b) to visit
(c) having visited
(d) to have visited

25

Anna told us to report more overtime hours than what we had actually rendered. That way, our paycheck would be bigger. I refused to follow her advice, however, because I can't tolerate _____.
(a) cheating
(b) to cheat
(c) having cheated
(d) to have cheated

26

It's unfortunate that many talented but inexperienced filmmakers at Dream Films are not given more directorial projects. Because only a few get the chance _____ their own film, many of them are leaving the company.
(a) to be making
(b) having made
(c) to make
(d) making

27

Albert has left for the supermarket. I told him to buy meat and vegetables, but I forget about the ingredients for the salad. I should have also mentioned _____ some cheese and salami.
(a) getting
(b) to get
(c) to be getting
(d) having gotten

28

Warm-blooded animals need to eat constantly because food provides the heat they need to survive. However, cold-blooded animals, such as the python, can go a year without _____. They don's use food to produce body heat.

(a) to eat
(b) eating
(c) to have eaten
(d) having eaten

29

Our office secretary, Miss Eve, has been with the company for almost a decade now. The entire staff is willing _____ a party for her to celebrate her 10th year in the company next month.

(a) to contribute
(b) contributing
(c) having contributed
(d) to have contributed

30

Bird watching is a very popular hobby in the United Kingdom. Reports say that some three million enthusiasts in the U.K. engage in this activity. For them, _____ birds can be very exhilarating.

(a) having watched
(b) to be watching
(c) watching
(d) to watch

31

Henry cannot play for the college basketball team this year. The doctor advised him _____ the team after he broke his leg during one of last year's final games.

(a) to be quitting
(b) having to quit
(c) quitting
(d) to quit

06

EBS 이재훈의 지텔프 2급 뽀개기 – 문법

분사

Participle

06 분사

1 분사

분사는 '동사원형+-ing(현재분사)'와 'p.p(과거분사)'의 형태로서 문장에서 형용사와 동사의 역할을 수행한다.

분사의 **동사적 용법**은 아래와 같다.

- **be+현재분사(~ing)**의 형태로 진행형 시제에서 동사로 쓰임
  He **is singing** a song. 　　　　　　　　　　　　　　　　　그는 노래를 부르고 있는 중이다.

- **have+과거분사(p.p)**의 형태로 완료 시제에서 동사로 쓰임
  He **has gone** to America. 　　　　　　　　　　　　　　　　그는 미국에 갔다.

- **be+과거분사(p.p)**의 형태로 수동태에서 동사로 쓰임
  He **is loved** by everybody. 　　　　　　　　　　　　　　　그는 모든 사람에게 사랑받는다.

[6-1] 분사의 형용사적 용법

A. The **crying** girl is my niece. 　　　　　　　　　　　　　울고 있는 저 여자아이는 내 조카딸이다.
　 A **wounded** soldier was sent to hospital. 　　　　　부상병 한 명이 병원으로 보내졌다.
　 The girl **crying** *in the cradle* is my niece. 　　　요람에서 울고 있는 소녀는 내 조카딸이다.
　 The soldiers **wounded** *in the battle* were sent to hospital.
　　　　　　　　　　　　　　　　　　　　　　　　　　　　　　　　전쟁터에서 부상을 입은 군인들은 병원으로 보내졌다.

B. He was standing **reading** something. 　　　　　　　그는 무언가를 읽으며 서 있었다.
　 He sat **surrounded** by his children. 　　　　　　　　그는 자녀들에게 둘러 싸여 앉아 있었다.
　 I saw my sister **reading** my diary. 　　　　　　　　　나는 내 여동생이 내 일기장을 읽고 있는 것을 보았다.
　 He had his new cell phone **stolen**. 　　　　　　　　　그는 새 휴대폰을 도난당했다.

GRAMMAR POINT

A. 분사의 한정적 용법

명사의 앞뒤에서 해당 명사를 수식한다. 단독으로 쓰이는 분사는 명사 앞에서, 수식어목적어 등 구의 형태로 수식할 때는 명사 뒤에서 수식한다.

① 현재분사 : 자동사 - 진행 / 타동사 - 능동, 사역의 뜻이 있다.
  falling leaves **떨어지고 있는 나뭇잎** / an exciting game **흥분시키는[신나는/흥미진진한] 경기**

② 과거분사 : 자동사 - 완료 / 타동사 -수동의 뜻이 있다.
  fallen leaves **낙엽(떨어진 나뭇잎)** / excited spectators **흥분한[신이 난] 관중들**

B. 분사의 서술용법

분사가 주격보어와 목적 보어로 쓰이는 경우이다.

① 현재분사 : 자동사 - 진행 / 타동사 - 능동, 사역의 뜻이 있다.
  Jaehoon lay **whistling** on the grass.   재훈은 잔디에 누워서 휘파람을 불고 있었다.
  Elizabeth saw Minyool **flying** a kite.   엘리자베스는 민율이가 연을 날리는 것을 보았다.

② 과거분사 : 자동사 - 완료 / 타동사 -수동의 뜻이 있다.
  He lies **buried** in that churchyard.   그는 저 교회묘지에 안장되어 있다.
  She found her horse **tied** to a tree.   그녀는 자신의 말이 나무에 묶여 있는 것을 발견했다.

※ 동명사와 현재분사의 구별

현재분사와 동명사는 그 형태는 「동사원형+ing」로서 같으나, 그 용법이 다르다.

① 동명사는 명사의 역할을 하고, 현재분사는 형용사와 동사의 역할을 한다.
② 동명사는 용도나 목적을 표시하며, 현재분사는 동작의 진행이나 상태를 나타낸다.
  a **swimming** suit = a suit (which is used) for swimming: **수영복 [용도: 동명사]**
  a **swimming** girl = a girl who is swimming: **수영하고 있는 소녀[동작의 진행: 현재분사]**

현재분사[동작의 진행]	동명사[용도]
a sleeping baby 잠자는 아기	a sleeping bag 침낭
a waiting lady 기다리고 있는 숙녀	a waiting room 대기실
a walking dictionary 걸어 다니는 사전	a walking stick 지팡이

[6-2] 분사구문[1]

A. **Seeing** the policeman, he ran away with lightning speed. [시간]

= When he saw the policeman, he ran away with lightning speed.

경관을 보았을 때, 그는 쏜살같이 도망쳤다.

B. Not **knowing** what to do, he came to ask for my advice. [이유]

= Because he didn't know what to do, he came to ask for my advice.

무엇을 할지 알지 못했기 때문에, 그가 나의 조언을 구하기 위해서 왔다.

C. **Turning** to the left, you will find the house. [조건]

= If you turn to the left, you will find the house.

왼쪽으로 돌면, 당신은 그 집을 찾을 겁니다.

D. **Admitting** what you say, I'm still against the project. [양보]

= Though I admit what you say, I'm still against the project.

당신이 말한 것을 받아들인다 하더라도, 나는 여전히 그 계획에는 반대한다.

E. **Smiling** brightly, she shook hands with me. [동시동작]

= As she smiled brightly, she shook hands with me.

밝게 웃으면서, 그녀는 나와 악수를 했다.

GRAMMAR POINT

★ 분사구문이란?

부사절[종속절]의 동사가 현재분사화 되어 부사구의 역할을 할 때 이를 분사구문이라 한다.
분사구문의 의미는 문맥에 따라서 여러 가지 의미를 갖는데, 그 의미는 주절과 분사구문의 논리적인 관계에 따라서 결정된다.

★ 분사구문 만드는 법

[종속절=부사절]   [주절]
접속사+S'+V' ~ ,   S+V+~
          → ⓡing[현재분사]

참고1 분사구문은 문장의 앞, 중간, 또는 뒤에 위치하는 등 위치가 자유롭다.
참고2 접속사는 그 의미를 명확하게 하기 위해, 생략하지 않고 그대로 둘 수 있다.

① 접속사를 생략
- 시간 : when, after, while, as
- 이유 : as, because, since
- 조건 : if
- 양보 : though, although
- 동시·연속동작 : as, and

② 주어 생략 여부
S' = S → 생략: 주절의 주어와 종속절의 주어가 같으면 생략한다.
S' ≠ S → 생략 안 함: 주절의 주어와 종속절의 주어 다르면 생략 하지 않는다.

③ 시제
V' = V → 종속절 동사의 시제가 주절 동사의 시제와 같으면 단순 동명사(ⓡ+ing)로 처리
V' > V → 종속절 동사의 시제가 주절 동사의 시제 보다 한 시제 빠르면 완료 동명사
         (Having p.p.)로 처리

④ "being 또는 having been"은 생략이 가능하다.

■ 분사구문의 부정: 부정어는 분사 앞에 사용한다.
  Not knowing her changed address, I cannot write to her.
  그녀의 바뀐 주소를 몰라서 나는 그녀에게 편지를 쓸 수 없다.

A. 시간[after, when, while]의 관계일 때는 '~할 때, ~하는 동안, ~하고 나서'로 해석한다.

Crossing the street, you should look both ways.
= When you cross the street, you should look both ways.
길을 건널 때는, 너는 길 양쪽을 살펴야 한다.

B. 이유[because, as, since]를 나타내는 경우 '~때문에, ~이므로'로 해석을 한다.

(Being) Rich at her days, she could go aboard.
= As she was rich at her days, she could go aboard. 그녀가 한창 때에는 부유했기 때문에 해외에 갈 수 있었다.

C. 조건[if]인 경우에는 '만약 ~하면'으로 해석을 한다.

I'm planning to go mountain climbing, weather **permitting**.
= I'm planning to go mountain climbing, if the weather permits.

날씨가 허락한다면 나는 등산 갈 계획이에요.

D. 양보[though, although, even if]인 경우에는 '비록 ~일지라도'라고 해석한다.

(Being) Old, he works hard.
= Though he is old, he works hard. 그는 나이가 많지만 열심히 일한다.

E. 동시동작[as, while]인 경우에는 '~하면서', 시간의 차이를 두고 일어나는 '연속적인 동작[and then]'인 경우에는 '그리고 나서 ~하다'라고 해석한다.

He watched television, **drinking** a glass of beer.
= He watched television while he was drinking a glass of beer. 그는 맥주 한잔을 마시면서, 텔레비전을 보았다.

Suddenly he stood up, **going** out.
= Suddenly he stood up, and he went out. 갑자기 그는 일어서서 밖으로 나갔다.

[6-3] 분사구문 [2]

A. **It being** fine yesterday, we went on a picnic.
   = As it was fine yesterday, we went on a picnic.

   어제 날씨가 좋아서 우리는 소풍을 갔었다.

B. **Having lived** in America, he is fluent in English.
   = As he lived in America, he is fluent in English.

   그는 미국에서 살았기 때문에 영어에 능통하다.

C. **While** bathing in the lake, she was drowned.
   = While she was bathing in the lake, she was drowned.

   호수에서 멱을 감다가, 그녀는 익사했다.

D. **Strictly speaking**, it is not fair.
   = If we speak strictly, it is not fair.

   엄격하게 말하자면 그것은 불공평하다.

E. The fortune-teller murmured something mysterious **with** her eyes **closed**.

   그 점쟁이는 눈을 감은 채로 이상야릇한 뭔가를 중얼거렸다.

GRAMMAR POINT

A. 주절과 종속절의 주어가 같을 때에는 종속절의 주어를 생략할 수 있지만, 다를 경우 생략할 수 없다. 이를 분사의 '의미상의 주어'라고 하고 이러한 분사구를 '독립분사구문'이라 한다.

He being sick, I took his place.
= As *he* was sick, *I* took his place.

그가 병이 나서 내가 그를 대신했다

B. 분사구문의 시제도 부정사, 동명사와 같아서, 단순분사구문(동사원형+~ing)이면 그 시제는 주절의 시제와 같고, 완료분사구문(having+과거분사)이면 그 시제는 주절의 시제 보다 앞선 시제를 나타낸다.

(Having been) Written in haste, the book has many mistakes.
= As the book was written in haste, it has many mistakes.

그 책은 급하게 쓰여 졌기에, 많은 오류가 있다.

C. 분사구문의 의미를 명료하게 하기 위해 접속사를 생략하지 않을 수 있다.

As not knowing what to say, he remained silent.
= As he didn't know what to say, he remained silent.

무슨 말을 해야 할지 몰라서, 그는 잠자코 있었다.

D. 종속절의 주어가 일반인을 지칭하는 막연한 상황에서는 주절과 종속절의 주어가 다르다고 하여도 종속절의 주어를 생략한다. 이를 '비인칭독립분사구문'이라 한다.

Generally speaking, women are more emotional than men.   일반적으로 말해서, 여성이 남성보다 더 감성적이다.
Frankly speaking, I don't like her anymore.   솔직히 말해서, 나는 그녀를 더 이상 좋아하지 않는다.

Answers & Explanations

EBS 이재훈의 지텔프 2급 뽀개기 – 문법

정답 및 해설

EBS 이재훈의 지텔프 2급 뽀개기 — 정답 한눈에 보기

01 접속어

○ 필수 예제

01 (c)	02 (b)	03 (d)	04 (d)	05 (b)
06 (a)	07 (b)	08 (a)	09 (c)	10 (a)
11 (c)	12 (a)	13 (b)	14 (a)	15 (d)
16 (c)	17 (d)	18 (a)	19 (a)	20 (d)
21 (d)	22 (d)	23 (c)	24 (d)	25 (c)
26 (c)	27 (a)	28 (a)	29 (a)	30 (b)
31 (a)	32 (b)	33 (b)	34 (a)	35 (d)
36 (a)	37 (c)	38 (a)	39 (a)	40 (b)
41 (d)	42 (d)	43 (a)	44 (b)	45 (a)
46 (a)	47 (c)	48 (a)	49 (a)	50 (a)
51 (a)	52 (a)	53 (a)	54 (a)	55 (a)
56 (b)	57 (d)	58 (c)	59 (b)	60 (d)
61 (b)	62 (a)	63 (a)	64 (b)	65 (b)
66 (a)	67 (b)	68 (a)	69 (b)	70 (d)
71 (c)	72 (d)	73 (d)	74 (a)	75 (a)
76 (c)	77 (a)	78 (a)	79 (b)	80 (c)
81 (d)	82 (a)	83 (a)	84 (a)	85 (d)
86 (d)	87 (b)	88 (b)	89 (b)	90 (b)
91 (b)	92 (a)	93 (d)	94 (c)	95 (b)
96 (b)	97 (b)	98 (b)	99 (d)	100 (b)
101 (b)	102 (a)	103 (a)	104 (a)	105 (a)
106 (c)	107 (b)	108 (c)	109 (d)	110 (d)
111 (a)	112 (a)	113 (b)	114 (d)	115 (d)
116 (d)	117 (b)	118 (c)	119 (b)	120 (c)
121 (b)	122 (a)	123 (b)	124 (a)	125 (a)
126 (a)	127 (a)	128 (a)	129 (c)	130 (b)
131 (d)	132 (a)	133 (a)	134 (d)	135 (b)
136 (a)	137 (a)	138 (d)	139 (b)	140 (a)
141 (b)	142 (d)	143 (b)	144 (d)	145 (d)
146 (a)	147 (a)	148 (a)	149 (b)	150 (b)

○ 기출문제 및 실전문제

01 (c)	02 (d)	03 (d)	04 (d)	05 (b)
06 (c)	07 (d)	08 (c)	09 (c)	10 (b)
11 (d)	12 (b)	13 (d)	14 (a)	15 (d)
16 (b)	17 (c)	18 (d)	19 (c)	20 (c)
21 (a)	22 (b)	23 (b)	24 (b)	25 (c)
26 (c)				

02 조동사

○ 필수 예제

01 (a)	02 (b)	03 (b)	04 (a)	05 (a)
06 (a)	07 (b)	08 (b)	09 (a)	10 (b)
11 (b)	12 (a)	13 (a)	14 (a)	15 (b)
16 (b)	17 (a)	18 (a)	19 (a)	20 (a)
21 (b)	22 (a)	23 (b)	24 (b)	25 (a)
26 (a)	27 (a)	28 (a)	29 (a)	30 (b)
31 (a)	32 (a)	33 (a)	34 (a)	35 (a)
36 (b)	37 (a)	38 (a)	39 (a)	40 (a)
41 (b)	42 (a)	43 (a)	44 (a)	45 (b)
46 (a)	47 (b)	48 (a)	49 (b)	50 (b)
51 (b)	52 (a)	53 (a)	54 (b)	55 (a)
56 (a)	57 (b)	58 (a)	59 (b)	60 (b)

○ 기출문제 및 실전문제

01 (d)	02 (d)	03 (c)	04 (c)	05 (b)
06 (b)	07 (a)	08 (b)	09 (d)	10 (c)
11 (b)	12 (c)	13 (d)	14 (d)	15 (d)
16 (d)	17 (a)	18 (c)	19 (a)	20 (c)
21 (b)	22 (a)	23 (d)	24 (b)	25 (a)

03 시제

필수 예제

01 (a)	**02** (a)	**03** (b)	**04** (a)	**05** (b)
06 (b)	**07** (a)	**08** (a)	**09** (a)	**10** (a)
11 (b)	**12** (a)	**13** (b)	**14** (a)	**15** (a)
16 (b)	**17** (a)	**18** (a)	**19** (a)	**20** (a)
21 (a)	**22** (b)	**23** (b)	**24** (b)	**25** (a)
26 (a)	**27** (b)	**28** (b)	**29** (a)	**30** (a)
31 (a)	**32** (a)	**33** (b)	**34** (a)	**35** (b)
36 (a)	**37** (b)	**38** (b)	**39** (a)	**40** (b)
41 (b)	**42** (b)	**43** (a)	**44** (a)	**45** (a)
46 (b)	**47** (b)	**48** (b)	**49** (b)	**50** (b)
51 (b)	**52** (b)	**53** (a)	**54** (a)	**55** (b)
56 (b)	**57** (b)	**58** (b)	**59** (b)	**60** (b)
61 (b)	**62** (a)	**63** (b)	**64** (a)	**65** (a)
66 (b)	**67** (b)	**68** (b)	**69** (b)	**70** (a)
71 (a)	**72** (b)	**73** (a)	**74** (b)	**75** (a)
76 (b)	**77** (a)	**78** (b)	**79** (b)	**80** (b)
81 (b)	**82** (a)	**83** (a)	**84** (a)	**85** (a)
86 (a)	**87** (b)	**88** (b)	**89** (a)	**90** (b)
91 (a)	**92** (a)	**93** (a)	**94** (b)	**95** (b)
96 (b)	**97** (b)	**98** (b)	**99** (b)	**100** (a)
101 (a)	**102** (a)	**103** (b)	**104** (a)	**105** (b)

기출문제 및 실전문제

01 (a)	**02** (b)	**03** (c)	**04** (d)	**05** (c)
06 (c)	**07** (b)	**08** (b)	**09** (a)	**10** (d)
11 (c)	**12** (a)	**13** (b)	**14** (b)	**15** (d)
16 (d)	**17** (a)	**18** (a)	**19** (d)	**20** (a)
21 (d)	**22** (c)	**23** (d)	**24** (a)	**25** (c)
26 (d)	**27** (a)	**28** (d)	**29** (b)	**30** (a)
31 (b)				

04 가정법

필수 예제

01 (a)	**02** (a)	**03** (b)	**04** (b)	**05** (b)
06 (b)	**07** (b)	**08** (b)	**09** (b)	**10** (a)
11 (b)	**12** (b)	**13** (b)	**14** (a)	**15** (b)
16 (b)	**17** (b)	**18** (a)	**19** (b)	**20** (a)
21 (b)	**22** (b)	**23** (b)	**24** (a)	**25** (a)
26 (a)	**27** (a)	**28** (b)	**29** (a)	**30** (b)
31 (a)	**32** (b)	**33** (b)		

기출문제 및 실전문제

01 (c)	**02** (d)	**03** (d)	**04** (a)	**05** (b)
06 (d)	**07** (d)	**08** (b)	**09** (c)	**10** (d)
11 (b)	**12** (b)	**13** (a)	**14** (b)	**15** (a)
16 (a)	**17** (b)	**18** (a)	**19** (b)	**20** (d)
21 (b)	**22** (d)	**23** (c)	**24** (a)	**25** (b)
26 (c)	**27** (b)	**28** (b)	**29** (d)	**30** (c)
31 (a)				

EBS 이재훈의 지텔프 2급 뽀개기 정답 한눈에 보기

05 부정사 / 동명사

○ 필수 예제

01 (a)	02 (a)	03 to get	04 (a)	05 (a)
06 (a)	07 (a)	08 (b)	09 (a)	10 (a)
11 (b)	12 (a)	13 (b)	14 (a)	15 (a)
16 (b)	17 (a)	18 (a)	19 (b)	20 (b)
21 (a)	22 (a)	23 (b)	24 (a)	25 (b)
26 (a)	27 (a)	28 (b)	29 (a)	30 (b)
31 (b)	32 (a)	33 (b)	34 (a)	35 (b)
36 (b)	37 (a)	38 (a)	39 (a)	40 (a)
41 (b)	42 (a)	43 (b)	44 (b)	45 (b)
46 (b)	47 (a)	48 (a)	49 (a)	50 (b)
51 (a)	52 (a)	53 (a)	54 (a)	55 (b)
56 (b)	57 (b)	58 (a)	59 (b)	60 (a)
61 (a)	62 (b)	63 (a)	64 (b)	65 (a)
66 (a)	67 (a)	68 (b)	69	70 (a)
71 (b)	72 (a)	73 (b)	74 (a)	75 (a)
76 (a)	77 (b)	78 (b)	79 (a)	80 (a)
81 (a)	82 (a)	83 (b)	84 (b)	85 (a)
86 (b)	87 (b)	88 (b)	89 (a)	90 (b)
91 (b)	92 (a)	93 (a)	94 (a)	95 (b)
96 (b)	97 (a)	98 (a)	99 (b)	100 (b)
101 (a)	102 (a)	103 (b)	104 (a)	105 (b)
106 (a)	107 (b)	108 (a)	109 (b)	

○ 기출문제 및 실전문제

01 (d)	02 (d)	03 (d)	04 (a)	05 (a)
06 (c)	07 (c)	08 (b)	09 (a)	10 (c)
11 (b)	12 (d)	13 (d)	14 (d)	15 (c)
16 (c)	17 (a)	18 (a)	19 (a)	20 (d)
21 (b)	22 (c)	23 (b)	24 (b)	25 (a)
26 (c)	27 (a)	28 (b)	29 (a)	30 (c)
31 (d)				

01 접속어

필수 예제

01
- 해석: 마침내 그는 애리조나에 갔고, 그곳에서 그는 정착하여 여생을 보냈다.
- 해설: 선행사인 장소 명사(Arizona)를 수식하고, 뒤에 완전한 절이 오는 where가 적합하다.
- 정답: (c) where he settled down

02
- 해석: 그 증거가 누구의 책임인가를 밝혀 낼 거다.
- 해설: 전치사 on의 목적어자리에 위치한 간접의문문이다. 『의문사+주어+동사』의 어순을 갖는 whose responsibility[의문사] it[주어] is[동사]가 적합하다. (a) that절은 전치사의 목적어가 될 수 없다. (c),(d) who, whom 뒤에는 불완전한 절이 따른다.
- 정답: (b) whose responsibility it is

03
- 해석: 나는 내가 정말 좋아하는 일을 하면서 행복한 삶을 살 거야.
- 해설: do의 목적어 자리에 들어 갈 명사절을 묻고 있다. 선행사가 없고, 타동사 enjoy의 목적어 자리가 비어 있으므로 목적격 관계대명사 what이 적합하다. (a) 선행사가 없으므로 which는 부적절하다. (b), (c) how와 why 뒤에는 완전한 절이 따른다.
- 정답: (d) what I really enjoy

04
- 해석: 싱가포르의 상징은 머라이언상인데, 그것은 반은 물고기, 반은 사자다.
- 해설: 사물(the Merlion) 선행사를 수식하는 주격 관계대명사 which가 적합하다. (a) that은 계속적용법에서 쓰일 수 없다. (b), (c)의 where, why 뒤에는 불완전한 절이 올 수 없다.
- 정답: (d) which is a half-fish and half-lion animal

05
- 해석: 그의 마음속에 유일 했던 것은 그녀를 만나는 것이었다.
- 해설: 선행사(The only thing)를 수식하면서 was in his mind의 주어 역할을 하는 주격 관계대명사 that이 와야 적합하다.
- 정답: (b) that was in his mind

06
- 해석: 그는 나에게 참석할 수 없다고 알려 주었다.
- 해설: 4형식 동사 informed의 직접목적어 자리에 들어가는 명사절을 묻고 있으므로 접속사 that이 와야 한다. (b), (c), (d) which, what, whom 뒤에는 불완전한 절이 와야 한다.
- 정답: (a) that he would not be able to attend

07
- 해석: 1개 사드 포대는 여섯 개의 발사대를 가지고 있으며, 각 발사대는 8기의 미사일이 탑재되어있다.
- 해설: 사물(six launchers) 선행사를 수식하면서 전치사 of의 목적어 역할을 하는 목적격관계대명사 which의 결합체인 each of which has eight missiles가 적합하다. (a) 관계대명사 what은 선행사(six launchers)를 수식 할 수 없다. (c) 대명사 them은 접속사 역할을 할 수 없다. (d) 관계대명사 that앞에는 전치사가 올 수 없다. cf.] each of which처럼 『부분사[all, none, most, some, both, neither, either 등] of 목적격 관계대명사』는 하나의 의미단위이므로 'which each of'처럼 분리해서 쓰지 않는다.
- 정답: (b) each of which has eight missiles

08
- 해석: 어젯밤에 집이 전소돼 버린 나의 이모가 우리와 함께 살려고 오셨다.
- 해설: 선행사인 My aunt와 house가 '우리 이모의 집'이라는 소유의 의미 관계가 형성되고, 뒤에 완전한 절이 왔으므로 whose가 이끄는 절이 와야 적합하다.
- 정답: (a) whose house was burnt down last night

09
- 해석: 그녀가 한 일 때문에 전쟁이 시작될 수도 있다.
- 해설: 전치사구 Because of의 목적어 자리에 들어 갈 명사절

을 묻고 있다. 선행사가 없고, 타동사 did의 목적어 자리가 비어 있으므로 목적격 관계대명사 what이 적합하다. (a) that절은 전치사의 목적어 자리에 올 수 없다. (b) why 뒤에는 완전한 절이 따른다. (d) 전치사 다음에 절이 바로 올 수 없다.

정답 (c) what she did

10

해석 어제 내가 누구를 우연히 만났는지 알아요?

해설 타동사 know의 목적어자리에 위치한 간접의문문을 묻고 있다. 『의문사+주어+동사』의 어순을 갖추고, 전치사 into의 목적어 역할을 하는 목적격 의문대명사 whom이 들어간 'whom[의문사] I[주어] bumped[동사] into'가 적합하다.

정답 (a) whom I bumped into

11

해석 NASA 과학자들은 1990년에 발사된 허블 망원경을 이용하여 이 위성을 발견했다.

해설 사물(the Hubble telescope) 선행사를 수식하는 주격 관계대명사 which가 적합한데, 허블 망원경이 발사되는 수동의 의미이므로 was launched의 수동태가 요구된다. (d) what은 선행사를 수식할 수 없다.

정답 (c) which was launched in 1990

12

해석 그 차를 갖기 원하는 사람이라면 누구에게든지 주시오.

해설 전치사 to의 목적어 자리에 들어 갈 명사절을 묻고 있다. 종속절의 동사 wants의 주어가 필요하므로 주격인 who 혹은 whoever가 와야 하는데, 의문사 who는 의미적인 연결이 되지 않기에, 복합관계대명사 whoever가 이끄는 절이 와야 적합하다.

정답 (a) whoever wants to have it

13

해석 당신이 믿을 수 있는 사람이라면 누구에게나 그 서류를 주시오.

해설 전치사 to의 목적어 자리에 들어 갈 명사절을 묻고 있다. 종속절의 동사 trust의 목적어가 필요하므로 목적격인 whom 혹은 whomever가 와야 하는데, 의문사 whom은 의미적인 연결이 되지 않기에, 복합관계대명사 whomever가 이끄는 절이 와야 적합하다. cf.] 목적격 whomever의 대용으로 주격 whoever를 쓸 수도 있으나, 둘 모두가 선택지에 있을 경우에는 whomever가 우선한다.

정답 (b) whomever you can trust

14

해석 그들은 국가를 위해 내가 경기에서 이겨야 한다고 상기시켜 주었다.

해설 4형식 동사 reminded의 직접목적어 자리에 들어가는 명사절을 묻고 있으므로 접속사 that이 와야 한다. (b), (c) as if, even if는 부사절을 이끈다. (d) what 뒤에는 불완전한 절이 와야 한다.

정답 (a) that I should win this for my country

15

해석 그는 값싸고 만들기 쉬운 음식을 제공하고 싶었다.

해설 선행사(food)를 수식하면서 was cheap~의 주어 역할을 하는 주격 관계대명사 that이 와야 적합하다.

정답 (d) that was cheap and easy to make

16

해석 그 결론이 근거를 두었던 정보가 의심스럽다.

해설 사물(The information) 선행사를 수식하면서 뒤에 따르는 동사 was based와 호응하는 전치사 on의 목적어 역할을 하는 목적격관계대명사 which가 들어간 표현이 와야 적절하다. which the conclusion was based on에서 전치사 on이 which 앞으로 이동한 on which the conclusion was based가 정답이다.

정답 (c) on which the conclusion was based

17

해석 그는 최근에 산 자동차를 도난당했다.

해설 사물(The car) 선행사를 수식하면서 타동사 bought의 목적어 역할을 하는 목적격관계대명사 which가 이끄는 which he bought가 적합한데, 목적격 관계대명사는 생략할 수 있으므로 he bought가 정답이다.

정답 (d) he bought

18

해석 나는 다음에 그가 무엇을 하려는지 궁금하다.

해설 타동사 wonder의 목적어 자리에 들어 갈 간접의문문[명사절]을 묻고 있다. 타동사 do의 목적어 자리가 비어 있으므로 목적격 의문대명사 what이 이끄는 간접의문문이 적합하다. (b) 간접의문문의 어순은 『의문사+주어+(조)동사』이므로 is he going을 he is going으로 고친다. (c), (d) do의 목적어 자리가 비어 있으므로, (완전한 절을 이끄는) how는 올 수 없다.

정답 (a) what he is going to do next

19

해석 마침내, Carl은 그가 15살 때 말했던 것처럼 누구도 대체할 수 없는 지휘자가 됐다.

해설 사람(the conductor) 선행사를 수식하면서 타동사 replace의 목적어 역할을 하는 목적격관계대명사 whom이 이끄는 whom no one can replace가 적절한데, 목적격 관계대명사는 생략할 수 있으므로 no one can replace가 적합하다. (d)는 목적어까지 있는 완전한 절이 왔으므로 답이 될 수 없다.

정답 (a) no one can replace

20

해석 어린이와 어른 모두에게 사랑 받는 세계적으로 유명한 만화영화들이 많이 있다.

해설 선행사(many world-famous cartoon films)를 수식하면서 are loved의 주어 역할을 하는 주격 관계대명사 that이 이끄는 절이 와야 적합하다. (a), (b) 만화영화가 사랑받는 수동의 관계이므로 수동태[are loved]가 되어야 한다. (c) 선행사가 복수명사이므로 is가 아닌 are가 와야 한다.

정답 (d) that are loved by both children and adults

21

해석 그 해 영화 아바타가 놀랍게도 전 세계적으로 2억 5천만을 벌어들였을 때 상황은 분명 바뀌었다.

해설 선행사인 시간 명사(that year)를 수식하고, 뒤에 완전한 절이 오는 when이 적합하다.

정답 (d) when the film Avatar made

22

해석 젤라또는, 이태리어로 "아이스크림"인데, 이탈리아의 가장 잘 알려진 디저트 중 하나이다.

해설 사물(Gelato) 선행사를 수식하는 주격 관계대명사 which가 적합하다.

정답 (d) which is Italian for "ice cream"

23

해석 어제 당신을 만났을 때 당신과 이야기하고 있었던 키 큰 사람은 누구입니까?

해설 사람(the tall man) 선행사를 수식하면서 전치사 to의 목적어 역할을 하는 목적격관계대명사 whom을 활용한, whom you were talking to에서 전치사 to가 whom앞으로 이동한 to whom you were talking이 적합하다. (a) 전치사 뒤에 오는 목적격 관계대명사 whom은 who로 대체할 수 없다. (b) 관계대명사 that 앞에는 전치사가 올 수 없다. (d) 전치사 바로 뒤에 오는 목적격 관계대명사는 생략할 수 없다.

정답 (c) to whom you were talking

24

해석 누가 선출되어야 하는가에 관한 긴 토론이 있었다.

해설 전치사 about의 목적어자리에 위치한 간접의문문을 묻고 있다. 『의문사+주어+동사』의 어순을 갖는 동시에, 주어가 선출되는 수동의 관계이므로, 'who[의문사&주어] should be elected[(수동태)동사]'가 적합하다.

정답 (d) who should be elected

25

해석 그의 아버지는 전공이 경제학인데 대학 교수이다.

해설 선행사인 His father와 major가 '그의 아버지의 전공'이라는 소유의 의미 관계가 형성되고, 뒤에 완전한 절이 왔으므로 whose가 이끄는 절이 와야 적합하다.

정답 (c) whose major was economics

26

해석 그는 아무런 보호 장비 없이 물속에 들어갔는데, 그것은 치명적일 수 있었다.

해설 계속적 용법으로 쓰여, 앞 절 내용 전체를 선행사로 받는 관계대명사는 which이다. (a), (b)의 what과 that은 계속적 용법으로 쓰일 수 없으며, (d)의 who는 계속적 용법으로 쓰일 수는 있으나, 앞 절 내용을 선행사로 받을 수 없고 사람 명사만을 선행사로 취할 수 있다.

정답 (c) which could be fatal

27
해석 그 길은 매우 복잡해서 전문적인 안내인 없이는 곧 길을 잃고 말 것이다.
해설 『so ~ that S+V』의 결과부사절 구문이다. 이때의 that은 접속사이므로 완전한 절이 와야 한다.
정답 (a) that one would soon be lost

28
해석 여러분은 동물들이 어떻게 서로 이야기하는지 궁금해 본 적이 있나요?
해설 타동사 wondered의 목적어자리에 위치한 간접의문문이다. 『의문사+주어+동사』의 어순을 갖는 how[의문사] animals[주어] talk[동사]이 적합하다.
정답 (a) how animals talk to each other

29
해석 그가 천재인 것은 분명하다.
해설 『It(가주어)~ that(진주어)』 구문이다. 이때의 that은 (명사절) 접속사이므로 완전한 절이 와야 한다. (b) 진주어 자리에 오는 접속사 that은 생략할 수 없다. (c), (d) who와 whom 뒤에는 불완전한 절이 와야 하고, 가주어, 진주어 구문을 형성할 수도 없기에 부적절하다.
정답 (a) that he is a genius

30
해석 James는 누가 컴퓨터를 쓸 것인가를 놓고 자신의 아들과 티격태격하고 있었다.
해설 전치사 about의 목적어자리에 위치한 간접의문문을 묻고 있다. 『의문사+주어+동사』의 어순을 갖는 'who[의문사&주어] should use[동사]'가 적합하다.
정답 (b) who should use the computer

31
해석 더러운 도마는 빠르게 번져 사람들을 병들게 할 수 있는 세균의 온상이 될 수 있다.
해설 세균(germs)을 선행사를 수식하는 주격관계대명사 which가 적합하다. (b) 선행사가 세균(germs)이므로 who가 올 수 없다. (c) what은 선행사를 수식할 수 없다. (d) where 뒤에는 완전한 절이 와야 한다.
정답 (a) which can quickly spread

32
해석 우리는 지난번에 만난 Cooper씨는 나의 영어 선생님이다.
해설 사람(Cooper) 선행사를 수식하면서 타동사 met의 목적어 역할을 하는 목적격관계대명사 whom이 이끄는 whom we met the other day가 적합하다. (c)는 주어가 빠져 있어 틀리다.
정답 (b) whom we met the other day

33
해석 올해는 부모님께 무슨 선물을 받을지 궁금해.
해설 타동사 wonder의 목적어 자리에 들어 갈 간접의문문[명사절]을 묻고 있다. 타동사 get의 목적어가 빠져 있으므로 의문부사 when은 들어 갈 수 없다. (a) 간접의문문의 어순은 『의문사+주어+(조)동사』이므로 will I get을 I will get으로 고친다.
정답 (b) what I will get from my parents

34
해석 할머니, 할아버지는 아버지가 자란 집에서 여전히 살고 계신다.
해설 선행사인 장소 명사(the house)를 수식하고, 뒤에 완전한 절이 오는 where가 적합하다. (c) 관계부사 that은 where를 대체할 수 없다 **중요**
정답 (a) where my father grew up

35
해석 네 이야기를 들으니 할머니가 내게 해줬던 얘기가 생각나.
해설 선행사(a story)를 수식하면서 heard의 목적어 역할을 하는 목적격 관계대명사 that이 와야 적합하다. (a), (c) 앞 내용과의 의미 연결도 되지 않으나, when과 how 뒤에는 완전한 절이 따르므로 부적절하다. (b) who는 사물 명사를 선행사로 취할 수 없다.
정답 (d) that I heard from my grandma

36
해석 감옥은 징벌로서 범죄자들이 강제로 수용되는 곳이다.
해설 a building which criminals are forced to live in에서 전치사 in이 which 앞으로 이동한 in which가 적합하다. (b) where 뒤에 따르는 절(criminals are forced

to live in)이 불완전하므로 부적절하다. 전치사 in을 삭제해야 한다.

정답 (a) in which criminals are forced to live

37

해석 그는 나에게 정직이 최상의 정책이라고 말했다.

해설 4형식 동사 tell의 직접목적어 자리에 들어가는 명사절을 묻고 있으므로 접속사 that이 와야 한다. (a), (b) which와 what 뒤에는 불완전한 절이 와야 한다. (d) 간접의문문의 형태로 볼 수 있으나 의미 연결이 되지 않는다.

정답 (c) that honesty is the best policy

38

해석 그녀는 정말로 이야기하길 좋아하지만 그녀의 이야기는 앞뒤가 맞질 않는다.

해설 is incoherent의 주어 자리에 들어 갈 명사절을 묻고 있다. 선행사가 없고, 타동사 says의 목적어 자리가 비어 있으므로 목적격 관계대명사 what이 적합하다. (b) 선행사가 없으므로 which는 올 수 없다. (c), (d) 관계사절에서는 도치가 일어나지 않는다.

정답 (a) what she says

39

해석 그 디자인 회사의 옷은 피부를 자극하는 태그를 부착하지 않는다.

해설 사물(no tags) 선행사를 수식하는 주격 관계대명사 which가 적합하다. (b) what은 선행사를 수식할 수 없다. (d) 동사의 수일치가 잘못되었다. irritates를 irritate로 고치면 적절하다.

정답 (a) which can irritate the skin

40

해석 점심을 가져오는 학생들은 일반적으로 더 맛있고, 더 영양가 있는 식사를 가져온다.

해설 사람(Students) 선행사를 수식하면서 will generally have의 주어 역할을 하는 주격관계대명사 who가 적합하나, who가 없을 시, that이 그 역할을 대신한다.

정답 (b) that bring their lunches

41

해석 그 농장은 사실 그녀의 할아버지가 소유하고 있던 것인데, 그는 12년 전에 돌아가셨다.

해설 사람(Students) 선행사를 수식하면서 will generally have의 주어 역할을 하는 주격관계대명사 who가 적합하다. cf.] (a)의 관계대명사 that은 계속적용법에서 쓰일 수 없다.

정답 (d) who died 12 years ago

42

해석 WFP[World Food Program=세계식량계획]은 전 세계의 기아를 근절하는 것을 목적으로 하는 국제기구다.

해설 선행사인 an international organization과 goal이 '국제기구의 목적'이라는 소유의 의미 관계가 형성되고, 뒤에 완전한 절이 왔으므로 whose가 이끄는 절이 와야 적합하다.

정답 (d) whose goal is to put an end to hunger

43

해석 그것은 내가 감수하고 싶지 않은 위험이다.

해설 선행사(a risk)를 수식하면서 take의 목적어 역할을 하는 목적격 관계대명사 that이 와야 적합하다. (b) what은 선행사를 수식할 수 없다. (c), (d) 관계부사 where는 장소명사를 when은 시간명사를 선행사로 취하므로 a risk를 선행사로 받을 수 없다.

정답 (a) that I do not want to take

44

해석 난 모두들 어디에 갔는지 궁금해요. 여기엔 아무도 없어요.

해설 타동사 wonder의 목적어자리에 위치한 간접의문이다. 『의문사+주어+동사』의 어순을 갖는 where[의문사] everyone[주어] has gone[동사]가 적합하다.

정답 (b) where everyone has gone

45

해석 더 애처로운 것은 그녀는 그 사실조차도 모른다는 거야.

해설 is의 보어자리에 들어 갈 명사절을 묻고 있으므로, 명사절 접속사 that이 이끄는 절이 와야 적합하다. (b), (c), (d) what, which, whatever 모두 뒤에 불완전한 절이 와야 한다.

정답 (a) that she doesn't even know the fact

46
해석 그는 자신의 일에 열성적이며 자신이 하는 일을 자랑스러워한다.
해설 전치사 of의 목적어 자리에 들어 갈 명사절을 묻고 있다. 선행사가 없고, 타동사 doing의 목적어 자리가 비어 있으므로 목적격 관계대명사 what이 적합하다. (b)(c) 선행사가 없으므로 관계대명사 which와 that은 부적절하다. (d) 관계사절에서는 도치가 일어나지 않는다.
정답 (a) what he is doing

47
해석 그 게임을 하는 아이들은 비판적 사고능력과 협동 능력을 발전시킬 수 있다.
해설 사람(Children) 선행사를 수식하는 주격관계대명사 that이 적합하다. (a)는 수 일치에 어긋난다.
정답 (c) that play the game

48
해석 소원이 너무 많아서 어떤 것을 먼저 말해야 될지 모르겠어.
해설 I don't know which one I should say first[간접의문문]에서 which one I should say first를 to 부정사를 이용해 축약한 표현인 which one to say first가 적합하다. (b) which one이 to say의 목적어 역할을 하므로 it이 없어야 한다. (c) 의미도 자연스럽지 않을 뿐더러 why는 to 부정사와 결합할 수 없다. **중요**
정답 (a) which one to say first

49
해석 이제 여러분이 휴식을 취하고 가족들과 시간을 보내야만 할 시간이다.
해설 선행사인 시간 명사(the time)를 수식하고, 뒤에 완전한 절이 오는 when이 적합하다.
정답 (a) when you should relax

50
해설 그 3명의 자매 중 결혼상대로 누구를 선택하든, 당신은 훌륭한 아내를 맞게 될 것입니다.
해설 '그 3명의 자매 중에서(of the three sisters)'라는 선택적 상황이므로 whichever가 적합하다. (c), (d) Any와 All은 접속사 기능이 없기에 부적절하다.
정답 (a) Whichever of the three sisters

51
해석 때때로, 내가 신문을 읽을 때, 어떤 한국 단어가 여러 가지 뜻을 가지고 있기 때문에, 내가 이해할 수 없는 단어를 본다.
해설 선행사(a Korean word)를 수식하면서 understand의 목적어 역할을 하는 목적격 관계대명사 which 혹은 that이 와야 하는데, 목적격 관계대명사는 생략할 수 있으므로 I cannot understand가 적합하다. (b) 관계대명사 what은 선행사를 수식할 수 없다. (c) 「전치사+관계대명사」 뒤에는 완전한 절이 따른다. (d) when 뒤에는 완전한 절이 따른다.
정답 (a) I cannot understand

52
해석 그녀는 해리포터 시리즈를 쓴 세계적으로 유명한 작가이다.
해설 사람(a world-famous author) 선행사를 수식하는 주격관계대명사 who가 적합하다.
정답 (a) who wrote the Harry Potter series

53
해석 내가 말한 것을 명심하거라.
해설 Keep의 목적어 자리에 들어 갈 명사절을 묻고 있다. 선행사가 없고, 4형식 동사 told의 직접 목적어 자리가 비어 있으므로 목적격 관계대명사 what이 적합하다. (b) 관계사절에서는 도치가 일어나지 않는다. (c), (d) 선행사가 없으므로 which는 부적절하다. cf.] in mind는 부사구이고 상대적으로 긴 목적어[명사절]이 뒤로 빠진 문장 형태이다.
정답 (a) what I told you

54
해석 수선화는, 학명(學名)이 나르시스인데, 미래의 번영뿐 아니라, 다시 태어남과 새로운 시작을 상징한다.
해설 선행사인 The daffodil과 botanical name이 '수선화의 학명(學名)'이라는 소유의 의미 관계가 형성되고, 뒤에 완전한 절이 왔으므로 whose가 이끄는 절이 와야 적합하다.

정답 (a) whose botanical name is Narcissus

55

해석 최근, 그는 아일랜드 여행을 막 마쳤다는 소식을 전했습니다.

해설 good news[추상명사]와 뒤에 따르는 완전한 절인 he just finished a trip to Ireland는 동격 관계를 갖는데, 동격절을 이끄는 접속사는 that 이다.

정답 (a) that he just finished a trip to Ireland

56

해석 Watts는 킹콩이 사랑하는 실직한 영화배우로 나온다.

해설 사람(an unemployed actress) 선행사를 수식하면서 전치사 with의 목적어 역할을 하는 목적격관계대명사 whom이 적합하나, 관계대명사 whom이 선택지에 없을 시, whom을 대신하는 who가 정답이다.

정답 (b) who King Kong falls in love with

57

해석 이것이 오늘날 호랑이가 멸종 위기에 처한 이유 중 하나이다.

해설 선행사인 이유 명사(the reasons)를 수식하고, 뒤에 완전한 절이 오는 why가 적합하다.

정답 (d) why tigers are endangered

58

해석 피아노 연주는 제가 진정으로 즐기는 일입니다.

해설 is의 보어 자리에 들어 갈 명사절을 묻고 있다. 선행사가 없고, 타동사 doing의 목적어 자리가 비어 있으므로 목적격 관계대명사 what이 적합하다. (a) 목적어가 빠져 있으므로 접속사 that의 자격으로도 올 수 없고, 선행사가 없으므로 목적격 관계대명사 자격으로도 올 수 없다. (b) 선행사가 없으므로 which는 부적절하다. (d) how 뒤에는 완전한 절이 따른다.

정답 (c) what I truly enjoy doing

59

해석 그 누구도 누가 피자를 발명했는지 모르지만, 그것이 1860년대에 나폴리에서 최초로 만들어졌다는 것은 확실하다.

해설 타동사 know의 목적어자리에 위치한 간접의문문을 묻고 있다. 『의문사+주어+동사』의 어순을 가진 'who[의문사&주어) invented[동사] pizza'가 적합하다.

정답 (b) who invented pizza

60

해석 그녀는 외출할 때마다, 책을 가지고 간다.

해설 완전한 문장 앞의 부사절 자리이고, 여기에 부합하는 선택지는 (b)와 (d)인데, (b)는 의미적인 연결이 자연스럽지 않다. (a), (c) whichever와 No matter 뒤에는 불완전한 절이 와야 하므로 부적절하다.

정답 (d) Whenever she goes out

61

해석 그는 그가 이전에 모은 돈을 백과사전을 만드는 데 모두 사용 했다.

해설 선행사(all the money)를 수식하면서 타동사 gained의 목적어 역할을 하는 목적격 관계대명사 that이 와야 적합하다. (a) when 뒤에는 완전한 절이 따른다. (c) whom은 사람명사를 선행사로 취한다. (d) which 이하가 완전한 절의 형태를 갖추고 있으므로 적절하지 않다. it을 삭제하면 옳다.

정답 (b) that he previously gained

62

해석 어디로 가는지 잘 모르지만, 신이 나!

해설 타동사 know의 목적어자리에 위치한 간접의문문이다. 『의문사+주어+동사』의 어순을 갖는 where[의문사] we[주어] are going[동사]이 적합하다.

정답 (a) where we are going

63

해석 그 다큐멘터리를 본 학생들은 세상의 많은 문화들에 대해 배울 수 있을 것이다.

해설 사람(Students) 선행사를 수식하는 주격관계대명사 who가 적합하다.

정답 (a) who watch the documentary

64

해석 그가 국회의원으로서의 도덕률을 위반했음은 분명한 사실이다.
- 해설 [해설] 『It(가주어)~ that(진주어)』 구문이다. 이때의 that은 (명사절) 접속사이므로 완전한 절이 온다. (a) what 뒤에는 불완전한 절이 와야 한다. (c), (d) however와 no matter which는 부사절을 이끈다.
- 정답 (b) that he violated the ethical code of a lawmaker

65
- 해설 블랙홀은 중력이 너무 거대해 빛조차 빠져나갈 수 없는 천체다.
- 해설 선행사인 a celestial body와 gravity가 '천체의 중력'이라는 소유의 의미 관계가 형성되고, 뒤에 완전한 절이 왔으므로 whose가 이끄는 절이 와야 적합하다.
- 정답 (b) whose gravity is so massive

66
- 해설 Jessy는 임원진들이 오랫동안 의지해 오는 사람이다.
- 해설 사람(the one) 선행사를 수식하면서 뒤에 따르는 동사 rely와 호응하는 전치사 on의 목적어 역할을 하는 목적격관계대명사 whom이 들어간 표현이 와야 적절하다. whom the executives have been relying on에서 전치사 on이 whom앞으로 이동한 on whom the executives have been relying이 정답이다. (d) 전치사 뒤에 오는 목적격 관계대명사 whom은 who로 대체할 수 없다.
- 정답 (a) on whom the executives have been relying

67
- 해설 그 리그에서의 우승은 아무도 관심을 갖지 않았던 보통 선수들이 이뤄냈다.
- 해설 사람(ordinary players) 선행사를 수식하면서 전치사 about의 목적어 역할을 하는 목적격관계대명사 whom이 적합하다.
- 정답 (b) whom nobody cared about

68
- 해설 누가 거짓말을 할지라도, 그는 벌을 받을 것이다.
- 해설 완전한 문장 앞의 부사절 자리이므로, 여기에 부합하는 선택지는 (a) Whoever(=No matter who) may tell a lie가 유일하다. (b) 주어자리에 목적격 whomever는 부적절하다. (c), (d) who와 whom은 부사절을 이끌 수 없다.
- 정답 (a) Whoever may tell a lie

69
- 해설 Woods는 골프에 있어 따라올 자가 없음을 증명해 보였다.
- 해설 타동사 proved의 목적어 자리에 들어 갈 명사절을 묻고 있으므로, 명사절 접속사 that이 적합하다. (a) what 뒤에는 불완전한 절이 따른다. (c), (d) whenver, wherever는 부사절을 이끈다. cf.] be second to none : [~에 있어서는] 어느 누구에도 뒤지지 않다.
- 정답 (b) that he is second to none

70
- 해설 Jessica는 자신의 아기를 맡길 사람이 없다.
- 해설 Jessica has no one with whom she should trust her baby.[형용사절]에서 형용사절 부분을 to 부정사를 이용해 축약한 표현인 with whom to trust her baby가 적합하다. cf.] trust A with B : A에게 B를 맡기다 (a) 전치사 with가 빠졌다. (b) trust가 to trust가 되어야 한다. (c) 전치사 뒤에는 목적격의 형태만이 가능하므로 who는 whom이 되어야 한다.
- 정답 (d) with whom to trust her baby

71
- 해설 우리는 누가 베토벤으로 하여금 아름다운 곡조인 "엘리제를 위하여"를 작곡하게끔 영감을 주었는지 궁금하다.
- 해설 타동사 wonder의 목적어자리에 위치한 간접의문문을 묻고 있다. 『의문사+주어+동사』의 어순을 가진 'who [의문사&주어) inspired[동사] Beethoven'이 적합하다.
- 정답 (c) who inspired Beethoven

72
- 해설 지난달 Matthew가 유튜브에 올린 동영상을 보았니?
- 해설 선행사(the video clip)를 수식하면서 타동사 uploaded의 목적어 역할을 하는 목적격 관계대명사 that이 와야 적합하다. (a) whom은 사람명사를 선행사로 취한다. (b) what은 선행사를 수식할 수 없다. (d) whenever는 부사절을 이끈다.
- 정답 (d) that Matthew uploaded

73
해석 "벌집"은 벌들이 살고 꿀을 모으는 곳이다.
해설 사물(the place) 선행사를 수식하면서 the place와 호응하는 전치사 in의 목적어 역할을 하는 목적격관계대명사 which가 들어간 표현이 와야 적절하다. which bees live and collect their honey in에서 전치사 in이 which 앞으로 이동한 in which bees live and collect their honey가 정답이다. 선행사가 장소명사(the place)이므로 in which는 관계부사 where로 바꿀 수 있다. (a) 관계대명사 that은 전치사를 앞에 둘 수 없다. (b) what은 선행사를 수식할 수 없다. (c) 전치사 다음에 오는 관계사는 목적격 관계대명사이므로 관계부사 where는 올 수 없다.
정답 (d) in which bees live and collect their honey

74
해석 여자아이들이 너에 대해 알게 되고 나면 분명 너를 좋아하게 될 거야.
해설 타동사 know의 목적어자리에 위치한 간접의문문을 묻고 있다. 『의문사+주어+동사』의 어순을 가진 'who[의문사] you[주어] are[동사]'가 적합하다.
정답 (a) who you are

75
해석 마음에 드는 곳이라면 어디에든 앉으세요.
해설 sit은 자동사이므로 빈칸은 부사절 자리이다. 여기에 부합하는 것은 (a)와 (b)인데 (a)가 의미가 자연스럽다.
정답 (a) wherever you like

76
해석 2016년 가장 핫한 여자 스타로 누구를 꼽고 싶은지 저에게 말씀해 주십시오.
해설 타동사 tell의 직접목적어자리에 위치한 간접의문문을 묻고 있다. 『의문사+주어+동사』의 어순을 갖추고, 타동사 choose의 목적어 역할을 하는 목적격 의문대명사 whom이 들어간 'whom[의문사] you[주어] want[동사] to choose'가 적합하다.
정답 (c) whom you want to choose

77
해석 Mr. Cooper는 자신이 사람들을 위해 더 많은 직업을 만들 것이라고 덧붙였다.
해설 타동사 added의 목적어 자리에 들어 갈 명사절을 묻고 있으므로, 명사절 접속사 that이 이끄는 절이 와야 적합하다. (b) however는 부사절 이끈다. (c),(d) which와 what은 불완전한 절을 이끈다.
정답 (a) that he will make more jobs

78
해석 그 물고기의 이름은 무엇이고, 그것은 왜 그렇게 비싼 것일까요?
해설 등위접속사 and에 의해 직접 의문문이 병치된 문장이다. 직접의문문의 어순은 『의문사+(조)동사+주어』의 어순이므로 why is it(=the fish) so expensive가 적합하다. (c) what 뒤에는 불완전한 절이 따른다.
정답 (a) why is it so expensive

79
해석 Nadal은 청각에 장애가 있는 테니스 선수, 이덕희를 칭찬했다.
해설 사람(Lee Duck-hee) 선행사를 수식하는 주격관계대명사 who가 적합하다.
정답 (b) who is a tennis player

80
해석 행실이 좋은 학생이 한 명 있었는데, 그의 아버지는 인권 변호사였다.
해설 선행사인 a good student와 father가 '행실이 좋은 학생의 아버지'라는 소유의 의미 관계가 형성되고, 뒤에 완전한 절이 왔으므로 whose가 이끄는 절이 와야 적합하다.
정답 (c) whose father was a human rights lawyer

81
해석 그의 아버지는 그를 교육시킬 자금이 없었다.
해설 His father had no funds with which he can finance his education.[형용사절]에서 형용사절 부분을 to 부정사를 이용해 축약한 표현인 with which to finance his education이 적합하다. (a) 전치사 with가 빠져 있다. (b) finance는 to finance가 되어야 한다. (c) 선행사가 사물(no funds)이므로 whom이 올 수 없다.

정답 (d) with which to finance his education

82
해석 육류가 사람들이 먹기를 선호하는 것이라면, 육류를 먹는 것이 허용되어야 한다.
해설 is의 보어 자리에 들어 갈 명사절을 묻고 있다. 선행사가 없고, 타동사 eat의 목적어 자리가 비어 있으므로 목적격 관계대명사 what이 적합하다. (b) 선행사가 없으므로 which는 부적절하다. (c),(d) how와 why 뒤에는 완전한 절이 따른다.
정답 (a) what they prefer to eat

83
해석 언제 그녀를 방문할지라도 그녀는 자고 있을 것이다.
해설 완전한 문장 앞의 부사절 자리이므로 형태적으로는 모든 선택지가 가능하나, 주절과 의미가 자연스럽게 연결되는 것은 Whenever you may visit her(언제 그녀를 방문할지라도)가 유일하다.
정답 (a) Whenever you may visit her

84
해석 그들은 기차들이 지나가지 못하도록 철도 선로를 막았다.
해설 빈칸 앞의 부사 so와 호응하는 목적의 부사절을 묻고 있으므로 목적의 부사절을 이끄는 접속사 that이 와야 한다. 「so[in order] that 주어+동사 :~하기 위하여[목적의 부사절]」 (b) 목적의 부사절은 so as that이 아닌 so that이다. cf.] so as to ⓡ :~하기 위하여[부정사의 부사적 용법] (c) so as to 다음에는 절이 올 수 없다. (d) whenever는 시간 부사절을 이끈다.
정답 (a) that trains couldn't pass through

85
해석 이름이 공개되지 않은 이 남자는 부동산으로 큰돈을 벌었다.
해설 선행사인 The man과 name이 '그 남자의 이름'라는 소유의 의미 관계가 형성되고, 뒤에 완전한 절이 왔으므로 whose가 이끄는 절이 와야 적합하다.
정답 (d) whose name hasn't been made public

86
해석 홈스쿨링의 가장 좋은 점은 무엇이든, 당신은 언제나 당신의 선생님에게 질문할 수 있다는 것이다.
해설 is의 보어자리에 들어 갈 명사절을 묻고 있으므로, 명사절 접속사 that이 이끄는 절이 와야 적합하다. (a) what 뒤에는 불완전한 절이 와야 한다. (b) since는 명사절을 이끌 수 없다. (c) 간접의문문으로 취급한다 하더라도 의미가 통하지 않는다.
정답 (d) that you can ask your teacher anything

87
해석 유럽에서 가장 큰 나라인 러시아인데, 러시아는 그 대륙의 40%를 차지하고 있다.
해설 사물(Russia) 선행사를 수식하는 주격 관계대명사 which가 적합하다. (a) where뒤에는 불완전한 절이 올 수 없다. (c) what은 선행사를 수식할 수 없다. (d) that은 계속적 용법에서 쓰일 수 없다.
정답 (b) which covers about 40 percent

88
해석 그녀가 보답으로 무엇을 요구할 것인가가 나의 주요 관심사다.
해설 동사 is의 주어 자리에 들어 갈 명사절을 묻고 있다. 선행사가 없고, 타동사구 ask for의 목적어 자리가 비어 있으므로 목적격 관계대명사 what이 적합하다. (a) 관계사절에서는 도치가 일어나지 않는다. (c), (d) when 뒤에는 완전한 절이 따른다.
정답 (b) What she will ask for in return

89
해석 삼촌은 그것이 재미있을 거라고 날 설득하셨어.
해설 4형식 동사 convinced의 직접목적어 자리에 들어가는 명사절을 묻고 있으므로 접속사 that이 와야 한다. (a), (c), (d) who, what, which 뒤에는 불완전한 절이 와야 한다.
정답 (b) that it would be fun

90
해석 그는 어디를 가든 길을 잃을 것이다.
해설 빈칸 앞의 절이 완전하므로 빈칸은 부사절 자리이다. 여기에 부합하는 것은 (a)와 (b)인데 (b)가 의미가 자연스럽다. (d) whatever뒤에는 불완전한 절이 와야 한다.
정답 (b) wherever he goes

91
해석 티베트인들은 에베레스트 산을 "초모룽마"라고 부르는데, 그것은 "우주의 어머니"를 뜻한다.
해설 사물(Chomolungma) 선행사를 수식하는 주격 관계대명사 which가 적합하다. (a) that은 계속적 용법에서 쓰일 수 없다. (c) where뒤에는 불완전한 절이 올 수 없다. (d) what은 선행사를 수식할 수 없다.
정답 (b) which means "Mother of the Universe."

92
해석 그녀는 이 경험을 통해 자신이 외모에 집착하고 있었다는 것을 깨달았다.
해설 타동사 realized의 목적어 자리에 들어 갈 명사절을 묻고 있으므로, 명사절 접속사 that이 이끄는 절이 와야 적합하다. cf.] through this experience는 부사구이다. (b), (c), (d) 셋 모두 뒤에 따르는 절이 불완전해야 한다.
정답 (a) that she was obsessed with her looks

93
해석 그곳을 방문한 사람들은 공포에 질려서 돌아오거나, 아니면 다시 돌아오지 못하였다.
해설 사람(Students) 선행사를 수식하는 주격관계대명사 who가 적합하다.
정답 (d) who have visited there

94
해석 이제 여러분은 왜 탄산음료와 다이어트 음료를 마시지 말아야 하는지 이유를 알았을 거예요!
해설 타동사 know의 목적어자리에 위치한 간접의문문이다. 『의문사+주어+동사』의 어순을 갖는 why[의문사] you[주어] should not drink[동사]가 적합하다.
정답 (c) why you should not drink

95
해석 그 의사는 어떠한 금전적인 보상도 기대할 수 없는 많은 환자들을 치료한다.
해설 사람(many patients) 선행사를 수식하면서 전치사 from의 목적어 역할을 하는 목적격관계대명사 whom이 들어간 whom he expects no pecuniary reward가 적합하다. (a) 전치사 뒤에 오는 목적격 관계대명사 whom은 who로 대체할 수 없다. (c) 관계대명사 that 앞에는 전치사가 올 수 없다. (d) 전치사 바로 뒤에 오는 목적격 관계대명사는 생략할 수 없다.
정답 (b) whom he expects no pecuniary reward

96
해석 이 건물에 들어가는 사람은 누구나 신분증을 제시해야 한다.
해설 문장의 주어 자리에 들어 갈 명사절을 묻고 있다. (c)와 (d)는 enters 앞에 목적격 whom, whomever가 왔으므로 부적절하고, (a)와 (b) 둘 중에서 (b)가 빈칸 이하의 내용과의 의미 연결이 자연스럽다.
정답 (b) Whoever enters the building

97
해석 고대 그리스 시대 이래로, 인간은 날 수 있는 많은 장치들을 발명했다.
해설 man has invented many devices with which he can fly[형용사절]에서 형용사절 부분을 to 부정사를 이용해 축약한 표현인 with which to fly가 적합하다. (a) 전치사 with가 빠져 있다 (c) 선행사가 사물(many devices)이므로 whom이 올 수 없다. (d) 의미도 자연스럽지 않을 뿐더러 why는 to 부정사와 결합할 수 없다.
정답 (b) with which to fly

98
해석 대부분의 미국 유권자는 누구에게 투표를 할지 필시 결정을 했을 것이다.
해설 타동사 decided의 목적어자리에 위치한 간접의문문을 묻고 있다. 『의문사+주어+동사』의 어순을 갖추고, 전치사 for의 목적어 역할을 하는 목적격 의문대명사 whom이 들어간 'whom[의문사] they[주어] will vote[동사] for'가 적합하다.
정답 (b) whom they will vote for

99
해석 이 자전거가 누구 것인지 알아?

해설 전치사 on의 목적어자리에 위치한 간접의문문이다. 『의문사+주어+동사』의 어순을 갖는 whose bicycle[의문사] this[주어] is[동사]가 적합하다.
정답 (d) whose bicycle this is

100
해설 바나나에는 칼륨이 가득 함유되어 있는데, 그것[칼륨]은 심장과 근육의 힘을 더 강하게 하는데 도움을 준다.
해설 사물(potassium) 선행사를 수식하는 주격 관계대명사 which가 적합하다. (a) that은 계속적용법에서 쓰일 수 없다. (c) where 뒤에는 불완전한 절이 올 수 있다. (d) what은 선행사를 수식할 수 없다.
정답 (b) which helps your heart and muscles grow stronger

101
해설 그는 누나가 셋이 있는데, 아직 아무도 결혼하지 않았다.
해설 사람(three older sisters) 선행사를 수식하면서 전치사 of의 목적어 역할을 하는 목적격관계대명사 whom의 결합체인 none of whom is married가 적합하다. (a) 전치사 뒤에 오는 목적격 관계대명사 whom은 who로 대체할 수 없다. (c) 대명사 them은 접속사 역할을 할 수 없다. (d) 관계대명사 that앞에는 전치사가 올 수 없다.
정답 (b) none of whom is married

102
해설 너는 내가 한가한 줄 아는 모양인데, 오히려 난 너무 바쁘다.
해설 접속사 but이 이미 존재하고, 대조의 문맥이므로, 대조의 접속부사 on the contrary[그와는 반대로]가 적합하다.
정답 (a) on the contrary

103
해설 근무시간 동안에 어디 있었나요?
해설 빈칸 뒤에 절이 아닌 명사가 있으므로 전치사 during이 적합하다.
정답 (a) during

104
해설 비가 많이 왔다. 너무 많이 와서 학교까지 물에 잠겼다.
해설 빈칸 단독으로 쓰였기에 접속부사가 와야 하는데, 결과의 문맥이므로, so much so (that)[매우 그러하므로 ~하다]가 적절하다. (=It rained so much that even our school was flooded.)
정답 (a) So much so

105
해설 다른 사람이 말하는 동안에 끼어들지 마라.
해설 빈칸 앞뒤에 완전한 절이 있으므로 접속사가 필요하다. cf.] butt in은 '끼어들다, 간섭[참견]하다'의 의미로 이 때 in은 전치사가 아니라 부사임에 유의한다.
정답 (a) while

106
해설 나는 네 방이 아주 더러울 거라 생각했어. 그런데[실제로는], 매우 깨끗하구나.
해설 빈칸 단독으로 쓰였기에 접속부사가 와야 하는데, 역접의 문맥이므로, In fact[사실은, 실제로는]가 적절하다.
정답 (C) In fact

107
해설 밤새도록 공부했음에도 불구하고 그는 시험에 떨어졌다.
해설 빈칸 뒤에 절이 아닌 명사가 있으므로 전치사가 적합하고 '밤새도록 공부했음에도 시험에 떨어졌다'는 내용이므로 양보의 despite가 적합하다.
정답 (b) despite

108
해설 그는 첫 번째 결혼을 실패했다. 마찬가지로, 그는 두 번째 것도 실패했다.
해설 빈칸 단독으로 쓰였기에 접속부사가 와야 하는데, 유사의 문맥이므로, Likewise가 적절하다.
정답 (C) Likewise

109
해설 네가 10시까지 집에 온다면 너는 파티에 갈 수 있다.
해설 빈칸 앞뒤에 완전한 절이 있으므로 접속사가 필요한데, '10시까지 집에 온다는 조건하에 파티에 갈 수 있다'는 내용이므로 조건의 접속사 provided that이 와야 적절하다.
정답 (d) provided that

110
해석 지금은 별로 바쁘지 않기 때문에, 나는 사무실을 빠져나갈 수 있다.
해설 완전한 문장 앞의 부사절 자리이므로 부사절의 접속사가 필요한데, '바쁘지 않기 때문에, 사무실을 빠져나갈 수 있다'는 내용이므로 이유의 접속사 since가 적합하다. cf.] 빈칸 절, 즉 부사절에 or(not)이 없으므로 접속사 whether는 정답에서 우선 제외된다.
정답 (d) Since

111
해석 커피 마시고 싶네요. 그건 그렇고, 이 원고 마감이 언제죠?
해설 빈칸 단독으로 쓰였기에 접속부사가 와야 하는데, 화제 전환의 문맥이므로, Incidentally[그런데, 말이 난 김에 말인데; 부수적으로, 우연히]가 적합하다.
정답 (a) Incidentally

113
해석 화재가 날 경우에는 알람 벨을 울려라.
해설 빈칸 뒤에 절이 아닌 명사[fire]가 있으므로 전치사가 와야 하고, 문맥상 조건의 의미가 적절하므로 In case of가 와야 한다.
정답 (a) In case of

114
해석 그들은 11시간 동안 일했다. 그러나 그랬다 할지라도 그 일을 끝마치지는 못했다.
해설 접속사 but이 존재하고, 양보의 문맥이므로, 양보의 접속부사 even so[그렇기는 하지만]가 적절하다.
정답 (b) even so

114
해석 카카오톡은 아주 편하다. 더욱이 공짜다.
해설 빈칸 단독으로 쓰였기에 접속부사가 와야 하는데, 첨가의 문맥이므로, Moreover[게다가, 더욱이, 또한]가 적합하다.

정답 (d) Moreover

115
해석 그에게 올 수 있는지를 물어봐라.
해설 빈칸은 동사 Ask의 직접목적어 자리이므로 명사절을 이끄는 접속사가 와야 한다.
정답 (d) whether

116
해석 Sam은 식탁을 치웠고, Jessy는 설거지를 했다.
해설 빈칸 앞뒤에 완전한 절이 있으므로 접속사 and가 필요하다.
정답 (d) and

117
해석 그는 차 사고로 불구가 되었다. 그럼에도 불구하고, 그는 자신의 인생을 포기하지 않았다.
해설 빈칸 단독으로 쓰였기에 접속부사가 와야 하는데, 양보의 문맥이므로, Nevertheless[그럼에도 불구하고; 그렇지만]가 적합하다.
정답 (b) Nevertheless

118
해석 추운 겨울 날씨 때문에 버스 운행이 중단되었다.
해설 빈칸 뒤에 절이 아닌 명사가 있으므로 전치사가 필요한데, '추운 겨울 날씨 때문에 버스 운행이 중단되었다'는 내용이므로, 원인[이유]의 전치사구 due to가 적합하다.
정답 (c) due to

119
해석 암벽등반은 정말 재미있습니다. 그러나 조심하지 않으면 다칠 수 있습니다.
해설 빈칸 단독으로 쓰였기에 접속부사가 와야 하는데, 역접의 문맥이므로 However가 적합하다.
정답 (b) However

120
해석 그는 젊지는 않지만, 매우 튼튼하다.
해설 빈칸 앞뒤에 완전한 절이 있으므로 접속사가 필요한데, 역접의 내용이므로 but이 적합하다.

정답 (c) but

121
해석 그가 자진해서 올 것인지의 여부는 나에게는 상관없다.
해설 빈칸은 동사 doesn't matter의 주어자리이므로, 명사절을 이끄는 접속사가 필요한데, if는 주어자리에 올 수 없으므로 Whether가 적합하다.
정답 (b) Whether

123
해석 온라인으로 티켓을 예매할 수 있다. 따라서 더 이상 직접 매표소를 방문하지 않아도 된다.
해설 빈칸 단독으로 쓰였기에 접속부사가 와야 하는데, 결과의 문맥이므로, Thus[따라서, 그러므로]가 적합하다.
정답 (a) Thus

124
해석 요가를 하면 건강을 유지할 수 있다. 게다가, 잠도 잘 자게 해준다.
해설 빈칸 단독으로 쓰였기에 접속부사가 와야 하는데, 첨가의 문맥이므로, In addition[(~에) 덧붙여, 게다가]가 적합하다.
정답 (b) In addition

125
해석 그녀가 올지 어떨지 의심스럽다.
해설 빈칸은 타동사 doubt의 목적어자리이므로, 명사절을 이끄는 접속사 if가 필요하다.
정답 (a) if

126
해석 물을 마셨으면 합니다. 그리고 커피는 나중에 마실게요.
해설 접속사 and가 존재하고, 문맥상, 순서 상 '후에, 나중에(=later)'를 의미하므로 접속부사 afterward가 적합하다.
정답 (a) afterward

127
해석 그녀가 도착했을 때에는 비가 내리고 있었다.
해설 빈칸 앞뒤에 완전한 절이 있으므로 접속사가 필요한데, 시간접속사 when이 문맥에 자연스럽다.
정답 (a) when

128
해석 Jack은 회사를 떠나라는 요구를 받았다. 다시 말해, 그는 해고당했다.
해설 빈칸 단독으로 쓰였기에 접속부사가 와야 하는데, 환언의 문맥이므로, In other words가 적합하다.
정답 (b) In other words

129
해석 그가 사직을 하는 경우엔 누가 그를 계승할 것인가?
해설 빈칸 앞뒤에 완전한 절이 있으므로 접속사가 필요한데, '사직을 하는 경우엔 누가 그를 계승할 것인가'라는 내용이므로 조건 접속사 in case가 적합하다.
정답 (b) in case

130
해석 Jack은 학교에 가지 않고 하루 종일 침대에 누워 있었다.
해설 빈칸 뒤에 동명사가 있으므로 전치사가 필요한데, '학교에 가는 대신에 하루 종일 침대에 누워 있었다'는 내용이므로 전치사구 instead of가 적합하다.
정답 (c) instead of

131
해석 나는 그녀가 올 수 있을지 걱정했다.
해설 빈칸은 전치사의 목적어자리이므로, 명사절을 이끄는 접속사가 필요한데, if는 전치사의 목적어자리에 올 수 없으므로 whether가 적합하다.
정답 (c) whether

131
해석 마흔 살이 되었을 무렵, 그녀는 그 분야의 권위자로서 인정받았다.
해설 완전한 문장 앞의 부사절 자리이므로 부사절의 접속사가 필요하다.
정답 (d) By the time

132
해석 첫 열차를 타기 위하여, 나는 일찍 일어났다.
해설 접속사 that과 호응하여 목적의 부사절을 이끄는 in order가 적합하다.
정답 (a) in order

133
해석 비록 그들이 그것을 단언한다 할지라도, 나는 그것을 믿지 않을 것입니다.
해설 완전한 문장 앞의 부사절 자리이므로 부사절의 접속사가 필요한데, '단언한다 할지라도, 그것을 믿지 않을 것'이라는 양보의 의미이므로 Even though가 적합하다.
정답 (a) Even though

134
해석 황사가 올 때마다 내 눈이랑 목이 아파요.
해설 '황사가 올 때마다 내 눈이랑 목이 아프다'는 내용이 자연스러우므로 'whenever ~할 때마다'가 적합하다.
정답 (d) whenever

135
해석 아무리 허기지더라도, 천천히 먹어야 한다.
해설 보어인 형용사를 수식하며, 양보의 뜻을 갖는 복합관계부사 However가 적합하다.
정답 (b) However

136
해석 그녀는 전화를 받자마자 집으로 갔다.
해설 빈칸 앞뒤에 완전한 절이 있으므로 접속사가 필요한데, 시간접속사 as soon as가 문맥에 자연스럽다.
정답 (a) as soon as

137
해석 그 집은 오래되긴 했으나, 그래도 그 집을 사고 싶다.
해설 완전한 문장 앞 부사절 자리이므로 부사절의 접속사가 필요한데, '집이 오래되긴 했으나, 그래도 그 집을 사고 싶다'라는 양보의 의미이므로 Granting that이 적합하다.
정답 (a) Granting that

138
해석 내가 아무리 자주 말해도, 그는 내 말을 듣지를 않는다.
해설 부사 often을 수식하며, 양보의 뜻을 갖는 복합관계부사 However가 적합하다.
정답 (d) However

139
해석 지배인이 외출한 상태였다. 그래서 나는 그의 비서에게 메시지를 남겼다.
해설 빈칸 뒤에 완전한 문장이 있으므로 접속부사가 와야 하는데, 순접[결과]의 내용이므로 Therefore가 적합하다.
정답 (b) Therefore

140
해석 겨울은 가고 봄이 왔다.
해설 빈칸 앞뒤에 완전한 절이 있으므로 접속사가 필요한데, 순접의 내용이므로 and가 적합하다.
정답 (a) and

141
해석 빌린 돈 여기 있다. 그런데, 지금 몇 시니?
해설 빈칸 단독으로 쓰였기에 접속부사가 와야 하는데, 화제 전환의 문맥이므로, By the way가 적합하다.
정답 (b) By the way

142
해석 아침에는 추워서, 감기에 걸릴 뻔했다.
해설 완전한 문장 앞에 위치한 부사절 자리에 빈칸이 있으므로 부사절 접속사가 필요한데, '추워서 감기에 걸릴 뻔했다'는 문맥이 자연스러우므로 이유접속사 As가 적합하다.
정답 (d) As

143
해석 그는 아내를 슬프게 만들고 싶지 않았다. 그래서 선의의 거짓말을 했다.
해설 빈칸 앞뒤에 완전한 절이 있으므로 접속사가 필요한데, 결과의 내용이므로 so가 적합하다.
정답 (b) so

144
해석 나는 놀이동산에 별로 가고 싶지 않아. 게다가, 돈도 없어.
해설 빈칸 단독으로 쓰였기에 접속부사가 와야 하는데, 추가의 문맥이므로, Besides가 적합하다.
정답 (d) Besides

145
해석 만일 네가 나에게 그것에 대하여 모두 말하지 않는다면 나는 너를 도울 수 없다.
해설 완전한 문장 앞의 부사절 자리이므로 부사절의 접속사가 필요하다.
정답 (d) Unless

146
해석 만약 당신이 나의 입장이라면, 당신은 무엇을 하겠소?
해설 완전한 문장 앞의 부사절 자리이므로 부사절의 접속사가 필요한데, '나의 입장이라면 당신은 무엇을 하겠는가'라는 조건의 의미이므로 Suppose가 적합하다.
정답 (a) Suppose

147
해석 그녀는 심한 감기에 걸렸다. 그 결과, 그녀는 결근했다.
해설 빈칸 단독으로 쓰였기에 접속부사가 와야 하는데, 결과의 문맥이므로 As a result가 적합하다.
정답 (a) As a result

148
해석 당신이 비용을 부담한다면, 그 일을 착수하겠다.
해설 빈칸 앞뒤에 완전한 절이 있으므로 접속사가 필요한데, 조건의 내용이므로 on condition that이 적합하다.
정답 (a) on condition that

149
해석 아무리 부자라 해도, 돈으로 행복을 살 수는 없다.
해설 how와 호응하여, 양보부사절을 이끄는 No matter가 와야 적합하다. [no matter how = however]
정답 (b) No matter

150
해석 네가 알래스카에 산다면 따뜻한 코트가 필요할 거야. 그에 반해, 만약 하와이에 산다면 시원하고 가벼운 옷이 필요할 거야.
해설 빈칸 뒤에 완전한 문장이 있으므로 접속부사가 와야 하는데, 대조의 내용이므로 In contrast가 적합하다.
정답 (b) In contrast

01 접속어

PERFECT G-TELP 기출문제 및 실전문제

01
어휘 athlete (운동)선수, honor 명예, prize 상, 상품; 경품 crown 관을 씌우다, 왕위에 앉히다; 왕관; 화관, 월계관 wreath 화환

해석 고대 그리스 올림픽에서는 선수들이 수상을 위해서보다는 명예를 위해 경기에 임했다. 사실, 특정 경기에서 우승한 선수는 금메달을 받기보다는 올리브 화관을 머리에 썼다.

해설 an athlete을 선행사로 하고 won의 주어가 되는 주격 관계 대명사 that이 와야 한다.

정답 (c) that won a particular event

02
어휘 jewelry 보석류 rob 훔치다 security guard 경비원 unaware 모르고 있는 witness 증인, 목격자 identify 확인하다 commit 범하다

해석 어제 한 금은방이 털렸는데, 그 때 무장한 사람들이 경비원들이 알지 못하는 틈을 노렸다. 경찰은 목격자들이 범인으로 지적한 사람들을 체포할 수 있었다.

해설 선행사가 사람이고, 동사 identified의 목적어가 비어있으므로 목적격 관계대명사 whom이 적절하다.

정답 (d) whom witnesses identified

03
어휘 secretive 비밀의, 비밀이 많은 real estate 부동산 sustain 유지하다 excessive 과도한 include 포함하다 collection 수집

해석 Allan은 내가 알고 있는 사람 중에서 가장 비밀이 많은 사람이다. 그는 그냥 평범한 부동산 업자인데, 그가 자신의 사치스런 라이프스타일을 유지하기 위해 어디서 돈을 버는 지 아무도 모른다. 이것에는 갖은 종류의 스포츠카도 포함된다.

해설 'he gets the money'는 완전한 절의 형태이므로, 의문대명사로 시작되는 (b), (c)는 답에서 제외된다. 돈을 어디서 버는지 그 출처에 대해 모른다는 것이므로 (d) where he gets the money가 빈칸에 적합하다.

정답 (d) where he gets money

04
어휘 consult 참조하다 wonder 궁금하게 생각하다 ace a test 시험에서 최고의 점수를 받다

해석 Caldwell 교수는 최근의 시험에서 학생들로 하여금 자신들이 필기한 노트를 참고할 수 있도록 허용했다. 반에서 그렇게 하지 않은 유일한 사람인 Sheryl은 최고 점수를 받았다. 그녀의 학우들은 그녀가 어떻게 최고의 점수를 받을 수 있었는지 의아해했다.

해설 'she managed to ace the test'는 완전한 절의 형태이므로, 의문대명사로 시작되는 (a)는 답에서 제외된다. 자신의 노트를 참조하지 않았음에도 최고 점수를 받은 Sheryl의 방식에 대해 의아해하는 상황이므로 (d) how she managed가 적절하다.

정답 (d) how she managed

05
어휘 giraffe 기린 cross 교배종 camel 낙타 leopard 표범 camelopard (고대어) 기린, 기린자리

해석 기린은 많은 사람들에게 아주 이상하게 보이는 동물일 수 있다. 사실, 기린을 낙타와 표범의 교배종으로 생각했던 초기 로마인들은 기린을 'camelopard'라고 불렀다.

해설 was의 주어 역할을 하면서 사람 선행사인 the early Romans[초기 로마인들]를 수식하는 주격 관계대명사 who가 빈칸에 적합하다.

정답 (b) who thought that the animal

06
어휘 sip (음료를) 홀짝이다[거리다], 조금씩 마시다 promising 유망한, 촉망되는; 조짐이 좋은 resume 이력서; 다시 시작하다 impressive 인상적인, 인상[감명] 깊은

해석 Mr. Turner는 지원자가 인터뷰하는 것을 기다리면서 커피를 조금씩 마시고 있다. 그는 자신의 회사를 지망하는 전도유망한 후보자들을 평소 인터뷰하는 Beanery cafe에 앉아있다. 그는 이 지원자의 이력서가 특히 인상적이라고 생각하고 있다.

해설 the Beanery cafe가 장소를 나타내는 선행사이고 he usually interviews promising candidates for his company가 완전한 절을 형성하고 있으므로 관계부사 where가 들어간 (c)가 정답이다. 관계부사 that은 where를 대신해서 쓸 수 없기에 (a)는 정답이 아니다.

정답 (c) where he usually interviews

07
어휘 skip 건너뛰다 urgent 긴급한 present 보고하다
해석 Chad는 급한 보고서 때문에 직장에서 점심을 걸렀다. 하지만 오후 회의에서 그는 보고서 내용을 잘 전달하지 못했다. 그는 너무 허기져서 마음속에는 오로지 음식 생각 밖에 없었다.
해설 선행사 the only thing을 수식하는 주격 관계대명사 that이 와야 하므로 (d) that was in his mind가 적합하다.
정답 (d)

08
어휘 complain of ~에 대해 불평하다 stomachache 복통 school nurse 양호선생님 probably 아마 wonder 의심하다 go bad 상하다
해석 Candice는 오늘 아침에 배가 아프다고 투덜대고 있었다. 학교의 양호 선생님은 아마도 Candice가 아침식사로 먹은 것 때문에 그런 것이라고 말했다. Candice는 자신이 마셨던 우유가 상한 것이 아닌 가 의심하고 있다.
해설 that절은 made를 동사로 하는 5형식 문장이고 빈자리는 주어 자리이다. 선택지에서 타동사 had의 목적어가 빠져 있고 선행사가 없으므로 선행사를 포함하는 목적격 관계대명사 what으로 시작되는 명사절이 적합하다.
정답 (c) what she had for breakfast

09
해석 Mary는 다음 주에 있을 자신의 18번째 생일에 많은 손님들을 초대할 것이다. 그런데 그녀의 가장 친한 친구인 Monica는 유럽에 있기 때문에 참석하지 못할 것이다. Mary는 그녀가 없으면 자신의 생일이 그다지 재미가 없을 거라 생각하고 있다.
해설 사람(Monica) 선행사를 수식하는 주격관계대명사 who가 적합하다. [일반 수험영어에서는 that도 가능하나, 지텔프에서는 선행사가 사람일 경우 who가 우선한다.]
정답 (c) who is her best friend

10
어휘 routine 일상적인 일; 정해진 순서; 정해 놓은, 판에 박

힌 favorite n. 특히 좋아하는 것[사람]; 매우 좋아하는
해석 Charlotte는 잠자리에 들기 전에 항상 엄마 Lisa에게 이야기책을 읽어달라고 요구한다. 그것이 그들이 잠자리에 들 때 하는 일상사 중의 하나가 되었다. Lisa는 Charlotte가 가장 좋아하는 Cinderella[신데렐라]를 20번 이상 읽어주었음에 틀림없다.
해설 Cinderella[신데렐라= a story(이야기)], 즉 사물을 선행사로 하는 주격 관계대명사 which가 이끄는 절이 와야 적절하다. 선택지 (a), (c), (d)는 어순 자체가 그른 형태이다.
정답 (b) which is charlotte's favorite

11
해석 Samantha는 지난밤에 운 좋게도 누군가의 도움을 받아 펑크 난 타이어를 교체했다. 마침 운전해 지나가던 한 남자가 그녀가 어쩔 줄 몰라 하는 것을 보고 자진해서 그녀를 도와줬던 것이다.
해설 사람(A man)을 선행사로 하고 happened의 주어가 되는 주격 관계대명사 who가 이끄는 who happened to be driving by가 적합하다. (a) happens의 시제가 잘못되었고, (b) how 선행사가 a man이므로 관계부사로도 쓰일 수 없고, 의문사로도 쓰일 수 없다. (c) 선행사가 있으므로 선행사를 포함하는 관계대명사 what은 쓸 수 없다. 물론 의문사로도 쓸 수 없다.
정답 (d) who happened to be driving by

12
어휘 garage sale (사람이 자기 집 차고에서 하는) 중고 물품 세일
해석 Tammy는 별 생각 없이 구매하는 물건에 계속 돈을 낭비하고 있다. 지난밤만 해도 중고품 세일에서 산 싸구려 침대가 잠자기에 불편하다는 것을 알게 되었다.
해설 bought가 타동사이므로 목적어인 the cheap bed가 선행사로 가있는 목적격 관계대명사 that이 필요하다. 관계부사(how, where, when) 다음엔 완전한 절이 오고, 관계대명사 다음엔 불완전한 절이 온다는 것을 통해서도 알 수 있다.
정답 (b) that she bought at a garage sale

13
해석 전혀 다른 배경의 두 후보자가 독서 클럽의 "최고의 소설"상을 수상했다. 한 명은 성공한 소설가이자 교수이고

다른 한 명은 정치에 관한 소설을 쓴 사회 활동가이다.
해설 The other(사람)를 선행사로 하고, 명사인 novel을 수식하는 소유격 관계사 whose가 쓰인 (d)가 빈칸에 적합하다.
정답 (d) whose novel is about politics

14
어휘 article 기사 multinational 다국적의 corporation 기업 humble 겸손한 enormous 엄청난
해석 잡지 기사에 따르면, 한 다국적 기업의 대표이사인 Lydia Nicolas Lewis는 세계에서 가장 부유한 사람들 중 한 명이다. 그 기사는 또한 그녀가 엄청나게 성공했음에도 여전히 겸손하다고 전하고 있다.
해설 '엄청나게 성공했음에도 여전히 겸손하다'는 내용이므로 양보의 구전치사 in spite of가 적합하다.
정답 (a) in spite of

15
어휘 single parent 한부모(배우자 없이 혼자 아이를 기르는 사람) doubly 두 배로, 두 곱으로
해석 싱글맘인, Sandra는 아들에게 훌륭한 교육을 시키기 위해서 두 곱으로 열심히 일한다. 사실, 그녀는 아들의 대학 학비를 대느라고 지난 4년 동안 세 가지 일을 해오고 있다.
해설 앞에 나온 내용을 보다 더 구체적으로 서술하고 싶을 때 사용하는 연결어인 In fact가 적합하다. cf.] 선택지 (c) Besides의 경우, 앞의 내용에 다른 내용을 덧붙이는 단순 첨가의 경우이므로 혼동해서는 안 된다. 의 경우다. ex.] She is beautiful. Besides she is rich, too. (그녀는 아름답다. 게다가 돈도 많다.)
정답 (d) In fact

16
어휘 county fair 카운티 박람회(농축산물 품평회) unexpected 예기치 않은 come up 발생하다 cancel 취소하다
해석 Arthur와 Simon은 카운티 박람회에 함께 가기 위해, Joe's Burger[조 햄버그 가게]에서 만날 예정이었다. 그런데 Simon의 집에서 예기치 않던 일이 생겼다. 결과적으로 그는 만남을 취소해야 했다.
해설 예기치 않던 일이 생겼고 결과적으로 약속을 취소한 것이므로 결과를 나타내는 연결사 (b) As a result가 빈

칸에 적합하다.
정답 (b) As a result

17
어휘 totally 완전히 performance 공연, 연기, 실적 convincing 설득력이 있는, 수긍이 가는 therefore 따라서 as well as ~뿐만 아니라
해석 James는 어젯밤에 있었던 연극에서 자신의 연기로 우리를 완전히 놀라게 했다. 우리는 그가 연기를 할 수 있다는 것을 알지 못했다. 로미오 역의 그의 연기는 너무나 잘 어울려서 그가 마치 수십 년 동안 연기를 해온 것처럼 보였다.
해설 빈칸 뒤에 절이 왔으므로 접속사가 와야 하는데, 동사 seemed와 호응하는 양보접속사 as though가 적절하다. ▶ seem as though[as if] : 마치 -인 것처럼 보이다.
정답 (c) as though

18
어휘 on a regular basis 정기적으로 contribute to ~에 기여하다, ~의 원인이 되다 therefore 따라서 afterward 후에, 나중에(=later) in fact 실제로 even so 그럼에도 불구하고(=in spite of that) flock to ~로 모여들다 establishment 설립, 시설 junk food 패스트푸드, 인스턴트식품
해석 많은 연구가 증명하기를 정기적으로 패스트푸드를 먹게 되면 건강문제를 야기할 수도 있다는 것이다. 그럼에도 사람들은 여전히 햄버거, 피자, 기타 정크 푸드 등을 파는 곳에 매일같이 몰려든다.
해설 건강문제를 야기 할 수 있음에도 사람들이 패스트푸드를 여전히 찾는다는 내용이므로 양보의 연결사 (d) Even so가 적합하다.
정답 (d) Even so

19
어휘 pet parrot 애완용 앵무새 treat 대접 whereas ~인데도; ~에 반해서(=while) whenever ~할 때마다 although 비록 ~이지만 repeat 반복하다
해석 Matt은 생일선물로 애완용 앵무새를 받았고, 지금 앵무새에게 말하는 법을 가르치고 있다. 그는 자신이 말한 단어를 그대로 따라 할 때 마다 먹을 것을 준다.
해설 '자신이 말한 단어를 그대로 따라 할 때 마다 먹을 것을

준다.'는 내용이 자연스러우므로 'whenever ~할 때마다'가 적합하다.
정답 (c) whenever

20
어휘 assignment 숙제(=homework); 과제, 임무; 배정, 배치
해석 Harold는 그의 성적이 정말로 향상됐다는 것을 아버지에게 입증한 다음에야, 다시 컴퓨터 게임을 하는 것을 허락받았다. 하지만, 그는 숙제를 끝마치는 것을 조건으로 컴퓨터 게임을 할 수 있을 따름이었다.
해설 주절의 내용(컴퓨터 게임을 할 수 있을 따름이었다)를 통해, if의 대용어구인 provided that[~을 조건으로(= on the condition)]이 빈칸에 적절함을 알 수 있다.
정답 (c) provided that

21
어휘 be rushed to (the emergency room) (응급실에) 실려 가다.
해석 Howard는 학교 의무실로 급하게 실려 갔다. 그는 화학 실험 중에 뜻밖의 화상을 입었다. 그는 간호사가 그러라고 할 때까지는 붕대를 제거하는 것이 허용되지 않았다.
해설 "~할 때까지는 허용되지 않았다"이므로 빈 칸에는 until(~할 때까지)이 적합하다. 빈 칸에 들어가는 접속사 문제는 각 선택지의 접속사를 빈 칸에 집어넣고 문장 해석을 통해 해결한다.
정답 (a) until

22
해석 Cooper 교수는 학생들이 자신의 시험에 통과하지 못하는 것을 원치 않는다. 모두가 낙제하는 갑작스런 쪽지 시험을 보는 대신에, 그는 학생들이 준비할 수 있도록 예정보다 먼저 시험 발표를 한다.
해설 이어지는 주절의 의미를 통해 빈칸에 들어 갈 단어를 쉽게 고를 수 있다. 일단 빈 칸 뒤는 동명사 giving으로 시작하는 명사구이므로 빈 칸에 접속사(Even if)는 들어갈 수 없다. 나머지 (구)전치사 중에서 "~하는 대신에"를 의미하는 Instead of가 의미적으로 가장 자연스럽다. [해석 참조]
정답 (b) Instead of

23
어휘 cinematography 영화 촬영법[술]   twist (이야기·상황의 예상 밖의) 전환[전개]; 돌리기, 비틀기
해석 그 영화는 각본도 지루하고 촬영술도 형편없다. 게다가 등장인물들은 흥미롭지 못하고, 이야기의 상황 전개도 부족하다. 다시 말해서, 나는 정말로 그 영화가 맘에 들지 않았다.
해설 빈 칸 앞에서 영화에 대한 불만을 나열하고 있으므로 불만스럽다는 것은 다시 말해서(In other words) 영화가 맘에 들지 않는다는 것이다.
정답 (b) In other words

24
해석 Sandra는 피아노를 잘 배울 수 있다는 희망을 잃어버리기 시작하고 있다. 매일 연습을 하고 있지만, 아무리 열심히 노력을 해도, 모든 올바른 피아노의 키를 칠 수가 없다고 한다.
해설 주절인 she just can't hit all the right keys의 의미를 통해 양보절(아무리 ~할지라도)을 나타내는 no matter how [= however]가 적합하다는 것을 알 수 있다.
정답 (b) no matter

25
어휘 affordable (가격 등이) 알맞은, 감당할 수 있는 hybrid car 하이브리드[휘발유·전기 병용] 승용차 originally 원래, 본래
해석 모두가 기다려왔던 적정한 가격대의 하이브리드 자동차가 마침내 나왔다. 하지만 자동차 회사가 계획했었던 것보다 훨씬 더 많은 제작비를 들였기 때문에, 자동차 가격이 애당초 광고했던 것만큼 낮지는 않을 것이다.
해설 빈칸 이후는 계획보다 제작비를 많이 들인 것 즉, 자동차 가격이 비싸지는 이유를 나타내고 있으므로 이유의 접속사 because가 적절하다.
정답 (c) because

26
어휘 savings plan 예금 상품   interest rates 금리, 이율
해석 Samantha는 AXC 은행의 새로운 예금 상품에 신청하기로 했다. 그 은행은 높은 이율을 제안하고 있다. 게다가, 첫 100명의 고객은 공짜 전기 토스터기를 받게 된다.

해설 은행이 제공하는 좋은 조건이 나열되므로 추가적인 혜택을 제시하는 Moreover(= 더욱이, 게다가)가 적절하다.
정답 (c) Moreover

조동사

 필수 예제

01
해석 A : Sam이 미국에 있다고 누군가가 말해 주더군요. B : 그럴 리 없어요. 그것은 불가능해요. 내가 그의 여권을 가지고 있는걸요.
해설 B의 'It's impossible. I have his passport.'에서 Sam이 미국에 있지 않음을 강하게 확신할 수 있으므로 can not이 적합하다.
정답 (a) can

02
해석 A: Jack은 모든 시험에서 낙제를 한 유일한 사람이야. B : 그는 멍청하고 게으름에 틀림없어.
해설 A의 대화 내용에서, Jack이 멍청하고 게으르다는 것을 확신할 수 있으므로 must가 적합하다.
정답 (b) must

03
해석 Smith씨는 90세가 되어서도 안경 없이 글을 읽을 수 있었다.
해설 과거의 능력을 나타내므로 could가 적합하다.
정답 (b) could

04
해석 만약 토양이 너무 빽빽해서 뿌리가 들어갈 수 없다면, 그 식물은 분명히 죽을 것이다.
해설 surely를 통해 확신의 정도가 강한 will이 적합함을 알 수 있다.
정답 (a) will

05
해석 영국에서는 18살이 되면 투표를 할 수 있어
해설 18세부터 투표를 할 수 있다는 의미이므로 가능, 능력의 can이 와야 한다.
정답 (a) can

06
해석 그 카페는 분명 훌륭할 거야. 늘 손님으로 가득해.
해설 늘 손님으로 가득하다는 내용에서 강한 긍정성의 추측 근거를 찾을 수 있다.
정답 (a) must

07
해석 그 카페는 분명 형편없을 거야. 늘 비어있어.
해설 늘 비어있다는 내용에서 강한 부정성의 추측 근거를 찾을 수 있다.
정답 (b) can't

08
해석 감염을 예방하려면 피부를 깨끗이 하는 것이 중요하다.
해설 당위성의 형용사 important가 왔으므로 동사원형이 와야 하는데, skin과 clean은 수동의 의미관계이므로 should be cleaned가 적합하다.
정답 (b) should be cleaned

09
해석 그녀가 언제 여기 올지 모른다. 그녀는 언제라도 도착할 수 있다.
해설 미래의 막연한 추측 상황이므로 could가 적합하다.
정답 (a) could

10
해석 (비행기) 표 여기 있습니다. Frank씨. 귀하의 비행기는 2시 30분 17번 게이트에서 출발합니다.
해설 확정된 미래 내용이므로 will이 적합하다.
정답 (b) will

11
해석 조용한 장소에서 눈을 감고 앉는 것은 도움이 될 수 있으나 필수는 아니다.
해설 not prerequisite(필수는 아니다)에서 막연한 가능성을 나타냄을 알 수 있다.
정답 (b) may

12
해석 저에게 이메일로 그것을 보내주시겠어요?
해설 주어를 you로 하는 형태의 정중한 부탁[요청] 표현은 『Could you, Would you, Will you, Can you ~?』이다.
정답 (a) Could

13
해석 A : 이 보고서들을 파일 캐비닛 속에 넣고 잠글까요?
B : 예, 부탁해요!
해설 상대방의 의향을 묻는 'Shall I ~?'가 문맥에 적절하다.
정답 (a) Shall

14
해석 그는 회사가 당장 석유 사업을 시작해야 한다고 주장한다.
해설 주장[고집] 동사 insist가 왔으므로 that절에는 '동사원형'이나 'should 동사원형'이 와야 하는데, 둘 모두가 선택지에 있는 경우, 동사원형이 정답의 우선권을 갖는다.
정답 (a) start

15
해석 다른 종들과 마찬가지로, 인간은 살기 위해 먹어야 한다.
해설 반드시 해야 하는 의무적 내용이므로 must가 적합하다.
정답 (b) must

16
해석 비록 두 손은 없었지만, 그 놀라운 화가는 자신의 발로 많은 것들을 할 수 있었다.
해설 과거의 능력을 나타내므로 could가 적합하다.
정답 (b) could

17
해석 A : 오늘 집에 있고 싶은 생각이 들지 않네요. B : 나도 마찬가지야. 그럼 우리 영화 보러 갈까?
해설 상대방의 의향을 묻고 있으므로 'Shall we~?'가 적합하다.
정답 (a) Shall

18
해석 선서를 했으니 반드시 진실만을 얘기해야 합니다.
해설 반드시 해야 하는 의무 상황이므로 must가 더 적절하다.
정답 (b) must

19
해석 기회가 있으면 그녀의 새 연극을 한 번 보셔도 좋을 겁니다. 아주 좋아요.
해설 강제적 의무가 아닌 추천의 상황이므로 should가 더 적절하다.
정답 (a) should

20
해석 버스가 늘 제때 오는 것은 아니야. 몇 분 기다려야 할지도 모른다.
해설 버스가 제 시간에 안 올 수도 있는 불확실한 상황이므로 might가 적합하다.
정답 (a) might

21
해석 Ted는 방금 저녁을 먹었어요. 배고플 리가 없어요.
해설 방금 저녁을 먹었다는 내용에서 강한 부정성의 추측 근거를 찾을 수 있다.
정답 (b) can't

22
해석 A : 지금 주무시는데요, 그를 깨워 드릴까요? B. 그래 주실래요.
해설 상대방의 의향을 묻고 있으므로 'Shall I~?'가 적합하다.
정답 (a) Shall

23
해석 전화가 울리네요. Jessica일 수도 있어요.
해설 막연한 상황에 있어서의 추측이므로 could가 적절하다.
정답 (b) could

24
해석 그 문제를 즉시 표결에 붙여야 하는 것이 절대 중요하다.
해설 당위성의 형용사 crucial(매우 중요한)이 왔으므로 '동사원형'이 와야 하는데, the matter와 put to vote의 의미 관계가 수동이므로 be put이 와야 한다.
정답 (b) be put

25
해석 A : 당신이 그곳에 정시에 계셔야 함은 아주 중요합니다. B : 무슨 일이 있어도 9시에 그 곳에 가 있겠습니다. 약속드립니다.
해설 at any cost와 I promise!에서 주어의 강한 의지와 확신을 알 수 있으므로 will이 적합하다.
정답 (a) will

26
해석 1500년대에 카드는 대규모로 생산이 되어 일반인들도 카드놀이를 할 수 있었다.
해설 과거의 가능, 능력을 나타내므로 could가 적합하다.
정답 (a) could

27
해석 A : Smith씨는 어디 계시죠? 사무실에 안 계시네요. B : 회의실에 계실 수도 있어요, 확실치는 않지만요.
해설 'but I'm not sure'에서 막연한 추측임을 알 수 있으므로 may가 적합하다.
정답 (b) may

28
해석 왕은 그 죄수를 풀어주라고 명했다.
해설 명령 동사 ordered가 왔으므로 동사원형이 와야 하는데, the criminal과 release는 수동의 의미관계이므로 be released가 적합하다.
정답 (a) be released

29
해석 당신은 중국어 과정을 이수해야 한다. 그렇지 않고서는 졸업을 할 수 없다.
해설 중국어 과정을 이수하지 않으면 졸업할 수 없는, 필수적[강제적] 의무 상황이므로 must가 더 적절하다.
정답 (a) must

30
해석 당신은 중국어 과정을 이수해야 한다. 내 생각엔 당신에게 도움이 될 것 같다.
해설 권고의 상황이므로 should가 더 적절하다.
정답 (b) should

31
해석 이 식당에서 먹을지는 아직 결정 안 했는데, 메뉴 좀 볼 수 있을까요?
해설 '주어를 I로 하는' 정중한 표현 형태는 'May I, Could I, Can I ~?'이다.
정답 (b) May

32
해석 하루에 15분씩 하나의 주제에 시간을 할애하면 5년 후에는 그 주제에 대해 달인이 될 것이라고 거듭 증명되고 있다.
해설 'It has been proven again and again'에서 확신을 'in five years[5년 후에]'에서 미래 내용임을 알 수 있으므로 미래 내용의 확신을 나타내는 will이 적합하다.
정답 (a) will

33
해석 그 지점은 주민들이 마실 물을 구할 수 있는 거대한 강과 가까운 곳에 위치해 있었으므로, 그들이 왜 우물을 필요로 했는지에 관해서는 미스터리였다.
해설 주민들이 물을 구할 수 있었다는 과거의 가능, 능력을 나타내므로 could가 적합하다.
정답 (b) could

34
해석 손님이 밖에 계십니다. 제가 그 분을 안으로 안내할까요?
해설 상대방의 의향을 묻는 'Shall I ~?'가 문맥에 적합하다.
정답 (a) Shall

35
해석 우리는 어젯밤 그의 집에서 멋진 파티를 즐겼어. 너도 왔어야 했는데, 왜 안 왔니?
해설 파티에 오지 않은 것에 대한 유감의 뜻을 나타내므로 'should have p.p.'가 적합하다.
정답 (a) should

36
해석 A : Kevin이 왜 전화를 안 받았는지 모르겠어. B : 아마 잠자고 있었을 거야, 확실치는 않지만.
해설 but I'm not sure에서 과거 내용에 대해 막연히 추측하고 있는 상황임을 알 수 있으므로 'might[may, could] have p.p.'가 적절하다.
정답 (b) might

37
해석 그 정신과 의사는 환자들에게 자기감정에 대해 자기 성찰적이기를 요구했다.
해설 요구동사 required가 왔으므로 동사원형이 와야 적합하다.
정답 (a) be introspective

38
해석 빨간 신호등 불이 보이면 멈추고 기다려야 한다.
해설 엄수해야 할 교통 법규에 관한 내용이므로 must가 적합하다.
정답 (a) must

39
해석 안녕, 아만다. 내 방에서 잠깐 볼 수 있을까요?
해설 '주어를 I로 하는' 정중한 표현 형태는 'May I, Could I, Can I ~?'이다.
정답 (a) Could

40
해석 시청 가는 방향을 좀 알려주시겠어요?
해설 주어를 you로 하는 형태의 정중한 부탁[요청] 표현은 『Could you, Would you, Will you, Can you ~?』이다.
정답 (a) Would

41
해석 시내에 새 이태리 식당이 막 오픈했어. 오늘 밤 그곳에서 식사할까?

해설 상대방의 의향을 묻는 'Shall we~?'가 문맥에 적합하다.
정답 (b) Shall

42
해석 그 보고서는 모든 학생에게 수영을 가르칠 것을 제안했다.
해설 제안 동사 suggested가 왔으므로, 동사원형 be taught가 적합하다.
정답 (a) be taught

43
해석 나는 버스 탈 돈이 전혀 없기에, 집까지 걸어가야 해.
해설 버스 탈 돈이 없어 선택의 여지없이 집까지 걸어가야 할 상황임을 알 수 있다. must가 더 적절하다.
정답 (a) must

44
해석 Alice는 어젯밤부터 아무것도 먹지 않았어요. 분명히 배가 고플 겁니다.
해설 어젯밤부터 아무것도 먹지 않았다는 내용에서 Alice가 배가 고플 것이라는 확신을 갖는 내용이다. 강한 확신의 조동사 must가 적합하다.
정답 (a) must

45
해석 A : 내일 뭐 할 거예요? B: 말씀드리기 어렵네요. 쇼핑갈지도 모르겠어요.
해설 B의 It's hard to say.에서 불확실한 미래의 내용이 이어짐을 알 수 있다. might가 적합하다.
정답 (b) might

46
해석 네가 갖고 싶어 했던 잡지를 사오려고 했지만 서점에 없더라. 다른 서점에 가볼까?
해설 상대방의 의향을 묻는 'Shall I ~?'가 문맥에 적합하다.
정답 (a) Shall

47
해석 중국 내에서 소득 격차를 해소해야 한다는 목소리가 나왔다.
해설 요구[촉구]동사 urged가 왔으므로 동사원형이 와야 하는데, income inequality와 correct는 수동의 의미관계이므로 be corrected가 적합하다.
정답 (b) be corrected

48
해석 어머니날에 우리 엄마를 기쁘게 해드리기 위해서 무엇을 해야 할까?
해설 추측의 조동사 may가 아닌, 당위의 조동사 should가 문맥에 적합하다.
정답 (a) should

49
해석 논술형 시험을 볼 때, 질문들을 주의 깊게 읽으라. 전문가들이나 교사들이 질문을 정하는데 분명 상당히 오랜 시간을 보냈을 것이다.
해설 질문을 정하는데 상당히 오랜 시간을 보냈을 거란 내용이, 앞 문장의 내용과 자연스럽게 연결되므로 과거 내용의 강한 추측을 나타내는 'must have p.p.'이다.
정답 (b) must have spent

50
해석 Cooper씨는 매우 현명하다. 그러니, 그가 그런 어리석은 말을 했을 리 없다.
해설 '현명하기에 어리석은 말을 했을 리가 없다'는 문맥이므로 과거의 강한 부정적 추측을 나타내는 'cannot have p.p.'가 적합하다.
정답 (b) cannot have said

51
해석 A : Lucy는 어제 회의에 오지 않았어. 그녀는 어디 있었니? B : 모르겠어. 아마 집에 있었을 거야.
해설 B의 I don't know에서 확실할 수 없는 상황임을 알 수 있으므로 may have p.p.가 적절하다.
정답 (b) may have been

52
해석 내가 그 동안 들은 걸 근거로 해 보면, 그는 게이일 수도 있어.
해설 소문에 근거한 현재의 막연한 추측을 나타내므로 could

be가 적합하다.
정답 (a) could be

53
해석 불곰은 놀라울 정도로 빠를 뿐만 아니라 몸집이 큰 짐승 치고는 경이로울 만큼 민첩하다. 그들은 거의 수직인 경사면을 오르내릴 수 있다.
해설 빈칸 앞부분에 불곰의 우수한 운동 능력에 관한 내용이 나오므로 능력, 가능의 can이 문맥에 적절하다.
정답 (a) can climb

54
해석 나는 그가 모든 차를 봐야 한다고 충고했다[권했다.]
해설 충고(권고)의 동사 advised가 왔으므로 동사원형이 적합하다.
정답 (b) have

55
해석 그 치킨수프는 맛있었어요! 조리법을 알 수 있을까요?
해설 '주어를 I로 하는' 정중한 표현 형태는 'May I, Could I, Can I ~?'이다.
정답 (a) May

56
해석 그는 그 문제에 대해 어떤 일이 실행되어야 한다고 요구했다.
해설 요구동사 request가 왔으므로 'should+동사원형'이 적합하다.
정답 (a) should be done

57
해석 그 나무는 너무나 커서 성인 남자가 두 팔로 안을 수 없었다.
해설 나무가 너무 커서 두 팔로 안을 수 없었다는 내용이므로 불가능의 could not이 적합하다.
정답 (b) could not

58
해석 Jason씨는 자신이 받은 형편없는 서비스에 대해 매니저에게 사과를 요구했다.
해설 요구동사 demanded가 왔으므로 동사원형이 와야 하는데, apologize는 자동사이므로 수동형태가 올 수 없다.
정답 (a) apologize

59
해석 A : 후추 좀 건네주실래요? B: 물론이죠. 여기 있습니다.
해설 주어를 you로 하는 형태의 정중한 부탁[요청] 표현은 『Could you, Would you, Will you, Can you ~?』이다.
정답 (b) Will

60
해석 모든 지원자는 반드시 8월 10일 전에 서류를 제출해야 한다.
해설 필요[당위]의 형용사 necessary가 왔으므로 동사원형 submit이 적합하다.
정답 (b) submit

02 조동사

 기출문제 및 실전문제

01
- **어휘** obedience school : 훈련학교 fetch v. (어디를 가서) 가지고[데리고/불러] 오다
- **해석** Keith의 개인 Baxter는 훈련학교에서 짧은 시간에 여러 가지 트릭을 배웠다. Keith가 어디로 공과 나무 작대기를 던지건 Baxter는 입에 공을 문채로 작대기를 가져올 수 있다.
- **해설** 훈련학교에서 훈련을 한 후에 습득된 능력을 나타내므로 can이 적절하다.
- **정답** (d) can

02
- **어휘** unsupervised a. 자율적인, 감독 되지 않는(without supervision)
- **해석** Robbie는 등반 초보자를 가르치는 강사로서 상당히 엄격한 사람이다. 그가 요구하는 세 강좌를 수료하지 않으면, 그는 수강생들이 단독으로 등반하는 것을 허락하지 않을 것이다.
- **해설** 앞 문장에서 Robbie가 아주 엄격한 강사라고 했으므로, 수강생들의 단독 등반을 강하게 반대할 것이라는 맥락이다. 100%의 확신을 갖는 will이 와야 한다.
- **정답** (d) will

03
- **어휘** impatient a. (특히 오래 기다려야 하는 것 때문에) 짜증난[안달하는]
- **해석** 지금 한 시간째 비가 오고 있다. 아빠는 블록 아래에 있는 카페에서 우리를 기다리고 계시다. 나는 아빠가 벌써 짜증나 계실까 봐 걱정이 된다. 우리는 어떻게 해야 하지?
- **해설** 곤혹한 상황에 대처해야 한다는 긴급성을 고려해 보았을 때 당위의 조동사 should가 가장 적절하다.
- **정답** (c) should

04
- **어휘** elephant seal n. 해상, 코끼리 물범 tolerate v. 참다, 감당하다 buildup n. (원료·에너지 따위의) 축적, 비축 carbon dioxide n. 이산화탄소 underwater a. ad. 수중 아래의; 수중 아래에서 surface v. 수면으로 올라오다; n. 표면, 수면 oxygen n. 산소
- **해석** 코끼리 물범은 수중에서 혈액 속에 이산화탄소가 많이 쌓이는 것을 감당할 수 있다. 그러한 이유 때문에 코끼리 물범은 60분 이상 다이빙 했다가 공기와 산소를 마시러 수면으로 나올 수가 있다.
- **해설** 코끼리 물범의 오랜 잠수 능력을 보여 주는 내용이다. 따라서 능력을 나타내는 can이 가장 적절하다.
- **정답** (c) can

05
- **어휘** supervisor n. 감독관, 책임자 vice-president n. 부사장; 부통령 confirm v. (지위·합의 등을) 확정하다[공식화하다]; (특히 증거를 들어) 사실임을 보여주다[확인해 주다]
- **해석** 5년간 판매 책임자로서 일을 한 후에, Carlos는 회사의 영업부 수석 부사장으로 승진했다. 그 승진이 오늘 확정되었고, 그는 월요일에 훨씬 더 큰 사무실로 자리를 옮길 것이다.
- **해설** 빈칸 앞부분에, '승진이 오늘 확정되었다'고 했으므로 미래 확신의 정도가 가장 강한 will이 적절하다.
- **정답** (b) will

06
- **어휘** impulsive a. 충동적인 mall n. 쇼핑센터
- **해석** Pamela는 충동적으로 물건을 사는 사람이다. 어제 그녀는 쇼핑센터에서 아름다운 비치드레스를 보았다. 그녀는 해변에 갈 계획은 없었지만 그것을 사지 않을 수가 없었다.
- **해설** 시제가 일치하지 않는 (c) will과 (d) can은 정답이 될 수 없고, 허가와 추측의 의미를 갖는 (a) might 역시 문맥에 적절하지 않다. 가능성의 could가 부정어 not과 결합하여 '불가항력'의 의미로 쓰인 경우이므로 could가 가장 적절하다.
- **정답** (b) could

07
- **어휘** specific a. 구체적인, 특정의 review v. 복습하다 linear equation n. 1차 방정식 after all : 어쨌든; (예상과는 달리) 결국에는

[해석] Klein 교수는 시험에 대비해 복습할 과를 구체적으로 알려주지 않았다. 만전을 기해야 하니 8장을 읽자. 어쨌든 1차 방정식에서 문제가 나올 것 같다.
[해설] 앞 문장에서 교수가 시험범위를 구체적으로 알려주지 않았다고 했으므로, 화자의 확신의 정도가 높을 수가 없다. 50% 이하의 미래의 확실성을 나타내는 may가 가장 적절하다.
[정답] (a) may

08

[어휘] orphan n. 고아 vt. (아이를) 고아로 만들다 sibling 형제자매[동기] shoulder n. 어깨 vt. (책임을) 짊어지다[떠맡다/받아들이다]
[해석] John은 17살의 나이에 고아가 된 이후로, 오랜 세월동안을 자신의 형제자매들을 부양해오고 있다. 그의 친구들은 정부의 어떠한 지원도 없이 그 책임을 어떻게 떠맡고 있는 지 궁금하게 여긴다.
[해설] John이 고아임에도 정부의 지원 없이 자신의 형제자매를 부양하는 능력이 대단함을 보여 주는 내용이므로, 능력의 can이 가장 적절하다.
[정답] (b) can

09

[어휘] school talent show n. 학예회 wherein conj. 거기에(서) portray v. (영화·연극에서 특정한 역할을) 연기하다; (그림·글로) 그리다[묘사하다] costume n. (연극·영화 등에서) 의상[분장/변장]; (특정 지역이나 시대의) 의상[복장]
[해석] Mount View 초등학교 학생들은 내일 학교 장기자랑 대회를 열 것이다. 1학년 학생들은 귀여운 연극을 할 것인데, 그 연극에서 학생들은 특별 의상을 입고 마을의 농산물을 연기할 것이다.
[해설] 앞 문장 내용 그리고 빈칸 뒤 wherein they'll portray 에서 시점이 미래임을 알 수 있다. 미래 조동사 will이 가장 적절하다.
[정답] (d) will

10

[어휘] credit limit : 신용 한도(액) account n. 계좌; (회계) 장부 pay off : ~을 다 갚다[청산하다]; 성공하다[성과를 올리다]
[해석] Jack은 감당할 수 있는 이상으로 돈을 쓴다. 사실, 그는 이미 세 장의 신용 카드의 신용 한도에 도달한 상태다. 그는 이자를 갚기 위해 자신의 모든 은행계좌를 종결해야 될 지도 모른다.
[해설] 신용한도에 도달했으므로 이자를 갚기 위해선 은행 계좌를 종결해야 할 상황에 이를 수도 있다는 것이다. 즉, "~해야 할 지도 모른다"는 가능성을 나타내는 may have to가 가장 적절하다.
[정답] (c) may

11

[어휘] record bar : 레코드 매장
[해석] 요즘에는 그 어느 때보다도 음악이나 영화의 복사본을 얻기가 훨씬 더 수월하다. MP3 음악과 비디오를 인터넷에서 다운로드 받을 수 있기 때문에 사람들은 레코드 점이나 비디오 가게에 갈 필요가 없다.
[해설] 인터넷에서 음악이나 영화의 복사본을 다운로드 받을 수 있다는 내용이므로, 가능, 능력의 can이 가장 적절하다.
[정답] (b) can

12

[어휘] adjust v. 적응하다; 조정[조절]하다 meanwhile ad. 그 동안[사이]에
[해석] Alice는 새 안경을 착용한 후에 며칠 동안 두통에 시달렸다. 담당 의사는 그녀의 눈이 새 안경에 적응하는데 일주일 정도 걸릴 수 있다고 말했다. 그러는 동안에, 그녀는 새 안경을 하루 종일 끼고 있어야 한다고 말했다.
[해설] 눈이 새 안경에 적응하는데 일주일 정도가 필요하다고 했으므로, "적응하는 것"의 조건은 반드시 하루 종일 새 안경을 착용해야만 하는 의무에 해당된다. 의무의 must가 가장 적절하다.
[정답] (c) must

13

[어휘] ace vt. ~에서 A평점을 받다 n. (카드의) 에이스; 고수, 제1인자 a. 우수한, 일류의
[해석] Simpson은 생물 시험에서 A학점을 땄다고 아주 확신하고 있다. 그는 시험공부를 열심히 했다. 그 점이 바로 그가 오늘 오후에 시험을 봤을 때, 문제들을 아주 쉽게 풀 수 있었던 이유이다.
[해설] 열심히 공부했다고 했으므로 문제들을 아주 쉽게 풀 수 있었을(could solve) 것이다. 능력의 could가 가장 적

절하다.
정답 (d) could

14
어휘 come up with : (좋은 아이디어 등)을 떠 올리다; ~을 따라잡다 fall in line: 줄을 서다(queue) cashier n. (소매점·호텔 등의) 현금 출납원, 계산원
해석 지난주에 우리가 쇼핑을 갔는데, Sally가 계산대에 늘어선 사람들의 긴 줄을 보고 그것을 피할 수 있는 기발한 방법을 떠올렸다. Sally는 자신이 계속 선물을 고르고 있는 동안에, 내가 카운터의 줄을 설 것을 제안했다.
해설 제안의 동사 suggest가 왔으므로 동사원형 fall이 적절하다.
정답 (d) fall

15
어휘 varsity n. (美) (대학·고등학교의) 대표팀 a. (英) 대학의(옥스퍼드와 케임브리지 대학의, 특히 스포츠 대회와 관련된 표현에서 씀) tryout n. (스포츠의) 실력[적격] 시험[테스트]
해석 Susanna는 학교 축구팀에 몹시 들어가고 싶어 한다. 그녀는 최근에 연습을 많이 해 오고 있는데, 그것은 대표팀 선발 실력 테스트에 대비해서 열심히 훈련하는 것이 필요하다는 것을 그녀가 알고 있기 때문이다.
해설 당위성의 형용사 necessary(필요한)가 왔으므로 동사원형 train이 적절하다.
정답 (d) train

16
어휘 play n. 연극; 희곡 concept n. 개념; 구상, 발상 original a. 독창적인; 원래[본래]의 n. 원본
해석 제임스가 문학수업의 희곡을 마무리했을 때, 선생님은 희곡의 구상이 독창적이라고 하시면서 칭찬을 하셨다. 그러나 선생님은 제임스에게 희곡이 더 흥미로워지려면 대화를 더 발전시켜야 한다고 요구하셨다.
해설 요구의 동사 ask가 왔으므로 동사원형 improve가 적절하다.
정답 (d) improve

17
어휘 malfunction vi. (장기(臟器)·기계 등이) 제대로 작동하지 않다 n. (장기(臟器)·기계 등의) 기능 부전, 고장 management n. (사업체·조직의) 경영[운영/관리]진; 경영[운영/관리] association dues n. 조합[협회] 회비
해석 렉싱턴 타워에는 늘 말썽을 피우는 오래된 엘리베이터가 있다. 입주민들은 사고가 나기 전에 엘리베이터를 교체해달라고 요구하고 있다. 그들은 단지 이 문제를 해결하기 위해 조합 회비 인상에도 동의하고 있다.
해설 요구의 동사 demand가 왔으므로 동사원형 replace가 적절하다.
정답 (a) replace

18
어휘 Fortville n. 포트빌. 미국 인디애나주 핸콕 카운티(Hancock County)에 있는 타운 yearly ad. 매년; 연 1회의 daffodil n. 수선화 townsfolk n. [= townspeople] 읍민; 시민; 도시 사람 celebrate v. 기념하다, 축하하다; 〔의식·제전 따위〕를 거행하다 garlic n. 마늘
해석 포트빌 마을은 한 때 매년 수선화 축제를 열었다. 마을 사람들은 30년 동안이나 그 축제를 열었으나, 신임 시장은 마늘 축제로 대체할 것을 지시했다.
해설 명령, 지시의 동사 order가 왔으므로 동사원형 be replaced가 적절하다.
정답 (c) be replaced

19
어휘 summit n. 정상회담; 정상, 산꼭대기 crucial a. 매우 중요한, 중대한 alternative n. 대체품; 대안 petroleum n. 석유 impending a. 임박한
해석 한 산업 전문가는 세계 에너지 정상회담에서 새로운 연료원의 필요성에 대해서 이야기 했다. 그는 임박한 에너지 위기에 대비하여 석유제품의 대체품을 개발하는 것이 매우 중요한 일이라고 말했다.
해설 당위성의 형용사 crucial(매우 중요한)이 왔으므로 동사원형 develop가 적절하다.
정답 (a) develop

20
어휘 hold a charity ball[bazaar] : 자선 무도회[바자]를 열다 formal attire n. 정장
해석 Howell Foundation은 다음 주에 처음으로 자선 무도회를 열 예정이다. 공식적인 행사이므로 주최자들은 손

님들이 정장 차림으로 와줄 것을 요구하고 있다.
- **해설** 요구[요청] 동사 request가 왔으므로 동사원형 come이 적절하다.
- **정답** (c) come

21
- **어휘** passerby n. 행인(특히 예상 밖의 일이 일어나던 순간에 지나던 사람) [pl. passersby] crowd v. 몰려들다; (어떤 장소를) 가득 메우다 n. 군중, 무리 rob vt. (사람·장소를[에서]) 털다[도둑질하다] urge v. 촉구하다, 열심히 권하다, 설득하려 하다 mess up : 망치다
- **해설** 행인들이 방금 강도를 당한 가게 앞으로 몰려들기 시작하고 있다. 경관이 증거가 엉망이 되는 것을 막기 위해 사람들에게 폴리스 라인 바깥으로 물러나 있으라고 요구하고 있다.
- **해설** 촉구[요구] 동사 urge가 왔으므로 동사원형 remain이 적절하다.
- **정답** (b) remain

22
- **어휘** pharmaceutical a. 제약의, 약학의 n. 약, 제약 promising a. 전도유망한, 가망 있는, 기대할 수 있는 (hopeful) market v. 시장에 출시하다 n. 시장, 장 FDA 미국 식품의약국(Food and Drug Association) approve v. 승인하다
- **해설** 제약회사들은 여러 가지 장래성 있는 약들을 늘 개발하지만, 그것을 시장에 바로 내놓을 수가 없다. 식품의약국[FDA]이 신약을 승인하기 전에 정부의 모든 테스트를 통과할 것을 요구하고 있기 때문이다.
- **해설** 요구 동사 require가 왔으므로 동사원형 pass가 적절하다.
- **정답** (a) pass

23
- **어휘** respond v. (재빨리·적절히) 대응[반응/부응]하다; 대답[응답]하다; 답장을 보내다 fire hazard n. 화재의 원인(이 되는 것)
- **해설** 보도에 따르면 미국의 소방서는 2011년에 대략 37만 건의 가정집 화재에 출동했다고 한다. 이런 종류의 사고를 피하기 위해서, 소방 관리들은 주민들이 그들의 가정에서 모든 화재의 위험성이 있는 것들을 치워줄 것을 제안한다.

- **해설** 제안 동사 suggest가 왔으므로 동사원형 remove가 적절하다.
- **정답** (d) remove

24
- **어휘** management n. (사업체·조직의) 경영[운영/관리]진; 경영[운영/관리] routinely ad. 일상적으로 union n. 노조; 조합, 협회; 통합, 결합 labor dispute n. 노동쟁의[분쟁] avoid 피하다 breakdown n. (관계·논의·시스템의) 실패[결렬/와해]; (차량·기계의) 고장 negotiation n. 협상 forum n. 포럼, 토론회 mediator n. 중재자 address v. 연설하다, 개진하다; 봉투 따위)에 주소를 쓰다 n. 연설; 주소 grievance n. 불만[고충] (사항)
- **해설** 회사의 경영진은 노동분쟁을 해결하기 위해 노조 위원들을 일상적으로 만난다. 협상에 있어서의 결렬을 피하기 위해, 협상의 중재자들은 협상 중에 불만사항을 평화스럽게 개진하라고 요구한다.
- **해설** 주장[고집] 동사 insist가 왔으므로 동사원형 address가 적절하다.
- **정답** (b)

25
- **어휘** bay n. 만(灣) storm surge n. 폭풍 해일 suspend v. 유예[중단]하다; 연기[유보]하다 subside v. 가라앉다, 진정되다
- **해설** 만(灣) 지역의 식당들이 가장 심하게 폭풍 해일에 강타 당했다. 보건부는 범람한 물이 가라앉을 때까지 영업을 중단하라고 강력히 권장하고 있다.
- **해설** 제안[권장, 추천] 동사 recommend가 왔으므로 동사원형 suspend가 적절하다.
- **정답** (a)

03 시제

 필수 예제

01
- 해석 우리가 이야기 하고 있는 지금, 수많은 아프리카 여성들의 몸이 훼손되어지고 있다.
- 해설 'Right now[지금, 현재]'란 시제어가 있으므로, 현재진행시제가 적합하다.
- 정답 (a) are getting

02
- 해석 내가 그녀를 보았을 때, 그녀는 말을 타고 있었다.
- 해설 그녀가 말을 타고 있던 중에, 그녀를 보았다는 상황이므로 과거진행시제가 적합하다.
- 정답 (a) was riding

03
- 해석 내가 집에 올 때까지, 내 딸은 피아노를 연습하고 있었다.
- 해설 'until I came home' 상황 이전까지 피아노를 연습하고 있었으므로 과거완료진행시제가 적합하다.
- 정답 (b) had been practicing

04
- 해석 이모가 산후 조리 하기 위해서 집에 왔어. 우리랑 이 주 동안 있을 거야.
- 해설 '미래의 특정 기간 동안 지속적으로 머무는 상태에 있다'는 문맥이므로 미래진행시제가 적합하다.
- 정답 (a) will be staying

05
- 해석 정직은 현재 정치인들 사이에서 아주 찾기 힘든 자질이 되어가고 있다.
- 해설 'now[지금, 현재]'란 시제어가 있으므로, 현재진행시제가 적합하다.
- 정답 (b) is now becoming

06
- 해석 내 딸은 6시 이후로 줄곧 내일 있을 영어 시험을 대비해 공부를 하고 있다.
- 해설 'since 6 o'clock[6시 이후로]'란 시제어가 있으므로, 현재완료진행시제가 적합하다.
- 정답 (b) has been studying

07
- 해석 내가 Jackson을 방문했을 때, 그는 기타를 연주하고 있었다.
- 해설 Jackson이 기타를 연주하고 있던 중에, 그를 방문했다는 내용이므로 과거진행시제가 적합하다.
- 정답 (a) was playing

08
- 해석 그가 나를 보러 왔을 때, 나는 한 시간 동안 소설책을 읽던 중이었다.
- 해설 그가 나를 보러 온 과거 이전, 진행 중이었던 동작을 나타내므로 과거완료진행시제가 적합하다.
- 정답 (a) had been reading

09
- 해석 그녀는 그 때까지 쥐를 본 적이 없었다.
- 해설 'till that time(그 때까지)' 이전의 상황이므로 과거완료시제가 적합하다.
- 정답 (b) had never seen

10
- 해석 저는 1월 10일에 서울에 도착할 예정이며 메리어트 호텔에 묵을 예정입니다.
- 해설 '미래에 특정 기간 동안 지속적으로 머무는 상태에 있음'을 표현하므로, 미래진행시제가 더 적합하다.
- 정답 (a) will be staying

11
- 해석 멸종위기에 처한 새의 서식지가 새로운 상업지구 근처에서 발견되면, 환경 영향 평가가 이루어질 때까지 건설공사가 중지될 것이다.
- 해설 if절이 조건 절이므로 즉, "~한다면 ...할 것이다."의 구문이므로 주절엔 미래시제가 온다. 또한 주어가 중지되

는 대상이므로 수동태가 되어 will be stopped가 적합하다.
정답 (b) will be stopped

12
해석 그 노래를 다시 듣고 싶지는 않다. 벌써 세 번을 들었다.
해설 three times를 통해서 지금까지 세 번을 들었다는 것이므로 현재완료시제가 적절하다.
정답 (a) have listened

13
해석 그녀는 현재 2005년 선거 이후 세 번째 임기를 수행하고 있다.
해설 'Currently[지금, 현재]'란 시제어가 있으므로, 현재진행시제가 적합하다.
정답 (b) is serving

14
해석 다음 주에 그가 오자마자, 우리는 그와 이야기를 나눌 것이다.
해설 시간부사절은 미래의 내용을 현재시제로 나타낸다.
정답 (b) comes

15
해석 Mary는 그녀 아버지의 생일선물을 위해 일주일 동안 스웨터를 뜨고 있다.
해설 'for a week[일주일 동안]'란 시제어가 있으므로, 현재완료진행시제가 적합하다.
정답 (a) has been knitting

16
해석 네가 집에 도착하면 엄마는 요리를 하는 중일 것이다.
해설 미래시점(네가 집에 도착할 때)에 동작이 진행 중임을 나타내므로, 미래진행시제가 적합하다.
정답 (b) will be cooking

17
해석 그가 은퇴할 때면 Sherman 교수는 35년 넘는 동안 여기에서 가르치고 있게 될 것이다.
해설 미래의 어느 시점(When he retires)까지 일정 기간(for over thirty five years) 동안 계속될 동작을 나타내므로 미래완료진행시제가 적합하다.
정답 (b) will have been teaching

18
해석 홍역이 지금 유행하고 있다.
해설 'right now[지금, 현재]'란 시제어가 있으므로, 현재진행시제가 적합하다.
정답 (a) are going

19
해석 어젯밤 집에 왔을 때, 나는 누군가가 나의 집을 침입했다는 것을 알게 되었다.
해설 알게 된[found] 시점 보다, 빈칸의 내용이 더 과거이므로 과거완료시제가 적합하다.
정답 (a) had broken

20
해석 Sally는 거의 5년 전에 영국에서 캐나다로 왔다. 다음 주 토요일이면, 정확히 5년이 된다. 그래서 토요일이 되면, 그녀는 정확히 캐나다에 5년간 있는 셈이다.
해설 미래[on Saturday]에 완료되는 상황을 나타내므로 미래완료시제가 적합하다.
정답 (a) will have been

21
해석 정오에 내 아들을 기다리고 있을 겁니다.
해설 미래시점인 'at noon(정오)'에 동작이 진행 중임을 나타내므로, 미래진행시제가 적합하다.
정답 (a) will be waiting

22
해석 어젯밤 침대에 누워 있던 중, 나는 폭탄이 터지는 소리를 들었다.
해설 침대에 누워 있던 중에 일어난 상황[while 절]이므로 과거진행시제가 적합하다.
정답 (b) was lying

23
해석 그 책은 매우 성공적인 책이다. 처음 씌어 진 이후로 지금까지 7개 언어로 30개국 이상에서 출판되어왔다.

해설 '현재완료 + since + 과거시제' 구문이다. 주어가 책이므로 현재완료 수동태 has been published가 적합하다.
정답 (b) has been published

24
해석 케이 팝 슈퍼스타 재훈의 국제적인 센세이션은 현재 온라인에서 불타오르고 있다.
해설 'right now[지금, 현재]'란 시제어가 있으므로, 현재진행시제가 적합하다.
정답 (b) is firing

25
해석 Kevin은 자신의 아내가 밤에 일을 시작한 이후로 스스로 저녁 식사를 만든다.
해설 'since his wife started working at night[자신의 아내가 밤에 일을 시작한 이후로]'란 시제어가 있으므로, 현재완료진행시제가 적합하다.
정답 (a) has been making

26
해석 열흘 동안 비가 내리고 있던 중 강물이 범람했다.
해설 강물이 범람하기 이전, 진행 중이었던 동작을 나타내므로 과거완료진행시제가 적합하다.
정답 (a) had been raining

27
해석 내가 이 책을 다 읽자마자 너에게 빌려주겠다.
해설 시간부사절은 미래완료의 내용을 현재완료시제로 나타낸다.
정답 (b) have done

28
해석 나는 2주 동안 과로했었기에, 몸이 아팠다.
해설 과거시제[felt]인 주절 보다 더 과거 2주 동안 아팠다는 내용이므로 과거완료시제가 적합하다.
정답 (b)

29
해석 다음 주에 이 차를 폐차시켜야만 될 때 아버지는 무척 슬퍼하실 거야. 다음 주가 되면, 아버지는 20년간이나 이 차를 운전하게 되는 셈이거든.
해설 미래의 어느 시점(next week)까지 일정 기간(for 20 years) 동안 계속될 동작을 나타내므로 미래완료진행시제가 적합하다.
정답 (b) will have been driving

30
해석 농구를 하던 중에, Ryan의 콘택트렌즈가 튀어나왔다.
해설 농구를 하던 중에 일어난 상황[while 절]이므로 과거진행시제가 적합하다.
정답 (a) was playing

31
해석 A : 6시에 가도 될까요?
B : 아니요. 나는 그 때 환자를 돌보고 있을 겁니다.
해설 미래시점(6시)에 동작이 진행 중임을 나타내므로, 미래진행시제가 적합하다.
정답 (a) will be taking

32
해석 한 특별한 인형이 미국 어린이들 사이에 엄청난 인기를 얻고 있다.
해설 'right now[지금, 현재]'란 시제어가 있으므로, 현재진행시제가 적합하다.
정답 (b) is gaining

33
해석 Sue가 우리에게 왔을 당시, 우리는 두 시간 동안 컴퓨터 게임을 하던 중이었다.
해설 Sue가 우리에게 온 과거 이전, 두 시간 동안 진행 중이었던 동작을 나타내므로 과거완료진행시제가 적합하다.
정답 (b) had been playing

34
해석 Sue가 우리에게 왔을 당시, 우리는 컴퓨터 게임을 하던 중이었다.
해설 before가 이끄는 절이 과거시제라 할지라도, before절의 상황이 일어났을 때, 주절의 상황이 진행 중일 경우 주절에는 과거진행시제가 온다.

정답 (a) were playing

35
해석 마지막으로 말하는데, 너는 내 스포츠카를 빌릴 수 없어. 몇 번이고 반복해서 말했건만 전혀 이해를 못하는 것 같아.
해설 기준 시점(seem)이 현재이고, 지금까지 여러 번(과거 시점부터 현재까지) 반복해서 말했다고 했으므로 현재완료시제가 적절하다.
정답 (b) have told

36
해석 나는 2월에 졸업할 것이다. 나는 3월에 너를 볼 것이고. 내가 너를 볼 때쯤, 나는 졸업을 했을 것이다.
해설 'by the time+현재시제'는 미래완료[진행]시제의 주절과 호응한다.
정답 (a) will have graduated

37
해석 지난주까지 많은 비가 왔었다.
해설 'until last week(지난주까지)' 미만의 상황이므로 과거완료시제가 적합하다.
정답 (b)

38
해석 우리 사회는 지금 성형수술을 너무 노골적으로 홍보하고 있는 것 같다.
해설 'now[지금, 현재]'란 시제어가 있으므로, 현재진행시제가 적합하다.
정답 (b) is now promoting

39
해석 큰형이 내 방에서 한 시간 동안 내 컴퓨터를 고치고 있다.
해설 'for an hour[한 시간 동안]'란 시제어가 있으므로, 현재완료진행시제가 적합하다.
정답 (a) has been fixing

40
해석 6시에 비가 멈추면 그 때 출발하자.
해설 조건부사절은 미래완료의 내용을 현재완료시제로 나타낸다.
정답 (b) has stopped

41
해석 이케아는 현재 세계 40개국에서 340개의 쇼핑몰을 운영하고 있다.
해설 'now[지금, 현재]'란 시제어가 있으므로, 현재진행시제가 적합하다.
정답 (b) is running

42
해석 내 아들이 내일 아침 공항에 도착하면 무척 피곤할 것이다. 그 때까지 17시간이나 비행기를 탄 셈이니.
해설 미래의 어느 시점(next week)까지 일정 기간(for 20 years) 동안 계속될 동작을 나타내므로 미래완료진행시제가 적합하다.
정답 (b) will have been flying

43
해석 나는 금요일에 휴가 갑니다. 다음 주 이 시간에 나는 해변에 누워 있을 겁니다.
해설 미래시점(다음 주 이 시간)에 동작이 진행 중임을 나타내므로, 미래진행시제가 적합하다.
정답 (a) will be lying

44
해석 내 여동생이 숙제를 하고 있던 중에, 나는 컴퓨터 게임을 하고 있었다.
해설 여동생이 숙제를 하는 동안 일어난 동시 진행의 상황이므로, 주절에는 과거진행시제가 와야 적합하다.
정답 (a) was playing

45
해석 오늘 밤 데이트 나갈 때 쯤, 나는 내 숙제를 다 했을 것이다.
해설 'by the time+현재시제'는 미래완료[진행]시제의 주절과 호응한다.
정답 (a) will have finished

46
해석 지금 이야기하는 동안에도 그 독특한 기술은 여러 곳에서 모방되고 있다.
해설 'as we speak[우리가 이야기 하고 있는 동안에도]'란 시제어가 있으므로, 현재진행시제가 와야 하며, 주어인 The unique technique과 emulate[모방하다]는 수동의 관계이므로 수동태가 적합하다.
정답 (b) is being emulated

47
해석 내가 돌아와 보니 여동생이 아이스크림을 다 먹어치운 상태였다.
해설 'before 과거시제'이전의 상황이므로 과거완료시제가 적합하다.
정답 (b) had eaten

48
해석 A : 우리 내일 오후에 만날 수 있나요?
B : 오후는 안 돼요. 난 공부하고 있을 겁니다.
해설 미래시점(내일 오후)에 동작이 진행 중임을 나타내므로, 미래진행시제가 적합하다.
정답 (b) will be studying

49
해석 Melissa, 네가 우리 딸이긴 하지만, 네 남편이 우리에게 무례하게 구는 것을 멈추지 않는다면, 그는 여기서는 더 이상 손님으로 환영받지는 못할 것이다.
해설 Unless(= if ~not)절이 조건 절이므로 즉, "~하지 않는다면 …할 것이다."의 구문이므로 주절엔 미래 시제가 온다. 그리고 주어인 he가 환영받지 못하는 입장이므로 수동태가 되어야 한다.
정답 (b) won't be welcomed

50
해석 떠나기 전에, 그는 자신의 일을 끝마칠 것이다.
해설 시간부사절은 미래의 내용을 현재시제로 나타낸다.
정답 (b) leaves

51
해석 너 어디 있었니? 난 오늘 아침부터 너를 찾고 다녔어.
해설 'since this morning[오늘 아침부터]'이란 시제어가 있으므로, 현재완료진행시제가 적합하다.
정답 (b) have been looking

52
해석 그는 현재 다른 부유한 사람들을 자선 행사에 참가하도록 권장하고 있다.
해설 'now[지금, 현재]'란 시제어가 있으므로, 현재진행시제가 적합하다.
정답 (b) is encouraging

53
해석 음식을 허겁지겁 먹는 것은 좋지 않다. 너는 벌써 샌드위치를 두 개나 먹어치웠는데, 피크닉은 이제 막 시작된 거야!
해설 이미(already) 먹어버렸다," 즉, 현재완료시제의 완료용법이다.
정답 (a) have already eaten

54
해석 Amy가 운전을 하는 동안 새로운 아이디어가 떠올랐다.
해설 운전을 하던 중에 일어난 상황[while 절]이므로 과거진행시제가 적합하다.
정답 (a) was driving

55
해석 현재 독도는 대한민국의 해안 경비대가 지키고 있다.
해설 'currently[지금, 현재]'란 시제어가 있으므로, 현재진행시제가 적합하다.
정답 (b) is currently being

56
해석 내 아들은 여전히 TV를 보고 있다. 그놈은 하루 종일 TV를 시청하고 있다.
해설 기준 시점이 현재이고, 'all day[하루 종일]'란 시제어가 있으므로, 현재완료진행시제가 적합하다.
정답 (b) has been watching

57
해석 Alex가 나를 방문했을 때, 나는 웹사이트를 검색하고 있던 중이었다.
- 해설 웹사이트를 검색하고 있던 중에, Alex가 방문했다는 내용이므로 과거진행시제가 적합하다.
- 정답 (b) was searching

58
- 해석 내가 도착했을 때 Mary는 집에 없었다. 그녀는 외출한 상태였다.
- 해설 도착 했을 시점 이전에, Mary가 외출한 상태이므로 과거완료시제가 적합하다.
- 정답 (b) had just gone

59
- 해석 Keins 교수는 다음 달에 퇴임하는데, 그는 45년간 교편을 잡은 셈이다.
- 해설 미래[next month]에 완료되는 상황을 나타내므로 미래완료시제가 적합하다.
- 정답 (b) will have taught

60
- 해석 해안 경비대는 이제 전환점에 서있다.
- 해설 'right now[지금, 현재]'란 시제어가 있으므로, 현재진행시제가 적합하다.
- 정답 (b) is standing

61
- 해석 부모님이 뉴욕에서 돌아오시면 우리는 파티를 크게 열 거야.
- 해설 시간부사절은 미래의 내용을 현재시제로 나타낸다.
- 정답 (b) arrive

62
- 해석 Mary는 오랫동안 John으로부터의 편지를 기대했었고, 마침내 그녀는 편지를 받았다.
- 해설 편지를 받은 과거 시점 이전의 내용을 나타내므로 과거완료진행시제가 적합하다.
- 정답 (a) had been expecting

63
- 해석 해리 왕자의 형인 윌리엄 왕자도 현재 조종사로 복무 중이다.
- 해설 'currently[지금, 현재]'란 시제어가 있으므로, 현재진행시제가 적합하다.
- 정답 (b) is currently serving

64
- 해석 이틀 전부터 (계속) 비가 오고 있다.
- 해설 'since two days ago[이틀 전부터]'란 시제어가 있으므로, 현재완료진행시제가 적합하다.
- 정답 (a) has been raining

65
- 해석 애완견 Rover가 이틀 째 행방불명이다. 내일도 찾지 못하면, 마을 주변에 공고문을 붙일 것이다.
- 해설 if절이 조건 절이므로 즉, "~한다면 …할 것이다."의 구문이므로 주절엔 미래시제가 온다.
- 정답 (a)

66
- 해석 그는 다른 교도소로 이감 도중 탈출했다
- 해설 다른 교도소로 이감 도중 일어난 상황[while 절]이므로 과거진행시제가 적합하다.
- 정답 (b) was being transferred

67
- 해석 다음 월요일이면 Tom은 한국에서 10년 동안 체류하고 있는 셈이 될 것이다.
- 해설 미래의 어느 시점(Next Monday)까지 일정 기간(for ten years) 동안 계속될 동작을 나타내므로 미래완료진행시제가 적합하다.
- 정답 (b) will have been staying

68
- 해석 Sue는 지금, 장래에 대해 숙고하고 있다.
- 해설 now[지금, 현재]'란 시제어가 있으므로, 현재진행시제가 적합하다.
- 정답 (b) is now pondering

69
- 해석 그는 지쳤다. 그는 아침 내내 달렸었다.

해설 그가 지친 내용의 원인을 나타내는 뒷문장 내용이므로 과거완료진행시제가 적합하다.
정답 (b) had been running

70
해석 Tom은 잠자리에 들기 전에, 늘 샤워를 한다.
해설 반복되는 행위는 현재시제로 표현한다.
정답 (a) always takes

71
해석 이 게임이 지겹지 않니? 지금까지 4시간을 하고 있어.
해설 4시간 전(과거)부터 지금까지 게임을 하고 있으므로 현재완료시제가 적합하다.
정답 (a) have played

72
해석 그녀는 뒷걸음질을 치다가 돌부리에 걸려 넘어졌다.
해설 뒷걸음질을 치는 도중 일어난 상황[while 절]이므로 과거진행시제가 적합하다.
정답 (b) was stepping

73
해석 그들은 좋은 친구였다. 그들은 오랫동안 서로를 알고 지냈다.
해설 기준이 되는 앞 절의 시제가 과거이고, 그 이전 오랫동안 알고 지냈다는 내용이므로 과거완료시제가 적합하다.
정답 (a) had known

74
해석 이민 서비스 웹사이트는 현재 시험과 면접 샘플들을 제공하고 있다.
해설 now[지금, 현재]'란 시제어가 있으므로, 현재진행시제가 적합하다.
정답 (b) is providing

75
해석 우리 부모님은 오랫동안 결혼 생활을 해 오셨다. 내년 기념일이 되면, 그들은 40년 간 결혼생활을 하게 되는 셈이다.

해설 미래[By their next anniversary]에 완료되는 상황을 나타내므로 미래완료시제가 적합하다.
정답 (a) will have been married

76
해석 내 아들은 두 시간 동안 책을 읽고 있는 중이다.
해설 'for two hours now[지금 두 시간 동안]'란 시제어가 있으므로, 현재완료진행시제가 적합하다.
정답 (b) has been reading

77
해석 나의 삼촌은 10년 전에 담배를 끊었다. 삼촌은 10년 간 흡연을 했었다.
해설 담배 끊기 이전의 대과거내용이므로 과거완료진행시제가 적합하다.
정답 (a) had been smoking

78
해석 그가 탄 비행기가 지금 공항에 도착하고 있다.
해설 'right now[지금, 현재]'란 시제어가 있으므로, 현재진행시제가 적합하다.
정답 (b) is arriving

79
해석 Eva가 거기에 도착했을 때, Michael은 이미 떠나고 없었다.
해설 Eva가 거기에 도착했을 때, Michael은 이미 떠나고 없었다.
정답 (b) had already left

80
해석 그 증인은 피고자 와의 어떤 관계도 인정해서는 안 된다는 것을 알고 있다. 변호사가 그 점에 대해서 그녀에게 심문한다면, 그녀는 어떠한 관련도 부인할 것이다.
해설 if절이 조건 절이므로 즉, "~한다면 …할 것이다."의 구문이므로 주절엔 미래시제가 온다.
정답 (b) will deny

81
해석 나는 내일 저녁에 요가를 하고 있을 것이니, 나에게 전화 하지 마라.
해설 미래시점(내일 저녁)에 동작이 진행 중임을 나타내므로, 미래진행시제가 적합하다.
정답 (b) will be practicing

82
해석 내가 교무실에 들어갔을 때, 담임선생님은 전화 통화중이셨다.
해설 담임선생님의 전화 통화 중에, 교무실에 들어간 상황이므로 과거진행시제가 적합하다.
정답 (a) was talking

83
해석 매일 저녁 퇴근해서 집에 도착하면, 나는 코코아를 한 잔 마신다.
해설 반복되는 행위는 현재시제로 표현한다.
정답 (a) drink

84
해석 북한은 현재 식량을 배급하는 데 많은 문제를 겪고 있다.
해설 'Presently[지금, 현재]'란 시제어가 있으므로, 현재진행시제가 적합하다.
정답 (a) is presently having

85
해석 아기는 지금 자고 있는 중이다. 그 아기는 매일 10시간을 잔다.
해설 everyday[매일]'의 시제어가 있으므로 현재시제가 적합하다.
정답 (a) sleeps

86
해석 지난달에 우리는 5번가에 있는 새로 연 식당에 가봤었다. 우리 둘 다 식중독에 걸려서 그 이후로는 다시 가지 않고 있다.
해설 since를 통해 그 이후로 현재까지 그 식당에 가지 않고 있다는 것이므로 현재완료시제가 적절하다.
정답 (a) haven't returned

87
해석 내일 비가 그치지 않는다면 열흘간이나 계속 비가 오는 셈이다.
해설 미래의 어느 시점(tomorrow)까지 일정 기간(for ten days) 동안 계속될 동작을 나타내므로 미래완료진행시제가 적합하다.
정답 (a) will have been raining

88
해석 이것이 현재 저희 실험실에서 하고 있는 일입니다.
해설 'right now[지금, 현재]'란 시제어가 있으므로, 현재진행시제가 적합하다.
정답 (b) are doing

89
해석 Mike는 늘 아침 8시 30분에 출근을 하기에, 9시에 그는 집에 없을 것이다. 그는 직장에 갔을 것이다[직장에 가고 집에 없을 것이다.]
해설 Mike가 미래에 가고 없을 상황을 나타내므로 미래완료시제가 적합하다.
정답 (a) will have gone

90
해석 내가 집에 도착했을 때 집은 아주 조용했다. 모든 사람들은 잠자리에 든 상태였다.
해설 집에 도착했을 시점 이전에, 모든 사람들이 잠자리에 든 상태이므로 과거완료시제가 적합하다.
정답 (b) had gone

91
해석 나는 종일 열심히 일했었기에, 몹시 피곤했다.
해설 내가 지친 내용의 원인을 before 절에서 설명하고 있으므로 과거완료신행시제가 적합하다.
정답 (a) had been working

92
해석 그의 아내가 요리를 하는 동안, 그는 자신의 소를 돌보고 있었다.
해설 아내가 요리를 하는 동안 일어난 동시 진행의 상황이므로, 주절에는 과거진행시제가 와야 적합하다.

정답 (a) was taking

93
해석 Tom은 일어나자 마자 늘 양치를 한다.
해설 반복되는 행위는 현재시제로 표현한다.
정답 (a) always brushes

94
해석 현재 중국 국방부는 다른 어떤 나라와도 대화를 하지 않고 있다.
해설 at the moment[지금, 현재]'란 시제어가 있으므로, 현재진행시제가 적합하다.
정답 (b) is not talking

95
해석 Thomas는 지금 5년 동안 한국의 역사를 공부를 하고 있는 중이다.
해설 'for five years now[지금 5년 동안]'란 시제어가 있으므로, 현재완료진행시제가 적합하다.
정답 (b) has been studying

96
해석 나는 늦었다. 내가 야구장에 도착할 때 쯤, 야구 경기는 이미 시작했을 것이다.
해설 'by the time+현재시제'는 미래완료[진행]시제의 주절과 호응한다.
정답 (b) will already have started

97
해석 비가 내리기 시작했을 때, 우리는 한 시간 동안 축구를 하고 있었다.
해설 비가 내리기 시작하기 전, 한 시간 동안 진행 중이었던 동작을 나타내므로 과거완료진행시제가 적합하다.
정답 (a) had been playing

98
해석 전국 날씨가 현재 한계점을 훨씬 넘어섰다.
해설 'currently[지금, 현재]'란 시제어가 있으므로, 현재진행시제가 적합하다.
정답 (b) is remaining

99
해석 머서 호수는 지난 10년간 매년 수 피트씩 줄어들고 있다.
해설 'for the last ten years[지난 10년간]'란 시제어가 있으므로, 현재완료진행시제가 적합하다.
정답 (b) has been shrinking

100
해석 Amy가 거기에 도착했을 무렵, James는 이미 떠난 상태였다.
해설 'by the time+과거'이므로 주절은 과거완료나 과거완료진행시제가 적합하다.
정답 (a) had already left

101
해석 덴버에 도착할 때쯤이면 나는 10시간 동안 운전한 셈이 될 것이다.
해설 미래의 어느 시점(By the time we arrive at Denver)까지 일정 기간(for ten hours) 동안 계속될 동작을 나타내므로 미래완료진행시제가 적합하다.
정답 (a) will have been driving

102
해석 심슨을 보면, 그에게 너의 메시지를 전해 줄게.
해설 시간부사절은 미래의 내용을 현재시제로 나타낸다.
정답 (a) see

103
해석 내가 생각하기에 그녀는 지금 공부하고 있다.
해설 right now[지금, 현재]'란 시제어가 있으므로, 현재진행시제가 적합하다.
정답 (b) is studying

104
해석 미용실이 문을 닫았을 당시, Sarah는 그 곳에서 5년간 일을 하고 있었다.
해설 미용실이 문을 닫았던 과거 이전에 5년간 일을 했다는 내용이므로 과거완료진행시제가 적합하다.
정답 (a) had been working

105
해석 현재 그 교사는 교육당국의 어떠한 질문에도 답하기를 거부하고 있다.
해설 'At the moment[지금, 현재]'란 시제어가 있으므로, 현재진행시제가 적합하다.
정답 (b) is refusing

03 시제

기출문제 및 실전문제

01
해석 Clifford는 지금 Dayton Realty사의 최고의 영업사원이다, 하지만 그도 일을 시작했을 때는 어려움을 겪었다. 사실, 그는 마침내 첫 계약을 체결하기 전까지 거의 여섯 달 동안이나 부동산을 팔려고 해왔었다.
해설 기준 시점이 과거(closed)이고 기간을 나타내는 for almost six months(거의 여섯 달 동안이나)를 통해 과거완료진행시제가 적합함을 알 수 있다.
정답 (a) had been selling

02
어휘 superb 최고의, 최상의, 대단히 훌륭한
해석 Carl은 지금까지 영화 "Boyhood"에 대한 좋은 평가를 들어왔다. 그의 친구들은 그 영화의 단순하지만 흥미로운 이야기 구성과 뛰어난 연기를 호평했었다. 영화에 대한 모든 긍정적인 반응이 사실인지 알아보기 위해서, Carl은 지금 그 영화를 보고 있는 중이다.
해설 선택지에 now가 있으므로 현재진행시제가 적합하다.
정답 (b) is now watching

03
해석 Mandy와 Lisa가 전화상으로 무슨 얘기를 하고 있는지는 모르겠지만, 그들은 정말로 재미있어함에 틀림없다. 8시에 저녁이 준비될 즈음이면, 그들은 4시간 동안이나 멈추지 않고 통화를 하고 있는 셈이 된다.
해설 by the time절이 (미래내용을 나타내는) 현재시제(is served)이고, 빈칸이 있는 주절에 『for+기간 명사』가 있으므로 미래완료진행시제가 적합하다.
정답 (c) will have been talking

04
어휘 panic 겁에 질려 어쩔 줄 모르다[모르게 하다], 공황 상태에 빠지다[빠지게 하다]; (갑작스러운) 극심한 공포
해석 Frank는 오늘 아침 8시에 깨어났을 때 당황했다. 일이 9시에 시작되는데, 제 시간에 출근할 수 있는 방법이 없었다. 서둘러 옷을 입고 있다가 토요일이란 것을 알

아차렸다.
해설 when절이 과거시제(realized)이고, 그 이전에 진행적 내용이 시작된 주절에 빈칸이 있으므로 과거진행시제가 적합하다.
정답 (d) was dressing

05
해석 Kate는 집에 가서 점심 식사 후에 매우 필요한 낮잠을 자기로 했다. 그녀는 아침 내내 과학 과제물에 매달려 왔기에 수업을 또 들을 수 있는 충분한 힘이 남아있다고 생각지 않는다.
해설 기준 시점이 현재이고, all morning(아침 내내)이란 시제어를 통해 현재완료진행시제가 정답임을 알 수 있다.
정답 (c) has been working

06
어휘 competitive 경쟁력이 있는 athlete (운동)선수 condition 특정 조건에 반응을 보이거나 익숙해지도록 길들이다[훈련시키다]
해설 Lorie는 대단히 경쟁력 있는 선수라 늘 몸을 훈련한다. 실제로 당신이 오늘밤 집에 오늘 길에 공원을 지나게 되면 그녀는 그곳에서 달리기를 하고 있을 것이다.
해설 when절이 (미래내용을 나타내는) 현재시제(pass through)이고, 이미 동작이 진행된 내용을 갖는 주절에 빈칸이 있으므로 미래진행시제가 적합하다.
정답 (c) will be running

07
어휘 worried 걱정하는 stuck in traffic 교통체증에 걸린 run late for ~에 늦다 estimate 추정하다 work on ~을 하고 있다
해설 Julia는 차가 막혀서 작문시험에 늦을 것 같아서 걱정이다. 그녀는 자기가 학교에 도착할 즈음이면 같은 반 아이들은 이미 거의 한 시간 동안이나 시험을 보고 있을 것이라고 짐작하고 있다.
해설 by the time절이 (미래내용을 나타내는) 현재시제(reaches)이고, 빈칸이 있는 주절에 『for+기간 명사』가 있으므로 미래완료진행시제가 적합하다.
정답 (b) will have been working

08
어휘 commute 통근; 통근하다
해설 Jason의 통근 시간은 너무 오래 걸리고 피곤하게 만든다. 그래서 그는 종종 정거장을 지나치고 만다. 오늘만 해도, Maine Street에 있는 정거장에 버스가 도착했을 때, 그는 좌석에서 잠을 자고 있었다.
해설 when절이 과거시제(reached)이고, 그 이전에 진행적 내용이 시작된 주절에 빈칸이 있으므로 과거진행시제가 적합하다.
정답 (b) was sleeping

09
해석 Nicole을 기다리기로 한 곳이 여기가 맞아? 그녀에게 전화해서 어디 있는지 물어보지 그래? 20분 이상 여기서 우리가 기다리고 있다고 해!
해설 기준 시점이 현재이고, 'for more than 20 minutes(20분 이상)'란 시제어를 통해 현재완료진행시제가 정답임을 알 수 있다.
정답 (a) have been waiting

10
해석 Nina의 조카딸은 처음으로 혼자서 여행을 하고 있어서 Los Angeles에서 길을 잃을까봐 매우 걱정하고 있다. 하지만, Nina는 비행기가 도착할 때 자신이 기다리고 있을 테니, 걱정하지 말라고 조카딸에게 말한다.
해설 when절이 (미래내용을 나타내는) 현재시제(arrives)이고, 이미 동작이 진행된 내용을 갖는 주절에 빈칸이 있으므로 미래진행시제가 적합하다.
정답 (d) will be waiting

11
해석 비서실장은 사장의 지시를 수행하지 못해서, 그녀는 그에게 자초지종을 설명하고 있었다. 그녀는 여러 시간 동안 사장의 고객에게 미팅 일정을 잡아달라고 요구하고 있었지만 답변을 얻지 못했던 것이다.
해설 기준 시점이 과거이고 for hours(여러 시간 동안)를 통해서 과거완료진행시제가 적합함을 알 수 있다
정답 (c) had been calling

12
어휘 domestic flight 국내선 power (공급되는)전기; 힘;

권력
[해석] 어제 이후로 도시 전역의 날씨가 계속 좋지 않다. 국내선 비행편이 취소됐고 전력 공급이 차단됐다. 강 근처의 주민들은 강물이 현재 차오르고 있기 때문에 집을 떠나기 시작하고 있다.
[해설] 선택지에 right now가 있으므로 현재진행시제가 적합하다.
[정답] (a) is rising

13
[어휘] receive 받다 costume 의상 all the time 항상 wear 입다
[해석] Nathan은 엄마로부터 슈퍼맨 복장을 생일선물로 받았다. 세 살배기 아이는 그 옷이 너무 좋아 늘 그것을 입고 있다. 내일이면 아이가 일주일 간 그 옷을 입고 있는 셈이다.
[해설] 미래 시점(By tomorrow)까지, 일주일 동안(for one week) 계속 입고 있을 내용을 나타내므로 미래완료진행시제가 적합하다.
[정답] (b) will have been wearing

14
[어휘] enroll 등록하다, 명부에 올리다 culinary 요리[음식]의
[해석] Sheena는 최근에 요리 수업 반에 등록했다. 새로운 요리솜씨로 친구들을 감동시키고 싶어서, 친구들을 저녁식사에 초대했다. 친구들이 도착했을 때 그녀는 그리스 해산물 요리를 만들고 있었다.
[해설] when절이 과거시제(arrived)이고, 그 이전에 진행적 내용이 시작된 주절에 빈칸이 있으므로 과거진행시제가 적합하다.
[정답] (b) was cooking

15
[어휘] aircraft 항공기[비행기·비행선·기구·헬리콥터 등의 총칭]
[해석] Dan은 1980년에 항공기 정비를 시작했고, 1990년에 비행술을 배웠다. 그는 그 이후로 조종사로 민간 항공기를 운행해오고 있다. 그는 현재 일만 시간 이상의 비행 기록을 보유하고 있다.
[해설] 기준 시점이 현재이고, ever since(이후로 줄곧)란 시제어를 통해 현재완료진행시제가 정답임을 알 수 있다.
[정답] (d) has been flying

16
[어휘] grizzly bear 회색곰 hibernate 동면하다
[해석] 회색곰이 무서워서 옐로우스톤 국립공원에 가지 않은 게 사실입니까? 10월에 한번 가보세요. 그 때에는 회색곰들이 겨울잠을 잘 것이어서 놈들이 없을 거예요.
[해설] 미래 시점(in October)에 회색 곰의 동면이 계속 진행 중일 것이라는 내용이므로 미래진행시제가 적합하다.
[정답] (d) will be hibernating

17
[어휘] editor-in-chief 편집장 memoir 회고록 as we speak (우리가 말하고 있는) 바로 지금
[해석] 메이저 출판사의 편집장인 Wendy는 여러 가지 중요한 프로젝트를 다룬다. 실은 바로 지금 그녀는 전임 대통령의 회고록을 편집하고 있다.
[해설] 선택지에 as we speak가 있으므로 현재진행시제가 적합하다.
[정답] (a) is editing

18
[해석] 지난 월요일, Liz는 흥분할 만한 소식을 받았다. 그녀의 사장은 그녀가 회사의 이탈리아 지사의 관리자로 승진될 것이라고 말했던 것이다. 다행히, 그녀는 승진되기 전에 이태리어를 그동안 공부해 왔었다.
[해설] 승진된 시점인 과거 시점(she was being promoted) 이전부터 이태리어를 공부해온 것이므로 과거완료진행시제 가 적합하다.
[정답] (a) had been studying

19
[해석] 수년간 왕래가 없었던 남편의 전 직장 사장이 지금 남편과 함께 찾아왔다. 그들은 저녁식사를 대단히 즐기고 있는데, 10시가 되면 그들은 4시간 이상이나 쉬지 않고 이야기를 나누고 있는 셈이다.
[해설] 미래 시점(by 10 o'clock)까지 계속될 동작을 나타내므로 미래완료진행시제가 적합하다.
[정답] (d) will have been talking

20
[해석] 나는 Sharon이 일자리를 찾고 있다는 것을 알고 있기 때문에 그녀한테 어제 왜 취업박람회에 가지 않았는지

물어보았다. 그녀는 가려고 준비하고 있었는데, 그 때 면접이 잡혀 있다는 것이 생각났다고 말했다.
해설 when절이 과거시제(remembered)이고, 그 이전에 진행적 내용이 시작된 주절에 빈칸이 있으므로 과거진행시제가 적합하다.
정답 (a) was preparing

21
해석 Michael과 그의 형제들은 컴퓨터 게임을 하면서 떠들기 시작했다. 그러던 중 그들이 너무 크게 웃자 아버지가 꾸짖었다, "조용히 해라, 녀석들아! 아버지 책 읽고 있는 거 안보이니?"
해설 아버지가 현재 책을 읽고 있는 상황이므로 현재진행시제가 적합하다.
정답 (d) am reading

22
해석 벌써 8시가 지났어. 7시에 Carl하고 저녁 먹기로 하지 않았니? 네가 레스토랑에 도착할 그 때쯤이면 Carl은 이미 두 시간째 너를 기다리고 있는 것이 되잖아.
해설 by the time절이 (미래내용을 나타내는) 현재시제(arrive)이고, 빈칸이 있는 주절에 『for+기간 명사』가 있으므로 미래완료진행시제가 적합하다.
정답 (c) will have been waiting

23
해석 Sarah는 프랑스의 패션 디자인을 공부하라고 회사에서 파리로 보내 주었다. 그녀는 현재 한 달 동안 Moda 연구소에서 패션 상품화를 공부 중이며, 그 과정을 마치기 위해 일 주일 더 머무를 예정이다.
해설 'for a month now(현재 한 달 동안)'은 과거 한 달 전부터 현재까지 동작이 계속 됨을 의미하므로 현재완료진행시제가 적합하다.
정답 (d) has been studying

24
해설 Henderson씨는 내일 사무실에 있지 않을 것이다. 그는 회의에 참석하기 위해 Carson 시에 있을 것이다. 정말 그와 만나야 할 용무가 있다면, 그는 금요일까지 Days Inn 호텔에 머물 것이다.
해설 '미래의 특정 기간 동안 지속적으로 머무는 상태에 있다'는 문맥이므로 미래진행시제가 적합하다.
정답 (a) will be staying

25
어휘 condemned 비난받은; 유죄 선고를 받은; 사형수의; 불량품으로 판정된 tear down 해체하다, 허물다[헐다]
해석 시 공공 사업부는 마침내 도심의 부실 판정된 건물에 대한 조치를 취하고 있다. ElGiacomo 호텔은 공공 사업부가 허물기로 결정하기 전까지 50년 동안 방치된 채로 있었다.
해설 기준 시점이 과거(decided)이고 for fifty years(50년 동안)을 통해 과거완료진행시제가 적합함을 알 수 있다.
정답 (c) had been standing

26
해석 지난 토요일에 날씨가 좋다고 해서 많은 사람들이 공원에 갔다. 그러나 여러 가족들이 돗자리에 음식을 펼쳐 놓고 있는데, 갑자기 비가 오기 시작했다.
해설 when절이 과거시제(started)이고, 그 이전에 진행적 내용이 시작된 주절에 빈칸이 있으므로 과거진행시제가 적합하다.
정답 (d) were spreading

27
어휘 martial art 무술
해석 가라테는 상대를 제압하기 위해 무기 없이 기술을 사용하는 일종의 무술이다. 그 뿌리는 중국으로 거슬러 올라가지만, 일본사람들은 수세기 동안 그 무술을 연마해 오고 있다.
해설 기준 시점이 현재이고, 'for several centuries(수세기 동안)'이란 시제어를 통해 현재완료진행시제가 정답임을 알 수 있다.
정답 (a) have been practicing

28
해석 Amy의 엄마는 그녀에게 학급에서 수석으로 졸업한 것에 대한 보상으로 신형 자동차를 사주었다. "믿기지가 않아!" 그녀는 친구에게 소리쳤다. "내일이면, 나는 내 차를 몰고 있을 거야!"
해설 미래 시점(Tomorrow)에 동작이 진행 중일 내용을 나타내므로 미래진행시제가 적합하다.
정답 (d) will be driving

29
해석 담배를 끊는다는 것이 얼마나 어려웠을지는 몰라도, 금연하겠다는 Eric의 결단을 나는 높이 평가하고 있어. 그는 몇 년 동안이나 계속 끊으려고 시도했지만 성공하지 못하다가 결국 전문가의 도움을 구하기로 결정했지.
해설 기준 시점인 과거(decided) 그 이전부터 행동이 시작돼서 기준시점까지 동작이 계속 "몇 년 동안(for a couple of years)" 진행되어 온 것이므로 과거완료진행시제가 적합하다.
정답 (b) had been trying

30
해석 오늘은 Anderson양과 이야기를 나눌 수 없을 거야. 그녀는 지금 고객과 전화 통화중이고, 오늘 일정의 나머지 동안엔 세미나에 참석하고 있을 것이거든.
해설 right now가 있으므로 현재진행시제가 적합하다.
정답 (a) is talking

31
어휘 rookie 신인 선수, 루키
해석 베이브릿지 농구팀은 일 분 밖에 남지 않았는데 5점 차이로 뒤져 있었다. 아나운서들은 벌써 패배를 예측하고 있었는데, 그 때 베이브릿지의 신인 선수가 30초 만에 6점을 얻어 경기를 역전시켰다.
해설 when절이 과거시제(turned)이고, 그 이전에 진행적 내용이 시작된 주절에 빈칸이 있으므로 과거진행시제가 적합하다. already가 있다고 해서 현재완료시제로 정답을 처리하면 안 된다.
정답 (b) were already predicting

04 가정법

필수 예제

01
해석 만일 네가 그를 도왔더라면, 그는 성공했을 텐데.
해설 주절의 동사형태가 'would have succeeded'이므로, '가정법 과거완료'의 if절 동사형태가 적합하다.
정답 (a) had helped

02
해석 내가 부유하기만 하다면, 노숙자들을 도울 수 있을 텐데.
해설 if절의 동사 형태가 'were'이므로, '가정법 과거'의 주절 동사형태가 적합하다.
정답 (a) could help

03
해석 어젯밤 비가 오지 않았더라면, 지금 길이 이렇게 질퍽대지 않을 텐데.
해설 If절의 last night, 주절의 now를 통해 '혼합가정법'임을 알 수 있다.
정답 (b) hadn't rained

04
해석 바쁘지 않았더라면, 나는 그의 초대를 받아들였을 것이다.
해설 If절의 동사형태가 'had not been'이므로, '가정법 과거완료'의 주절 동사형태가 적합하다.
정답 (b) would have accepted

05
해석 학생들이 평상시에 하는 공부가 일 년에 걸쳐 분산만 된다면, 매일 해야 하는 공부의 양은 줄어들 것이다.
해설 주절의 동사 형태가 'would be'이므로, '가정법 과거'의 if절 동사형태가 적합하다.
정답 (b) were

06
해석 만일 당신의 도움이 없었더라면, 나는 실패했을 것입니다.
해설 주절의 동사형태가 'would have failed'이므로, '가정법 과거완료'의 if절 동사형태가 적합하다. If it had not been for에서 if가 생략된 형태가 Had it not been for이다.
정답 (b) Had it not been

07
해석 내가 학교 다닐 때 중국어를 배웠더라면, 이 문장이 무슨 뜻인지 이해할 수 있을 텐데.
해설 주절의 now를 통해 '혼합가정법'임을 알 수 있다.
정답 (b) could understand

08
해석 만약 여러분이 원하는 것은 무엇이든 할 수 있는 로봇을 갖고 있다면, 무엇을 제일 먼저 부탁할 건가요?
해설 if절의 동사 형태가 'had'이므로, '가정법 과거'의 주절 동사형태가 적합하다.
정답 (b) would you ask

09
해석 좀 더 느리게 걸었더라면, 버스를 놓쳤을 텐데.
해설 If절의 동사형태가 'had walked'이므로, '가정법 과거완료'의 주절 동사형태가 적합하다.
정답 (b) might have missed

10
해석 너의 머리카락이 조금만 더 검다면, 내 여동생과 영락없이 닮았을 텐데.
해설 주절의 동사 형태가 'you'd look= you would look'이므로, '가정법 과거'의 주절 동사형태가 적합하다.
정답 (a) were a little darker

11
해석 만일 버스가 멈추지 않았다면, 그들은 죽음을 면치 못했을 것이다.
해설 'Had the bus not stopped'는 if가 생략된 가정법 과거완료 형태이므로, '가정법 과거완료'의 주절 동사형태가 적합하다.
정답 (b) would not have escaped

12
해석 내가 그 때 충분한 돈이 있었다면, 나는 그것을 너에게 빌려주었을 텐데.
해설 주절의 동사형태가 'would have lent'이므로, '가정법 과거완료'의 if절 동사형태가 적합하다.
정답 (b) had had

13
해석 내가 어제 총이 있었다면, 나를 단연코 그를 죽여 버렸을 것이다.
해설 주절의 동사형태가 'should have killed'이므로, '가정법 과거완료'의 if절 동사형태가 적합한데, If I had had a gun에서 if가 생략된 형태는 Had I had a gun이다.
정답 (b) Had I had

14
해석 만약 내가 Sarah의 파티에 가지 않는다면, 그녀는 마음이 상할 것이다.
해설 주절의 동사 형태가 'would be'이므로, '가정법 과거'의 if절 동사형태가 적합하다.
정답 (a) didn't go

15
해석 A: 너의 공연은 환상적이었다. B: 시간만 더 있었더라면, 더 잘 할 수도 있었을 텐데.
해설 주절의 동사형태가 'could have done'이므로, '가정법 과거완료'의 if절 동사형태가 적합하다.
정답 (b) had I had

16
해석 내가 그때 그녀와 결혼했다면, 지금 행복할 텐데.
해설 If절의 then을 통해 '혼합가정법'임을 알 수 있다.
정답 (b) had married

17
해석 누군가가 당신의 이름을 말하는 것을 듣는다면, 당신이 시끄러운 거대 군중 속에서 밀쳐지고 있다 할지라도,

당신은 주의를 기울이고 듣게 될 것이다.
해설 if절의 동사 형태가 'were being pushed'이므로, '가정법 과거'의 주절 동사형태가 적합하다.
정답 (b) would pay

18
해석 산소가 없었다면, 모든 동물들은 오래 전에 사라졌을 것이다.
해설 If절의 동사형태가 'Had it not been'이므로, '가정법 과거완료'의 주절 동사형태가 적합한데, disappear는 자동사이므로 수동태로 쓸 수 없다.
정답 (a) would have disappeared

19
해석 만일 실패하면 그러한 모험적인 수술을 시도한 것으로 인해 그의 명성이 손상 받을 것이다.
해설 if절의 동사 형태가 'failed'이므로, '가정법 과거'의 주절 동사형태가 적합하다.
정답 (b) would be

20
해석 만일 그때 우리가 우리만의 레크리에이션 프로그램을 개발하지 않았더라면, 우리는 지금 즐길 수 있는 것이 아무것도 없을 것이다.
해설 If절의 then, 주절의 now를 통해 '혼합가정법'임을 알 수 있다.
정답 (a) would have

21
해석 히틀러가 다른 유럽 국가를 침략하지 않았다면 2차 세계대전은 일어나지 않았을 것이다.
해설 If절의 동사형태가 'hadn't invaded'이므로, '가정법 과거완료'의 주절 동사형태가 적합하다.
정답 (b) might not have taken

22
해석 당신이 나비라면, 더 화려한 꽃에 끌릴까요? 아니면 수수한 꽃에 끌릴까요?
해설 주절의 동사 형태가 would you be attracted '이므로, '가정법 과거'의 if절 동사형태가 적합하다.
정답 (b) were

23
해석 조금 더 일찍 일어났더라면, 너는 그 비행기를 탈 수 있었을 텐데.
해설 If절의 동사형태가 'had got'이므로, '가정법 과거완료'의 주절 동사형태가 적합하다.
정답 (a) could have caught

24
해석 만약 태양이 없다면, 아무것도 지구상에서 살지 못할 것이다.
해설 주절의 동사 형태가 'could live'이므로, '가정법 과거'의 if절 동사형태가 적합하다.
정답 (a) were not

25
해석 내가 작년에 공부를 열심히 했더라면, 나는 지금 대학생일 텐데.
해설 If절의 last year, 주절의 now를 통해 '혼합가정법'임을 알 수 있다.
정답 (a) had studied

26
해석 컴퓨터부품이 좀 더 일찍 배달되었다면, 우리는 제시간에 그 프로젝트를 완결할 수 있었을 텐데.
해설 'Had the computer parts been delivered'는 if가 생략된 가정법 과거완료 형태이므로, '가정법 과거완료'의 주절 동사형태가 적합하다.
정답 (a) could have been

27
해석 Dave는 자기가 너무 살이 쪘다고 불평한다. 그런데도, 그는 정크 푸드(인스턴트식품이나 패스트푸드)를 너무 좋아하고 다이어트도 하지 않는다. 나는 Dave에게 먹는 것에 신경을 쓰면, 불평도 없을 것이라고 말해 주었다.
해설 if절의 동사 형태가 'watched이므로, '가정법 과거'의 주절 동사형태가 적합하다.
정답 (a) would stop

28
해석 Tony는 자신의 퇴직금을 투자한 회사가 문을 닫았다는 것을 믿을 수 없었다. 그가 그 회사의 재무 상태에 대해서 좀 더 알아보았더라면, 더 안전한 회사에 투자했을 것이다.
해설 'Had he done'은 if가 생략된 가정법 과거완료 형태이므로, '가정법 과거완료'의 주절 동사형태가 적합하다.
정답 (b) would have invested

29
해석 동남아에 있는 대부분의 국가들은 심각한 가뭄 때문에 식량부족을 겪고 있다. 만약에 이러한 국가들이 다가올 재앙을 예측할 수만 있었더라도 재난대비 계획을 준비했을 것이다.
해설 If절의 동사형태가 'had been'이므로, '가정법 과거완료'의 주절 동사형태가 적합하다.
정답 (a) would have prepared

30
해석 9시가 지났는데 나는 여전히 출근을 하기 위해 택시를 기다리고 있다. 전철역이 네 블록이나 떨어져 있지 않다면, 기꺼이 전철을 탈 것이다. 그것은 분명 더 빠를 것이다.
해설 if절의 동사 형태가 'were'이므로, '가정법 과거'의 주절 동사형태가 적합하다.
정답 (b) would gladly take

31
해석 Jane은 심장이 약해서 의사로부터 힘든 일은 하지 말라는 얘기를 들었다. 그녀가 의사의 얘기만 들었더라면 마라톤에 참가해서 도중에 쓰러지지는 않았을 것이다.
해설 If절의 동사형태가 'had listened'이므로, '가정법 과거완료'의 주절 동사형태가 적합하다.
정답 (a) would not have joined

32
해석 나는 열대기후의 나라에서 살고 있어서, 나 자신을 행운아라고 생각한다. 여기는, 우기와 건기, 두 계절 밖에 없다. 여기에 만약 겨울이 있다면, 나는 어떻게 대처해야 할 지 모를 것이다.
해설 if절의 동사 형태가 'had'이므로, '가정법 과거'의 주절 동사형태가 적합하다.
정답 (b) would cope

33
해석 Eric은 산행을 하다가 바위에서 미끄러져서 발목을 삐었다. 산악 경비대원이 그를 발견해서 도와주지 않았더라면 그는 그곳에서 혹독하게 추운 밤을 보냈을 것이다.
해설 If절의 동사형태가 'had not seen'이므로, '가정법 과거완료'의 주절 동사형태가 적합하다.
정답 (b) would have spent

04 가정법

기출문제 및 실전문제

01
- **어휘** flunk 낙제시키다; 낙제하다; 실패, 낙제
- **해석** Gregory는 좀처럼 수업을 듣지 않는데, 수업을 듣는다 해도 늘 지각을 한다. 그는 또한 수업 과제와 리포트를 제시간에 제출 하지 않는다. 내가 만약에 선생님이라면 그를 낙제시킬 것이다.
- **해설** if절의 동사 형태가 'were'이므로, '가정법 과거'의 주절 동사형태가 적합하다.
- **정답** (c) would flunk

02
- **어휘** insomnia 불면증 overdose 과용하다 tranquilizer 신경안정제, 진정제 dosage 복용량
- **해석** Martin은 의사의 진료도 없이 불면증 때문에 약을 복용했다. 그는 지난밤에 신경안정제를 과용하고 나서 병원에 급히 실려 갔다. 만약에 그가 먼저 의사에게 진료를 받았다면, 적정량을 복용했을 것이다.
- **해설** If절의 동사형태가 'had consulted'이므로, '가정법 과거완료'의 주절 동사형태가 적합하다.
- **정답** (d) would have taken

03
- **어휘**
- **해석** Paul은 오늘 친구들과 함께 하이킹을 가고 싶어 한다. 그런데 엄마가 그것을 반대하고 있다. 왜냐하면 그가 여전히 독감에서 완전히 회복되지 않아서다. 그가 아프지만 않다면, 그는 친구들과 함께 갈 텐데 말이다.
- **해설** if절의 동사 형태가 'were'이므로, '가정법 과거'의 주절 동사형태가 적합하다.
- **정답** (d) would go

04
- **어휘**
- **해석** Mary는 집 앞에 열었던 제과점을 닫을 수밖에 없었다. 수익이 거의 나지 않았다. 그녀가 좀 더 좋은 위치를 선정만 했더라도, 손님들을 더 많이 맞이했을 텐데.
- **해설** 주절의 동사형태가 'would have attracted'이므로, '가정법 과거완료'의 if절 동사형태가 적합하다.
- **정답** (a) had chosen

05
- **해석** Glenda는 자신이 원했던 감독직에 다른 사람이 승진한 것에 대해 실망하고 있다. 그녀가 만약에 승진을 했더라면, 월급 인상과 회사 자동차를 받을 수 있는 자격이 되었을 것이다.
- **해설** If절의 동사형태가 'had gotten'이므로, '가정법 과거완료'의 주절 동사형태가 적합하다.
- **정답** (b) would have qualified

06
- **어휘** indulge in ~에 몰두하다
- **해석** Grace는 독서를 무척 좋아하지만 바쁜 스케줄 때문에 독서에 몰두할 수가 없다. 그녀에게 시간이 좀 더 있다면, 자신이 미처 못 읽었던 책들을 모두 사서 읽을 것이다.
- **해설** if절의 동사 형태가 'had'이므로, '가정법 과거'의 주절 동사형태가 적합하다.
- **정답** (d) would buy

07
- **어휘** initiative 진취성; 주도권   pursue 추구하다
- **해석** Jack은 자신을 위한 큰 목표들을 세우지만 그 어떤 목표도 추진할 힘이 부족하다. 그가 자신의 꿈을 실현하기 위해 좀 더 진지하게 노력한다면, 그는 인생의 성공자가 될 텐데.
- **해설** if절의 동사 형태가 'were'이므로, '가정법 과거'의 주절 동사형태가 적합하다.
- **정답** (d) would become

08
- **어휘** promotion 판촉(행사); 판촉 상품; 승진
- **해석** 내가 원했던 카메라가 일전에 세일에 들어갔다. 내가 그 가게에 갔었을 때는, 안타깝게도 행사가 이미 끝난 상태였다. 내가 조금만 더 일찍 갔더라면, 카메라를 더 싸게 샀을 텐데.
- **해설** If절의 동사형태가 'had gone'이므로, '가정법 과거완료'의 주절 동사형태가 적합하다.

정답 (b) would have bought

09
해석 Andrew는 수십 년 동안 하루에 두 갑 이상의 담배를 피우고 있다. 그는 현재 호흡곤란을 겪고 있다. 그가 이런 일이 벌어질 줄을 미리 알았더라면, 흡연을 시작조차도 하지 않았을 것이다.
해설 If절의 동사형태가 'had known'이므로, '가정법 과거완료'의 주절 동사형태가 적합하다.
정답 (c) wouldn't have started

10
어휘 moa 모아(뉴질랜드에서 발견된 날지 못하는 새. 지금은 멸종됨) flightless (새나 곤충이) 날지 못하는
해설 모아는 키가 12피트였을 거라고 추정되는 멸종된 날지 못하는 새이다. 수 백 년 전에 멸종되지 않았더라면 그 새는 오늘날 세상에서 가장 키가 큰 새일 것이다.
해설 if가 생략되어 도치된 조건절(had it not been wiped out~ = if it had not been wiped out~)이 주절 뒤에 위치하고 있다. if절은 과거사실이므로 'had + p.p.'이지만 주절은 today를 통해 현재 사실임을 알 수 있다. 즉, '혼합가정법' 구문이므로 would be가 주절에 적절한 형태이다.
정답 (d) would be

11
해석 Thomas는 일주일에 6일을 일하기에, 그가 쉴 수 있는 유일한 기회는 일요일뿐이다. 하지만 그는 일요일에 어린이 야구 감독도 해야 한다. 그가 그토록 바쁘지 않다면, 쉬면서 일요일을 보낼 수 있을 텐데.
해설 if절의 동사 형태가 'weren't'이므로, '가정법 과거'의 주절 동사형태가 적합하다.
정답 (b) would spend

12
해석 Fred는 기차를 놓쳐서 오늘 아침 중요한 회의에 늦었다. 알람시계가 울렸을 때 일어났더라면, 기차를 탈 수 있었을 텐데.
해설 주절의 동사형태가 'would have caught'이므로, '가정법 과거완료'의 if절 동사형태가 적합하다.
정답 (b) had gotten up

13
해석 다섯 살 난 조카딸이 매우 실망해하고 있다. 아주 오랫동안 원해왔던 걸어 다니는 인형을 아직도 갖지 못했기 때문이다. 그녀의 엄마가 지난 크리스마스에 그 인형을 사줬더라면, 그녀는 그 선물을 매우 고마워했을 텐데.
해설 If절의 동사형태가 'had given'이므로, '가정법 과거완료'의 주절 동사형태가 적합하다.
정답 (a) would have appreciated

14
해석 Hillary는 자신의 삼촌이 폐암 진단을 받은 후에 그 병에 대해 자각하게 되었다. 그의 경우엔 흡연과 열악한 식단이 폐암의 원인이었다. 그가 더 건강한 생활 방식으로 산다면, 그 질병으로 고통 받지 않을 텐데.
해설 if절의 동사 형태가 'lived'이므로, '가정법 과거'의 주절 동사형태가 적합하다.
정답 (b) would not suffer

15
어휘 fracture 골절이 되다[되게 하다], 파열[균열]되다[시키다]; 골절; 골절됨 hump (특히 지면에) 툭 솟아 오른[튀어 난] 곳[것]; 혹 speed hump 과속 방지턱 mishap 작은 사고[불행]
해설 Marty는 지난주에 자전거 사고로 다리가 골절됐다. 그는 자신을 몹시 심하게 넘어지게 만든 과속 방지턱을 지날 때 속도를 늦출 수가 없었던 것이다. 주의를 기울였다면, 그런 불행을 피할 수도 있었을 텐데.
해설 If절의 동사형태가 'had been'이므로, '가정법 과거완료'의 주절 동사형태가 적합하다.
정답 (a) would have avoided

16
해석 우리 조상들이 초기의 단순한 목조 오두막에서 나중에 콘크리트 대저택까지 집을 만드는 방법을 알게 된 것은 다행스런 일이다. 그들이 그런 기술을 습득하지 못했더라면, 우리는 계속 동굴에서 살았을 것이다.
해설 If절의 동사형태가 'had not learned'이므로, '가정법 과거완료'의 주절 동사형태가 적합하다.
정답 (a) would have continued

17
해석 Jessie는 벌써 14파운드를 감량했지만, 그는 아직도 더 많은 체중감량을 위해서 계속해서 매일 아침 조깅을 할 계획이다. 내가 만일 Jessie만큼 결심이 단호하다면, 그가 매일 하는 만큼의 칼로리를 태울 수 있을 텐데.
해설 if절의 동사 형태가 'were'이므로, '가정법 과거'의 주절 동사형태가 적합하다.
정답 (b) would burn

18
해석 벽을 옅은 연보라색과 연초록색으로 칠했기에, 우리 침실은 조용하고 아늑해 보인다. 하지만 전문가를 고용했었더라면, 분명히 방이 훨씬 더 좋아보였을 것이다.
해설 If절의 동사형태가 'had hired'이므로, '가정법 과거완료'의 주절 동사형태가 적합하다.
정답 (a) would have looked

19
해석 지난 주말에, 나는 호주 Surfers Paradise에 있는 사촌 집을 방문했다. 파도치기를 하는 것보다 더 즐거운 것은 없었을 것이다. 그곳에 살고 있다면, 매일 수영하고 파도타기를 할 텐데.
해설 if절의 동사 형태가 'lived'이므로, '가정법 과거'의 주절 동사형태가 적합하다.
정답 (d) would swim and surf

20
해석 Johnson 부부는 어제 새 애완견 푸들을 샀다. 개가 너무 작아서 부부는 개 이름을 Minnie로 부르기로 했다. 하지만 그 개가 큰 개라면, Max라고 불렀을 것이다.
해설 if절의 동사 형태가 'were'이므로, '가정법 과거'의 주절 동사형태가 적합하다.
정답 (d) would call

21
해석 Sue는 지난밤에 친구들과 파티를 했다. 오늘 아침 깨어났을 때, 그녀는 여전히 너무 피곤해서 학교에 갈 수가 없었다. 일찍 잠자리에 들었더라면 학교에 갈 준비가 되어있었을 텐데.
해설 If절의 동사형태가 'had gone'이므로, '가정법 과거완료'의 주절 동사형태가 적합하다.
정답 (b) would have been

22
어휘 budget (값이) 싼, 적당한; 예산; 경비
해석 새로운 저가 항공사들로 인해 종래의 항공사들의 수입이 많이 줄어들고 있다. 나는 그들의 영업 전략에 동의한다. 내가 만일 항공사를 가지고 있다면, 나 또한 항공 운임을 더 적게 책정하고, 대신 더 많은 승객 유치에 의존할 것이다.
해설 if절의 동사 형태가 'owned'이므로, '가정법 과거'의 주절 동사형태가 적합하다.
정답 (d) would also charge

23
해석 Dan은 55세에 그 회사 최고 경영자로 은퇴하기 전, 아주 많은 돈을 모았었다. 그가 그렇게 일찍 은퇴하지 않았더라면, 틀림없이 훨씬 더 많은 돈을 모았을 것이다.
해설 If절의 동사형태가 'had not retired'이므로, '가정법 과거완료'의 주절 동사형태가 적합하다.
정답 (c) would have saved

24
어휘 accommodate (~을 위한) 충분한 공간을 제공하다; (살거나 지낼) 공간을 제공하다, 수용하다
해석 Mike와 Jenny는 그들의 결혼식 하객 명단을 신중하게 짜고 있다. 그들 둘 다 대가족이지만 150명의 하객들만 받을 수 있다. 예산이 더 많다면 더 많은 사람들을 초대할 텐데.
해설 if절의 동사 형태가 'had'이므로, '가정법 과거'의 주절 동사형태가 적합하다.
정답 (a) would invite

25
어휘 book 예약하다   impose 부과하다
해석 Randy는 하와이행 비행기 표를 예약했을 때, 항공사가 가격을 막 인상했다는 사실을 알게 되었다. 하루만 더 일찍 예약을 했었더라면, 더 낮은 요금으로 표를 구매했을 텐데.
해설 'Had he made'는 if가 생략된 가정법 과거완료 형태이므로, '가정법 과거완료'의 주절 동사형태가 적합하다.

정답 (b) would have bought

26
해석 Sandy는 최신 공포영화를 친구인 Jane과 함께 보는 것을 거부했다. "내가 아주 쉽게 무서워한다는 거 알잖니. 네가 좋은 친구라면, 공포 영화보자고 하지 않을 텐데!"라고 그녀는 말했다.
해설 if절의 동사 형태가 'were'이므로, '가정법 과거'의 주절 동사형태가 적합하다.
정답 (c) wouldn't invite

27
해석 Harry는 급한 보고서 작성을 끝마쳐야 했기 때문에 토요일에 TV 시청을 하지 않았다. 바쁘지 않았었더라면 하루 종일 소파에 앉아서 TV를 봤을 텐데.
해설 If절의 동사형태가 'had not been'이므로, '가정법 과거완료'의 주절 동사형태가 적합하다.
정답 (b) would have sat

28
어휘 laptop 휴대용[노트북] 컴퓨터
해석 Amy는 컴퓨터 가게에서 봤던 노트북 컴퓨터를 사고 싶어 했지만, 그녀에겐 너무 비쌌다. 더 저렴했더라면, 바로 샀었을 텐데.
해설 주절의 동사형태가 'would have bought'이므로, '가정법 과거완료'의 if절 동사형태가 적합하다.
정답 (b) had been cheaper

29
어휘 mangrove 맹그로브(강가나 늪지에서 뿌리가 지면 밖으로 나오게 자라는 열대 나무) mangrove forest 맹그로브 숲[홍수림] nursery 육아실; 양성소; 양어장; 묘목밭
해석 많은 종의 어류는 맹그로브 숲에서 알을 낳지만, 이른바 이러한 '어류 배양장'들이 사라졌다. 맹그로브 숲이 좀 더 일찍 보호되기만 했어도 많은 번식장들이 보존되었을 것이다.
해설 If절의 동사형태가 'had been protected'이므로, '가정법 과거완료'의 주절 동사형태가 적합하다.
정답 (d) would have been saved

30
어휘 stroll (한가로이) 거닐기, 산책; 산책하다, 거닐다 drizzle 보슬비, 이슬비, 가랑비; (비가) 보슬보슬 내리다
해석 Mrs. Bailey는 오늘 자신의 아기를 산책하러 데리고 나가야 할지를 고심 중이다. 밖에는 약한 이슬비가 오고 있기 때문이다. 날씨가 더 좋다면, 아기를 공원으로 데리고 나갈 텐데.
해설 if절의 동사 형태가 'were'이므로, '가정법 과거'의 주절 동사형태가 적합하다.
정답 (c) would take

31
어휘 pony 조랑말
해석 내 여동생은 할아버지 농장에서 방학을 보내는 것을 정말 좋아한다. 그녀가 가장 즐기는 것은 아침에 조랑말을 타는 것이다. 집에 조랑말이 있다면, 그녀는 분명히 매일 조랑말을 탈 것이라고 확신한다.
해설 if절의 동사 형태가 'had'이므로, '가정법 과거'의 주절 동사형태가 적합하다.
정답 (a) would ride

05 부정사 / 동명사

필수 예제

01
- 해석: 보모를 구해야 할 것 같지 않아요?
- 해설: consider는 동명사를 목적어로 갖는다.
- 정답: (a) hiring

02
- 해석: 선생님께서는 나에게 철학을 널리 읽으라고 독려해 주셨다.
- 해설: encourage는 to 부정사를 목적보어로 갖는다.
- 정답: (a) to read

03
- 해석: 좀 더 나은 경치를 보기 위해, 그는 더 높이 올라갔다.
- 해설: 부사적 용법[목적]으로 쓰이는 것은 to부정사이다.
- 정답: to get

04
- 해석: 대부분의 사람들은 범죄가 벌어지고 있어도 그냥 아무 것도 보지 않는 척 한다.
- 해설: pretend는 to부정사를 목적어로 갖는다.
- 정답: (a) to see

05
- 해석: 나는 장기간의 휴가를 마치고 직장에 복귀하게 되어 기뻤다.
- 해설: 부사적 용법[감정의 원인]으로 쓰이는 것은 to부정사이다.
- 정답: (a) to return

06
- 해석: 프랑스 요리는 세계 최고로 여겨진다.
- 해설: 5형식 동사 think의 수동 형태는 be thought to ⓡ이다.
- 정답: (a) to be

07
- 해석: 그 화재는 위층 방에서부터 시작되었다고 생각된다.
- 해설: 문맥상 동사의 내용보다 부정사의 내용이 앞서므로 완료부정사가 와야 한다.
- 정답: (a) to have started

08
- 해석: 산책을 하는 것은 특히 노인들에게 좋은 운동이다.
- 해설: 주어자리의 준동사는 동명사가 원칙이다.
- 정답: (b) Taking

09
- 해석: 산책을 하는 것은 특히 노인들에게 좋은 운동이다.
- 해설: 주어자리에 오는 준동사는 동명사가 우선 원칙을 갖게 되나, Being taken은 태가 어긋나므로 이 경우에는 To 부정사가 주어 자리에 온다.
- 정답: (a) To take

10
- 해석: 유아기 때부터 좋은 습관을 형성하는 것은 아주 중요하다.
- 해설: 진주어 자리에는 to부정사가 오는 것이 원칙이다.
- 정답: (a) to form

11
- 해석: 더 이상 수색을 계속한다는 것은 무의미하다
- 해설: It is no use ⓡing : ⓡ하는 것은 소용없다.
- 정답: (b) continuing

12
- 해석: 자신에게 쏟아지는 비난을 Andrew는 감당하기 어려웠다.
- 해설: 가주어 진주어 용법이며, for Andrew는 to부정사의 의미상 주어이다.
- 정답: (a) to deal

13
- 해석: 강도들은 신원이 밝혀지는 것을 막기 위해 복면을 했다.
- 해설: avoid는 동명사를 목적어로 갖는다.

정답 (b) being

14
해석 내 취미 중 하나는 친한 친구들과 컴퓨터 게임을 하는 것이다.
해설 주격보어가 일상성, 항상성의 의미를 가질 경우 동명사가 오는 것이 원칙이다.
정답 (a) playing

15
해석 부모님과 함께 세계 일주를 하는 것이 그녀의 꿈이다.
해설 주격보어가 미래 지향적 의미를 가질 경우 to부정사가 오는 것이 원칙이다.
정답 (a) to travel

16
해석 우리와 저녁을 드시는 게 어떻습니까?
해설 What do you say to+ⓡing ~? : ~하는 게 어때?
정답 (b) to having

17
해석 내 조카는 비에 젖으면 늘 감기 기운이 있거나, 감기 걸리기 쉬워요.
해설 be liable to ⓡ : ~할 것 같다, ~하기 쉽다.
정답 (a) to catch

18
해석 나일론은 면보다 세탁하기도 쉽고 값도 훨씬 더 저렴하다.
해설 형용사를 수식하는 (부사적 용법으로 쓰이는) 준동사는 to부정사이다.
정답 (a) to clean

19
해석 최선을 다한다 할지라도, 그녀는 수지 타산을 맞출 수 없다.
해설 부사적 용법[양보]로 쓰이는 것은 to부정사이다.
정답 (b) To try

20
해석 그는 우연히 그녀의 쇼핑카트 안을 들여다보게 되었고 고양이 밥을 발견하고 놀랐다.
해설 happen to ⓡ : 우연히 ~하게 되다.
해설 (b) to look

21
해석 Audrey는 돈을 헤프게 쓰는 방식을 고치라고 지속적으로 경고를 받았다.
해설 be warned to ⓡ
정답 (a) to mend

22
해석 외과의들이 수술대위에서 필요한 섬세한 동작을 만드는 연습을 하기 위한 적절한 방법을 찾아야 한다.
해설 practice는 동명사를 목적어로 갖는다.
정답 (a) making

23
해석 많은 사람들은 그가 성공적인 작가가 되리라고는 예상하지 않았다.
해설 expect는 to 부정사를 목적보어로 갖는다.
정답 (b) to become

24
해석 그 실험은 좋은 결과를 맺으리라고 기대되고 있다.
해설 be expected to ⓡ
정답 (a) to produce

25
해석 흡연을 허용한 식당 주인은 위반 건당 벌금을 부과 받을 수 있다.
해설 allow는 동명사를 목적어로 갖는다.
정답 (b) smoking

26
해석 어떤 애완동물도 병원에 들어오는 것이 허용되지 않는다.
해설 be allowed to ⓡ

정답 (a) to enter

27
해석 Jake이 숟가락으로 밥을 먹으려고 애쓸 때, 야마구치는 "일본에서, 우리는 밥을 먹는데 젓가락을 사용해."라고 말했다.
해설 부사적 용법[목적]으로 쓰이는 것은 to부정사이다.
정답 (a) to eat

28
해석 직업을 선택하는 것과 관련해서, 당신의 선택은 결코 그렇게 쉽지는 않을 것이다.
해설 when it comes to Ⓡing : ~에 관한 한
정답 (b) to choosing

29
해석 이 문제는 시험에 나올 만한 문제다
해설 be likely to Ⓡ : ~할 것 같다.
정답 (a) to be

30
해석 독일 정부는 난민들의 거처 마련에 몰두하고 있다
해설 be committed to Ⓡing : Ⓡing하는데 몰두[전념]하다
정답 (b) to housing

31
해석 내가 하지 않았고 할 수 없었던 것들을 후회하며 시간을 낭비하고 싶지는 않다.
해설 waste+목적어+Ⓡing
정답 (b) regretting

32
해석 그녀는 열 번째 시도 끝에 운전면허시험에 간신히 통과했다.
해설 manage는 to부정사를 목적어로 갖는다.
정답 (a) to pass

33
해석 태어났을 때 Martha는 매우 창백했고 호흡 곤란이 있었다.
해설 have difficulties Ⓡing
정답 (b) breathing

34
해석 그녀는 남편 살해 기도를 부인하고 있다.
해설 deny는 동명사를 목적어로 갖는다.
정답 (a) attempting

35
해석 트라이앵글은 강철막대를 삼각형 모양으로 구부려서 제작되는 악기이다.
해설 전치사는 동명사를 목적어로 갖는다.
정답 (b) bending

36
해석 유니폼의 재질은 적절한 유니폼을 구입하도록 도와주는 또 하나의 중요한 결정요인이다.
해설 명사[factor]를 수식하는 to 부정사의 형용사적 용법이다.
정답 (b) to help

37
해석 한 집단의 구성원들은 생각의 일치라는 안전한 구역을 벗어나 자신의 의견을 전개시켜 나가는 것을 회피하려는 경향이 있다.
해설 ten는 to부정사를 목적어로 갖는다.
정답 (a) to avoid

38
해석 차가 고장이 난데다가 설상가상으로 비가 오기 시작했다.
해설 『to make matters worse: 설상가상으로』는 독립 부정사 표현이다.
정답 (a) to make

39
해석 오늘날 많은 어린이들이 건강을 위해 영양가 있는 간식을 선택해 먹습니다.
해설 choose는 to부정사를 목적어로 갖는다.
정답 (a) to eat

40
해석 노력했지만 그들은 상을 타지 못했다
해설 fail은 to부정사를 목적어로 갖는다.
정답 (a) to win

41
해석 오늘 아침 나는 오렌지 주스를 먹고 싶은 마음이 들었다. 나는 어제 내 룸메이트가 장을 보았기에 냉장고에 분명히 오렌지 주스가 있을 것이라는 것을 알았다.
해설 go ~ing : ~하러 가다 (오락, 연예, 운동, 쇼핑 등에 사용된다)
정답 (b) shopping

42
해석 운전자들은 미끄러운 길을 주의하라는 경고를 받았다.
해설 be warned to ⓡ
정답 (a) to beware

43
해석 그들은 우아하지만 독창적이지는 않은 건물들을 디자인하는 데 헌신할 것이며, 우리들은 그 건물 안에서 혼란을 느끼지 않을 것이다.
해설 devote[dedicate] oneself to ⓡing: ~에 몰두하다, 헌신하다
정답 (a) to designing

44
해석 요즘 외국어를 배우는 것은 매우 중요하다
해설 주어자리의 준동사는 동명사가 원칙이다.
정답 (b) Learning

45
해석 그에게 돈을 빌려 주는 것은 당신의 돈을 바닷물에 던져 버리는 일이 될 것이다.
해설 주어자리에 오는 준동사는 동명사가 우선 원칙을 갖게 되나, Being lent는 태가 어긋나므로 이 경우에는 To 부정사가 주어 자리에 온다.
정답 (b) To lend

46
해석 그 사실을 숨기려고 하거나 피하려 해도 소용없다
해설 It is no use ⓡing : ⓡ하는 것은 소용없다.
정답 (b) trying

47
해석 그런 결정을 하는 것은 그에게 분명 매우 힘든 일이었을 겁니다.
해설 가주어 진주어 용법이며, for him은 to부정사의 의미상 주어이다.
정답 (a) to make

48
해석 그녀는 어렸을 때 박세리 선수를 텔레비전에서 봤던 모습을 회상했다고 대회가 끝난 후 기자들에게 말했다.
해설 recall은 동명사를 목적어로 갖는 동사이다.
정답 (a) watching

49
해석 잠수사들이 물속에 깊게 잠수하려고 할 때, 그들은 공기로 폐를 가득 채운다.
해설 be about to ⓡ : 막 ~하려고 하다
정답 (a) to dive

50
해석 늦어서 죄송합니다. 오늘 아침에 차가 무지하게 막히더라고요.
해설 전치사는 동명사를 목적어로 갖는다.
정답 (b) being

51
해석 세계 많은 나라에서 크리스마스를 준비하느라 분주합니다.
해설 be busy ⓡing : ~하느라 바쁘다
정답 (a) preparing

52
해석 많은 사람들이 오랫동안 시도해왔으나 때로는 유령을 찾는 방법이 사람을 속이는 방법이 되어왔다.

해설 명사를 수식하는 것은 to 부정사이다.
정답 (a) to cheat

53
해석 몇몇 연구자들은 학교가 교실에서 실제 상황을 모의실험하기 위해서 교육자들에 의해 검증된 비디오 게임을 활용할 것을 제안한다.
해설 부사적 용법[목적]으로 쓰이는 것은 to부정사이다.
정답 (a) to simulate

54
해석 당신이 우유부단하고 그 점에 대해 어떤 조치를 취하려 한다면, 우유부단함이 반드시 무지하거나 사고가 느린 것 때문만은 아니라는 사실에 당장의 위안을 얻을 수 있다.
해설 plan은 to부정사를 목적어로 갖는다.
정답 (a) to do

55
해석 Charlie는 다음에 어떻게 하자고 제안하는가?
해설 suggest는 동명사를 목적어로 갖는다.
정답 (b) doing

56
해석 이 일을 완료하는 데 문제가 있을 걸로 보나요?
해설 have a problem Ⓡing :~하는데 어려움을 겪다
정답 (b) completing

57
해석 만델라는 수감 중의 많은 시간을 독서를 하면서 보냈다고 말했다.
해설 spend+목적어+Ⓡing
정답 (b) reading

58
해석 그녀는 그 손해에 대해 분명히 배상을 해 줄 작정이었다.
해설 배상을 한다는 것은 미래지향적 의미이므로, 한 시제 더 과거를 나타내는 완료시제는 올 수 없다.
정답 (a) to pay

59
해석 여성 교사들은 문제를 일으키는 학생들을 통제할 만큼 신체적으로 튼튼하지 않다.
해설 enough + to Ⓡ : ~할 만큼 충분히
정답 (b) to control

60
해석 혼자서 작업할 수 있는 수학자는 많지 않다. 그들은 자신이 하고 있는 것에 대해 말할 필요가 있다.
해설 need talking은 need to be talked의 의미가 되므로 need의 목적어로 to talk이 적합하다.
정답 (a) to talk

61
해석 자전거가 훨씬 더 소중하기 때문에 나는 전자제품이나 여분의 셔츠 없이 생활하는 것을 꺼리지 않는다.
해설 mind는 동명사를 목적어로 갖는 동사이다.
정답 (a) doing

62
해석 언제 마지막으로 낚시 갔나요?
해설 go ~ing: ~하러 가다
정답 (b) fishing

63
해석 Daniel은 다소 실망한 기색이었다.
해설 appear to Ⓡ : ~인 듯 하다
정답 (a) to be

64
해석 자동차 제조 회사들은 고객과의 관계를 만들어가기보다는 판매에만 집중했고, 차주는 교환 부품을 사지 않을 도리가 없기 때문에 부품에 높은 값을 매기는 것이 좋은 사업으로 여겨졌다.
해설 have no choice but to Ⓡ : ~하지 않을 수 없다.
정답 (b) to buy

65
해석 대통령은 개혁의 필요성을 인정하지 않으려 했다.
해설 refuse는 to부정사를 목적어로 갖는다.

정답 (a) to acknowledge

66
해석 자녀와 함께 시간을 보내고 스포츠 등의 여러 활동에 참여하도록 권장하십시오.
해설 encourage는 to 부정사를 목적보어로 갖는다.
정답 (a) to get

67
해석 Jack은 경찰에 자수하라는 권고를 받았다.
해설 be advised to Ⓡ
정답 (a) to surrender

68
해석 당신은 그 편지에 대한 회신을 더 이상 미룰 수는 없다.
해설 postpone은 동명사를 목적어로 갖는다.
정답 (b) answering

69
해석 젊은이들은 사회적인 명사와 만나기를 매우 좋아한다.
해설 명사[a passion]를 수식하는 to 부정사의 형용사적 용법이다.
정답

70
해석 내가 잠자리에 들기 전에 Benjamin에게 전화하라고 얘기 좀 해 줘.
해설 remind는 to 부정사를 목적보어로 갖는다.
정답 (a) to phone

71
해석 오늘날 우리는 집을 벗어나지 않고 모든 종류의 운동 경기를 즐길 수 있다.
해설 전치사는 동명사를 목적어로 갖는다.
정답 (b) leaving

72
해석 그 마을은 여러 가지 이유로 구경할 만한 가치가 있다.
해설 be worth Ⓡing

정답 (a) seeing

73
해석 숙제를 마쳐야 하는데도 쉬기 위해 TV를 좀 본다면, 당신의 마음을 해이해지도록 훈련하는 것이다.
해설 decide는 to부정사를 목적어로 갖는다.
정답 (b) to watch

74
해석 일반적으로 우리는 보다 짧은 시간에 보다 많은 활동을 짜 넣으려고 애쓰느라 너무나도 바쁘다.
해설 be busy Ⓡing: ~하느라 바쁘다.
정답 (a) trying

75
해석 그 여행자는 자신의 아래에 하나의 지도처럼 펼쳐진, 자신이 지나온 곳과 완전히 다른 시골을 보고 놀라워하고 기뻐했다.
해설 부사적 용법[감정의 원인]으로 쓰이는 것은 to부정사이다.
정답 (a) to behold

76
해석 셰익스피어의 필체는 읽기가 어렵다.
해설 형용사를 수식하는 (부사적 용법으로 쓰이는) 준동사는 to부정사이다.
정답 (a) to read

77
해석 이 정원에 들어오자마자 내가 처음 알아차린 것은 발목 높이의 풀이 울타리 반대편의 풀보다 더 푸르다는 것이다.
해설 전치사는 동명사를 목적어로 갖는다.
정답 (b) entering

78
해석 이 병에 걸린 양들은 정상적으로 걷는데 어려움을 겪을 수 있다.
해설 have trouble Ⓡing
정답 (b) walking

79
해석 기자들은 회견장으로의 입장이 불허되었다.
해설 be allowed to Ⓡ
정답 (a) to enter

80
해석 그들은 그가 치료를 받기 위해 군대를 떠나도록(제대하도록) 허락했어야 했다.
해설 allow는 to 부정사를 목적보어로 갖는다.
정답 (a) to leave

81
해석 충분한 수면을 취하고자 그는 일찍 잔다.
해설 부정사의 부사적 용법 중 목적(~하기 위하여)의 의미를 강조하기 위해 to 앞에 so as 혹은 in order를 붙인다.
정답 (a) so as

82
해석 그 세입자는 집에서 나가 달라고 요구를 받았으나 그러기를 거부했다.
해설 be asked to Ⓡ
정답 (a) to leave

83
해석 그 묘목은 조심해서 돌보아야 할 필요가 있다.
해설 require, want, need는 능동의 동명사 형태로 수동의 의미를 갖는다.
정답 (b) looking

84
해석 교양이란 자기와 자기 자신의 정신을 완성시키고자 노력하는 것을 의미하는 것이다.
해설 '~을 의미[뜻]하다'의 의미이므로 mean의 목적어로 동명사가 와야 한다.
정답 (b) trying

85
해석 부디 용서해 주세요. 일부러 그런 것은 아니었습니다.
해설 '~을 의도하다'의 의미이므로 mean의 목적어로 to부정사가 와야 한다.
정답 (a) to do

86
해석 두통이 있다면, 여러분의 이빨 사이에 연필을 물어보세요.
해설 연필을 한 번 물어본다는 의미이므로 동명사가 적절하다.
정답 (b) putting

87
해석 그 이후, 많은 광고회사에서 그를 고용하려 했지만 그는 모두 거절했다.
해설 그를 고용하려 애썼다는 의미이므로 to 부정사가 적절하다.
정답 (a) to hire

88
해석 나는 가구 배치가 마음에 들지 않아서, 탁자를 방의 반대편으로 옮겨 보았다.
해설 탁자를 한 번 옮겨 보았다는 의미이므로 동명사가 적절하다.
정답 (b) moving

89
해석 그들의 주의력이 흩어지는 것을 봤을 때, 나는 그들을 다시 집중시키기 위해 노력했다.
해설 집중시키기 위해 노력했다는 의미이므로 to 부정사가 적절하다.
정답 (a) to bring

90
해석 A : 이 복사기 작동되는 거 같지 않네.   B : 그럼 녹색 버튼을 눌러 봐.
해설 녹색 버튼을 한 번 눌러 보라는 의미이므로 동명사가 적절하다.
정답 (b) pressing

91
해석 Thomas는 여기 없어요. 집으로 전화를 해 보세요.
해설 집으로 전화를 한 번 해보라는 의미이므로 동명사가 적절하다.
정답 (b) phoning

92
해석 런던발 101기가 기상 악화 때문에 연착되었다는 것을 알려 드리게 되어 유감입니다.
해설 알리게 되어 유감이라는 의미이므로 to 부정사가 적절하다.
정답 (a) to say

93
해석 나는 그 돈을 쓴 것을 후회하고 있다. 나는 지금 Mary와 데이트할 돈이 없다.
해설 후회한다는 의미이므로 동명사가 적절하다.
정답 (a) having spent

94
해석 귀사의 납품 체제에 매우 실망했음을 말씀드리게 되어 유감으로 생각합니다.
해설 말하게 되어 유감이라는 의미이므로 to 부정사가 적절하다.
정답 (a) to advise you

95
해석 그는 전에 그것을 말했던 것을 몹시 후회했다.
해설 후회한다는 의미이므로 동명사가 적절하다.
정답 (b) having mentioned

96
해석 나는 파티에서 과식했던 걸 후회했다.
해설 후회한다는 의미이므로 동명사가 적절하다.
정답 (b) having eaten

97
해석 유감스럽게도 그 과정에 인원이 다 찼음을 알려 드립니다.
해설 알리게 되어 유감이라는 의미이므로 to 부정사가 적절하다.
정답 (a) to say

98
해석 누군가의 집에 들어갈 때는, 항상 신발 벗는 것을 잊으면 안 됩니다.
해설 신발 벗을 것을 기억하라는 의미이므로 to 부정사가 적절하다.
정답 (a) to remove

99
해석 나는 Omar Sharif를 보았던 기억이 난다. 그 당시 나는 그가 놀랍게 잘생겼다고 생각했다.
해설 (과거에) 본 것을 기억한다는 의미이므로 동명사가 적절하다.
정답 (b) seeing

100
해석 그녀는 그 남자를 지명수배 포스터에서 본 사실을 기억해내어 경찰에게 그가 유죄라는 사실을 입증할 귀중한 정보를 제공했다.
해설 (과거에) 본 것을 기억했다는 의미이므로 동명사가 적절하다.
정답 (b) seeing

101
해석 떠나기 전에 쓰레기통 비우는 걸 잊지 말아야 한다.
해설 비워야 할 것을 기억해야 한다는 의미이므로 to 부정사가 적절하다.
정답 (a) to empty

102
해석 이런! 신분증을 깜박 잊었는데. 괜찮지요?
해설 가지고 올 것을 잊었다는 의미이므로 to 부정사가 적절하다.
정답 (a) to bring

103
해석 나는 처음으로 그녀를 보았던 것을 결코 잊지 못할 것이다. 그녀는 정말 아름다웠다.
해설 (과거에) 본 것을 잊지 못할 것이라는 의미이므로 동명사가 적절하다.
정답 (b) seeing

104
- 해석: Sam은 핸드폰 가져가는 것을 깜박해서 지금 연락이 되지 않는다.
- 해설: 휴대폰 가져가는 것을 잊었다는 의미이므로 to 부정사가 적절하다.
- 정답: (a) to take

105
- 해석: 나는 그 해에 공개적으로 모욕당한 것을 잊지 않고 있다.
- 해설: (과거에) 모욕당한 것을 잊지 않고 있다는 의미이므로 동명사가 적절하다.
- 정답: (b) being

106
- 해석: 집에 오는 길에, 나는 고기를 사기 위하여 (가던 길을) 멈췄다.
- 해설: 고기를 사기 위하여 (가던 길을) 멈췄다는 의미이므로 to 부정사가 적절하다.
- 정답: (a) to buy

107
- 해석: 그는 너무 늦기 전에 술을 끊었어야 했다.
- 해설: 술 마시는 것을 그만두었다는 의미이므로 동명사가 적절하다.
- 정답: (b) drinking

108
- 해석: Tom은 길을 걷다가, 그의 전 여자 친구를 우연히 만났다. 그는 그녀에게 말을 걸기 위해서 (가던 길을) 멈췄다.
- 해설: 말을 하기 위해서 (가던 길을) 멈췄다는 의미이므로 to 부정사가 적절하다.
- 정답: (a) to talk

109
- 해석: 선생님이 교실에 들어오셨을 때, 학생들은 말하는 것을 멈추었다. 교실은 조용해졌다.
- 해설: 말하는 것을 멈추었다는 의미이므로 동명사가 적절하다.
- 정답: (b) talking

05 부정사 / 동명사

기출문제 및 실전문제

01
- 어휘: ballet company n. 발레단 dance troupe n. 무용단 ballet studio n. 발레 연습장
- 해석: 발레단의 가장 오래된 멤버인 Danny와 Leah는 30년 넘게 무용단과 함께 하고 있다. 그들은 현재 자신들의 발레 연습실을 운영하기 위해 은퇴를 고려하고 있다.
- 해설: consider는 동명사를 목적어로 갖는다.
- 정답: (d) retiring

02
- 어휘: move up through the ranks : 낮은 지위를 거쳐 승진하다 responsible a. 책임감 있는; (~을) 책임지고[책임 맡고] 있는 hardworking a. 근면한, 부지런히 일하는
- 해석: William은 처음 Zenith Corporation에서 평사원으로 일한 이후로 여러 직위를 거치며 승진해왔다. 그는 아주 책임감 있고 열심히 일해 왔었기 때문에 그의 사장은 지체하지 않고 그를 승진시켰다.
- 해설: delay는 동명사를 목적어로 갖는다.
- 정답: (d) promoting

03
- 어휘: moved a. 감동한, 감동받은 touched a. 감동한, 감동받은 personalized a. 개인이 원하는 대로 할 수 있는
- 해석: 엄마는 우리가 엄마를 위해 만들어 드린 생일 카드를 받고 나서 매우 감동을 받았다. 엄마는 우리가 상점에서 그냥 카드를 사는 대신에 손수 카드를 만들기로 결정한 것에 대해 감동을 받았던 것이다.
- 해설: decide는 to 부정사를 목적어로 갖는다.
- 정답: (d) to make

04
- 어휘: retrace v. (사람의 행적을) 추적하다; (왔던 길을) 되짚어 가다; (과거에 남이 갔던 길대로) 발자취를 따라가다 lead to : ~로 이어지다 theft n. 절도 rare a. 진귀한[희귀한]; (고기를) 살짝 익힌 painting n. 그림; 페

인트칠하기 art curator n. 미술 큐레이터(박물관·미술관 등의 전시 책임자)

해석 경찰은 국립박물관에 있던 희귀한 그림 한 점의 절도와 연관된 사건들을 추적하기 위해 노력 중이다. 그 사건을 해결하기 위해 미술 큐레이터를 인터뷰하는 것이 경찰이 한 첫 번째 일이었다.

해설 주어자리의 준동사는 동명사가 원칙이다.

정답 (a) Interviewing

05

어휘 student council n. 학생회 closed-door a. 비공개[비밀]의 university president n. 대학총장 tuition fee 수업료 cannot afford : ~할 형편이 안 된다

해석 학생회 멤버들이 현재 대학 총장과 비공개 만남을 갖고 있다. 많은 학생들이 수업료 인상을 감당할 수 없기 때문에, 수업료 인상제안을 거부해 달라고 그를 설득하고 있는 중이다.

해설 persuade는 to 부정사를 목적보어로 갖는다.

정답 (a) to reject

06

어휘 alcoholic beverage 알코올음료 undergo vt. (특히 변화·안 좋은 일 등을) 겪다[받다] fermentation n. 발효 liquor n. 주류, 술; 독한 술, 독주 malt n. (양조용) 맥아, 엿기름, 몰트 vt. (술을) 맥아로 빚다; [보리를] 맥아로 하다 barley n. 보리

해석 모든 알코올음료처럼 맥주 또한 제조상 발효 과정을 겪는다. 그러나 그것은 보리를 맥아로 바꾸는 과정 즉 몰팅을 필요로 하는 흔하지 않은 주류의 일종이다.

해설 require, want, need는 능동의 동명사 형태로 수동의 의미를 갖는다.

정답 (c) malting

07

어휘 exchanges letters with : ~와 편지를 주고받다 appreciate v. 고마워하다; 환영하다; 진가를 알아보다[인정하다]; (제대로) 인식하다

해석 Sue는 죽마고우인 Dawn과 편지를 주고받는다. 비록 그들은 인터넷으로 이메일을 보낼 수 있지만, 둘 모두 서로에게서 손으로 쓴 편지를 받는 것을 반가워한다.

해설 appreciate는 동명사를 목적어로 갖는다.

정답 (c) receiving

08

어휘 gravitational pull n. 중력(重力) gratified a. 만족하는, 기뻐하는 tireless a. 지칠 줄 모르는 specialized a. 전문화된

해석 McGregor 박사는 달이 지구에 미치는 중력에 대한 분석 작업 덕분에 과학상을 수상했다. 그는 고도로 전문화된 분야에서 자신의 부단한 노력을 인정해주는 것에 대해 몹시 기뻐했다.

해설 to 부정사가 감정을 나타내는 형용사[gratified] 뒤에서 부사적 용법[감정의 원인]으로 쓰인 경우이다.

정답 (b) to receive

09

어휘 grand a. 성대한, 웅장한 gown n. (특히 특별한 경우에 입는 여성의) 드레스

해석 Julia는 18살이 될 때 성대한 파티를 하기를 바란다. 우아한 드레스를 입고 공주처럼 아름답게 춤추면서 자신의 18번 째 생일을 축하하는 것이 늘 그녀의 소망이었다.

해설 진주어 자리에는 to 부정사가 온다.

정답 (a) to celebrate

10

해석 Celine은 프로젝트를 준비하느라 12시간을 내리 일하고 나서 잠에 빠졌다. 그러나 그녀의 파트너인 Julia는 밤새 계속 일을 해서 그 다음날 오전 7시까지 그 일을 끝낼 수 있었다.

해설 continue는 동명사를 목적어로 갖는다.

정답 (c) working

11

어휘 muddy a. 진창인, 진흙투성이인 soil vt. 더럽히다 n. 토양, 흙 polished a. (잘 닦아서) 윤[광]이 나는; (기교 등이) 세련된[우아한]

해석 동생과 나는 진흙투성이인 운동장에서 축구를 하고서 몸이 정말로 더러워졌다. 집에 들어가니, 어머니께서 새로 윤이 나게 닦은 바닥이 더럽혀지지 않도록 우리에게 신발을 벗으라고 하셨다.

해설 부정사의 부사적 용법 중 목적의 의미를 보다 확실히 하기 위해서, 앞에 in order나 so as를 삽입하기도 한다.

정답 (b) so as

12

어휘 circle vt. 선회하다, 일주하다; 에워싸다 n. 원형; 동그라미; (관심·직업 등으로 연결된 사람들의) ~계[사회]   hot air balloon n. 열기구   involve vt. (중요 요소로·필연적으로) 수반[포함]하다; ~을 의미하다   extremely ad. 극도로, 극히   altitude n. 고도

해설 열기구를 타고 지구를 처음으로 일주한 때는 1999년이었다. 그 일은 극도로 뜨겁거나 추운 고도의 지역을 거의 20일 가량 비행 하는 것을 포함했기 때문에 너무나 위험한 일이었다.

해설 involve는 동명사를 목적어로 갖는다.

정답 (d) flying

13

어휘 grain n. 곡물

해설 보고에 따르면, 이미 70%나 인상된 쌀 가격이 계속해서 오를 전망이라고 한다. 그러한 이유로, 많은 아시아 국가들은 쌀 재배를 더욱 저렴하게 할 수 있는 방법을 개발하려고 노력하고 있다.

해설 더욱 저렴하게 할 수 있는 방법을 개발하려고 노력하고 있다는 의미이므로 'try+to 부정사'가 적절하다.

정답 (d) to develop

14

어휘 follow in one's footsteps : ~의 선례를 따르다   decline v. (정중히) 거절하다; 줄어들다 n. 감소[하락]   nonetheless ad. 그럼에도 불구하고   flight steward n. 비행기 승무원

해설 아버지는 나에게 자신의 선례를 따라 변호사가 되기를 원하신다. 그러나 나는 아버지의 바람을 따르지 않았다. 그럼에도 내가 아버지에게 여행이 좋아서 비행기 승무원이 되고 싶다고 말씀 드리자 그것을 이해해 주셨다.

해설 enjoy는 동명사를 목적어로 갖는다.

정답 (d) traveling

15

어휘 hang out : 어울리다, 놀다; [~에서] 많은 시간을 보내다   research paper n. 연구 논문, (학생의)학기말 리포트

해설 Lucy는 가장 좋아하는 식당에서 함께 어울리자는 친구들의 초대를 거절했다. 그녀는 아직도 써야할 연구 논문이 있다 그래서 수업이 끝나면 연구 논문을 쓰기 위해 곧바로 도서관에 갈 예정이다.

해설 명사 a research paper를 수식하는 to 부정사의 형용사적 용법이다.

정답 (c) to write

16

어휘 weed v. 잡초를 뽑다 n. 잡초   grocery store n. 식료품점

해설 나는 우리가 컴퓨터 게임을 하느라 너무 많은 시간을 보낸 것 같아. 엄마가 나가신 지 한 시간이 되었는데. 엄마가 식료품점에서 오시기 전에 정원의 잡초를 뽑는 게 좋을 것 같아.

해설 finish는 동명사를 목적어로 갖는다.

정답 (c) weeding

17

어휘 miss v. 그리워하다; 놓치다[빗나가다]

해설 나는 가장 친한 친구인 Jessica가 보고 싶을 것이다. 그녀는 올 가을에 미국에서 공부할 예정이고 일 년 이상 체류할 것이다. 그래서 그녀에게 도착하자마자 이메일을 보내라고 말했다.

해설 tell은 to 부정사를 목적보어로 갖는다.
완료부정사(to have sent)는 부정사의 시제가 본동사보다 앞설 때 사용하므로 적절치 않다.

정답 (a) to send

18

어휘 cope with : ~에 대처하다   recommend v. (행동 방침 등을) 권고[권장]하다[권하다]   otherwise ad. (만약) 그렇지 않으면[않았다면]   embarrassing a. 난처한, 당혹스러운

해설 Tom은 항상 모든 일에서, 심지어 나쁜 상황에서도 유머를 찾는 것 같다. 그것이 그가 인생의 힘든 일들에 대처하는 방식이다. 그는 여차하면 당혹스러울 수도 있는 상황에서도 웃으라고 권한다.

해설 recommend는 동명사를 목적어로 갖는다.

정답 (a) laughing

19

어휘 sociology n. 사회학   outspoken a. (남의 기분에 신경

쓰지 않고) 노골적으로[거침없이] 말하는 mix A with B : A와 B를 섞다 learned a. 학식이 있는, 박식한, 박학한

해설 우리 사회학 교수는 사실에 자신의 의견을 섞는 것을 좋아하는 아주 거침없이 말하는 분이다. 나는 교수님을 학식이 있는 사람으로서는 존경하지만, 그가 내리는 많은 결론에는 동의할 수 없을 것 같다.

해설 seem은 to 부정사를 주격보어로 갖는다.

정답 (a) to agree

20

어휘 close a deal with : ~와의 거래, 협상을 매듭짓다 venture n. 모험적 행위[시도]; 모험적 사업, 투기적 기업 revenue n. 수익; 세입

해설 미스터 쿡은 오늘 항공사와의 중요한 사업계약을 마무리하기 위해 비행기 편으로 필리핀을 갈 것이다. 그것은 회사의 수익을 두 배로 늘려주는 것을 의미할 수 있기 때문에 아주 중요한 벤처 계약이다.

해설 mean은 '~을 의미하다'의 의미를 갖는 경우 동명사를 목적어로 갖는다.

정답 (d) doubling

21

어휘 lizard n. 도마뱀 molt[=moult] v. (새나 동물이) 털갈이를 하다, 허물 벗다; (동물이) 뿔을 갈다 shed off : (표피·허물·뿔 따위)를 벗다 cf] shed v. [눈물·피 등을] 흘리다; [잎·털·깃·피부·껍질·뿔 등을] (자연히) 떨어뜨리다 n. 헛간, 광; (고어) 오두막집 shell n. (달걀·견과류 등의 딱딱한) 껍데기[껍질] growth n. 성장; 자란 것 (껍질·수염·손톱·발톱 등)

해설 탈피, 즉 자신의 허물을 벗는 것이 뱀과 도마뱀뿐만이 아니라는 것을 알고 있었는가? 심지어 게와 바다가재도 (기존의) 껍질을 새로 자란 것[껍질]과 바꾸기 위해서 탈피의 과정을 겪는다.

해설 undergo는 동명사를 목적어로 갖는다.

정답 (b) molting

22

해설 Harris씨는 35년 간 BestGard Corporation을 위해 일해오고 있다. 그는 수석회계사로 승진되기 이전 사원으로 출발했다. 그는 내년에 60세가 되면 은퇴할 계획이다.

해설 plan은 to 부정사를 목적어로 갖는다.

정답 (c) to retire

23

어휘 stay physically fit : 건강을 유지하다[지키다] gym n. 체육관 tire vi. 지치다, 피로해지다; 지치게 하다, 피로하게 하다

해설 신체적 건강 유지를 위해, Alex는 정기적으로 체육관에 나가서 여러 가지 스포츠 활동에 참여한다. 또한 담배도 끊었는데, 흡연이야말로 신체적 활동 중에 그를 쉽게 피로하게 만들었던 습관이었다.

해설 also를 통해 앞서 언급한 내용처럼 건강에 좋은 행동을 했음을 알 수 있다. 『stop ~ing = ~하는 것을 그만두다』이므로 stopped smoking[금연했다]가 문맥에 적합하다.

정답 (b) smoking

24

어휘 steppe n. (특히 유럽 동남부·시베리아의) 스텝 지대(나무가 없는, 특히 시베리아의 대초원)

해설 Levi는 여행을 가려고 돈을 모으고 있다. 그는 세계적으로 유명한 몽골의 대초원에 관한 글을 읽고 난 이후 줄곧 몽골에 가고 싶었다. 그는 내년에 자신의 눈으로 직접 그 대초원을 보게 될 것이다.

해설 want는 to 부정사를 목적어로 갖는다.

정답 (b) to visit

25

어휘 overtime n. 초과[시간 외] 근무, 잔업, 야근 render v. (특히 공식적으로) 제시[제출]하다; (어떤 상태가 되게) 만들다[하다]; (특히 어떤 것에 대한 대가로 또는 기대에 따라) 주다[제공하다] paycheck n. 급료 (지불수표) tolerate vt. 용인하다; (불쾌한 일 등을) 참다 cheat v. 속이다, 사기 치다; (시험·경기 등에서) 부정행위를 하다[속임수를 쓰다]

해설 Anna는 우리에게 우리가 실제로 일한 시간보다 더 많은 시간외 근무시간을 보고하라고 말했다. 그런 식으로 한다면, 우리의 급료는 더 많아질 것이다. 그러나 나는 속임수를 참을 수 없기 때문에, 그녀의 권고를 따르기를 거절했다.

해설 tolerate는 동명사를 목적어로 갖는다.

정답 (a) cheating

26
어휘 unfortunate a. 운이 없는[나쁜], 불운한, 불행한 talented a. 재능[재주]이 있는 filmmaker n. 영화 제작자; 영화사 directorial a. 영화감독의 cf.] directorial debut : 감독 데뷔작

해석 Dream Films[Dream 영화사]의 재능은 있지만 경험이 부족한 많은 영화제작자들이 지휘[감독]할 수 있는 더 많은 프로젝트들을 맡지 못하고 있다는 것은 불행한 일이다. 불과 소수만이 그들만의 영화를 만들 수 있는 기회를 얻기 때문에, 많은 영화제작자들이 그 회사를 떠나고 있다.

해설 명사 the chance를 수식하는 to 부정사의 형용사적 용법이다.

정답 (c) to make

27
어휘 ingredient n. (특히 요리 등의) 재료[성분] salami n. 살라미 소시지(크기가 아주 커서 얇게 잘라 먹음)

해석 Albert는 슈퍼마켓으로 출발했다. 그에게 고기와 채소를 사오라고 말했지만, 샐러드에 들어갈 재료에 대해서 말하는 것을 잊었다. 약간의 치즈와 살라미 소시지도 사오라고 말했어야 했는데.

해설 mention은 동명사를 목적어로 갖는다.

정답 (a) getting

28
어휘 warm-blooded animal n. 온혈 동물 cold-blooded animal n. 냉혈 동물 python n. 비단뱀

해석 온혈 동물은 생존에 필요한 열을 먹이가 제공하기 때문에 끊임없이 먹어야 할 필요가 있다. 하지만 비단뱀과 같은 냉혈 동물은 먹지 않고도 일 년을 지낼 수 있다. 그들은 먹이를 이용해서 체열을 만들지 않기 때문이다.

해설 전치사 without의 목적어이므로 동명사 eating이 적절하다.

정답 (b) eating

29
어휘 decade n. 10년 contribute a party : 파티를 열어 주다 contribute v. 기여하다, 이바지하다; 기고하다; [돈 따위]를 기부하다, 주다

해석 우리 사무실의 비서인 Eve양은 회사에 다닌 지 지금 거의 십 년째다. 전 직원이 다음 달에 그녀의 10주년을 축하해 주기 위해 기꺼이 파티를 열어주고자 한다.

해설 be willing to ⓡ : 기꺼이[흔쾌히] ~하다

정답 (a) to contribute

30
어휘 enthusiast n. 열광적인 팬; 열렬한 지지자 engage in : ~에 관여[참여]하다 exhilarating a. 아주 신나는[즐거운]

해석 새[조류] 관찰은 영국에서 매우 인기 있는 취미이다. 보도에 따르면 영국에서 3백만 명이나 되는 조류 관찰 광(狂)들이 이 활동에 참여하고 있다고 한다. 그들에게 조류 관찰은 아주 즐거운 일일 수 있다

해설 주어자리의 준동사는 동명사가 원칙이다.

정답 (c) watching

31
해석 Henry는 올해 대학 농구 팀에서 뛸 수 없다. 작년 결승전 시합의 한 경기 중에 다리가 부러진 후에 의사가 팀을 그만두라고 조언했기 때문이다.

해설 advise는 목적격 보어로 to 부정사를 갖는다.

정답 (d) to quit

Appendix.
불규칙 동사 변화표

불규칙 동사 변화표

① '과거형, 과거분사형'이 같고 끝이 '-d'로 끝나는 것. [A B B]형

원형	과거형	과거분사형
have, has (가지고 있다)	had	had
flee (도망치다)	fled	fled
hear (듣다)	heard	heard
hold (붙들다; 유지하다; 개최하다)	held	held
lay (눕히다, 놓다)	laid	laid
lead (이끌다)	led	led
make (만들다)	made	made
pay (지불하다)	paid	paid
say (말하다)	said	said
sell (팔다)	sold	sold
tell (말하다; 구별하다)	told	told

② '과거형, 과거분사형'이 같고 끝이 '-t'로 끝나는 것. [A B B]형

원형	과거형	과거분사형
bend (굽히다, 구부리다)	bent	bent
bless (축복하다)	blessed/blest	blessed/blest
bring (가져오다)	brought	brought
build (건축하다, 세우다)	built	built
burn (타다, 태우다)	burned/burnt	burned/burnt
buy (사다)	bought	bought
catch (잡다)	caught	caught
creep (기다)	crept	crept
deal (다루다)	dealt	dealt
dream (꿈꾸다)	dreamed/dreamt	dreamed/dreamt
dwell (거주하다, 살다)	dwelled/dwelt	dwelled/dwelt
feel (느끼다)	felt	felt
keep (유지하다; 지키다)	kept	kept
kneel (무릎 꿇다)	knelt	knelt
learn (배우다)	learned/learnt	learned/learnt

원형	과거형	과거분사형
leave (떠나다; 남기다)	left	left
lend (빌려주다)	lent	lent
rend (박살내다; 찢다[떼다])	rent	rent
rent* (임차[임대]하다)	rented	rented
mean (의미하다)	meant	meant
seek (찾다, 추구하다)	sought	sought
send (보내다)	sent	sent
sleep (잠자다)	slept	slept
smell (냄새 맡다; 냄새가 나다)	smelled/smelt	smelled/smelt
spend (소비하다)	spent	spent
spill (엎지르다)	spilt/spilled	spilt/spilled
spoil (망치다)	spoilt/spoiled	spoilt/spoiled
sweep (청소하다; 휩쓸다)	swept	swept
teach (가르치다)	taught	taught
think (생각하다)	thought	thought
weep (울다)	wept	wept
work (세공하다)	wrought	wrought
work* (일하다)	worked	worked

③ '과거'에 '-ed'를 붙이고, '과거분사'에 '-n'또는 '-en'을 붙이는 것. [A B C]형

원형	과거형	과거분사형
saw (톱질하다)	sawed	sawn/sawed
sew (바느질하다)	sewed	sewn/sewed
sow (씨 뿌리다)	sowed	sown/sowed
show (보여주다)	showed	shown/showed
swell (부풀다)	swelled	swollen/swelled
tread (발을 디디다; 밟다)	trod	trodden/trod

④ '원형, 과거형, 과거분사형'이 모두 같은 것. [A A A]형. 보통 모두 '-t'또는 '-d'로 끝난다.

원형	과거형	과거분사형
beat (치다; 이기다)	beat	beaten
bet (내기 걸다; 장담하다)	bet/betted	bet/betted

원형	과거형	과거분사형
burst (터지다, 폭발하다)	burst	burst
cast (던지다)	cast	cast
cost (비용이 들다)	cost	cost
cut (자르다)	cut	cut
hit (치다, 때리다)	hit	hit
hurt (아프다, 다치게 하다)	hurt	hurt
let (허락하다; 세놓다)	let	let
put (놓다)	put	put
read (읽다)	read	read
rid (제거하다)	rid	rid
set (놓다, 배치하다)	set	set
shed ((피, 눈물 등을) 흘리다)	shed	shed
shut (닫다)	shut	shut
split (쪼개다, 나누다; 쪼개지다)	split	split
spread (확산되다, 퍼지다)	spread	spread
thrust (밀다, 찌르다)	thrust	thrust

⑤ '과거형'과 '과거분사형'이 같고, 모음만 변하는 것. [A B B]형

원형	과거형	과거분사형
bind (묶다)	bound	bound
*bound (껑충껑충 달리다/ 경계를 이루다)	bounded	bounded
bleed (피 흘리다)	bled	bled
breed (새끼를 낳다; 야기하다)	bred	bred
cling (착 들러붙다; 매달리다)	clung	clung
dig (파다)	dug	dug
feed (먹이를 주다; 먹이를 먹다)	fed	fed
fight (싸우다)	fought	fought
find (발견하다; 알다)	found	found
*found (설립하다, 세우다)	founded	founded
*founder ((배가) 침몰하다)	foundered	foundered
fling (내던지다; 내팽개치다)	flung	flung
get (얻다)	got	got/gotten
grind (갈다; 빻다; 찧다)	ground/grinded	ground/grinded

*ground (근거를 두다; 땅위에 놓다)	grounded	grounded
hang (걸다)	hung	hung
hang* (교수형에 처하다)	hanged/hung	hanged/hung
light (켜지다; 불을 붙이다)	lit/lighted	lit/lighted
lose (잃다; 지다)	lost	lost
meet (만나다)	met	met
ride (타다; 타고 가다)	rode	ridden
shine (빛나다)	shone	shone
shine* (구두 등)을 닦다	shined	shined
shoot (쏘다; 촬영하다)	shot	shot
sit (앉다)	sat	sat
*seat (앉히다)	seated	seated
slide (미끄러지다)	slid	slid/slidden
spin (실을 잣다, 돌리다)	spun	spun
spit (침을 뱉다)	spat	spat
stick (찌르다; 내밀다)	stuck	stuck
sting (찌르다; 침 따위로 쏘다)	stung	stung
stink (악취를 풍기다)	stank	stunk
strike (치다, 충돌하다, 생각나다)	struck	struck/stricken
swear (맹세하다)	swore	sworn
swing (흔들다; 흔들리다)	swung	swung
wake (깨우다; 깨어나다)	woke/waked	woken/waked
wear (착용하다, 닳아 떨어지다)	wore	worn
win (이기다; 이겨서 획득하다)	won	won
wind (구불구불하다; 감다[돌리다])	wound	wound
wound* (상처를 입히다)	wounded	wounded

⑥ '과거형'만 모음이 변화하고, '원형'과 '과거분사형'이 같은 것. [A B A]

원형	과거형	과거분사형
come (오다)	came	come
run (달리다; 경영하다)	ran	run

⑦ '원형, 과거형, 과거분사형'이 각각 '다른 모음'을 가지는 것. [A B C]

원형	과거형	과거분사형
begin (시작하다)	began	begun
drink (마시다)	drank	drunk/drunken
forsake (저버리다, 버리다)	forsook	forsaken
ring (울리다)	rang	rung
sing (노래하다)	sang	sung
sink (가라앉다)	sank	sunk/sunken
spring (튀다, 튀어 오르다)	sprang	sprung
swim (수영하다)	swam	swum
weave (짜다, 엮다)	wove	woven

⑧ '모음의 변화'가 있고, '과거분사'가 '-n'으로 끝나는 것. [A B C]형

원형	과거형	과거분사형
be (am, are, is) (~이다; 있다)	was, were	been
bear (낳다; 견디다; 열매를 맺다)	bore	born/borne
beat (치다; 이기다)	beat	beaten/beat
bid (명령하다)	bade	bidden
bid* (입찰하다)	bid	bid
bite (물다)	bit	bitten/bit
blow ((바람이) 불다)	blew	blown
break (깨뜨리다, 부수다)	broke	broken
choose (고르다, 선택하다)	chose	chosen
do (하다)	did	done
draw (당기다; 그리다)	drew	drawn
drive (몰다; 운전하다)	drove	driven
eat (먹다)	ate	eaten
fall (떨어지다)	fell	fallen
*fell(넘어뜨리다)	felled	felled
fly (날다)	flew/flied	flew/flied
*flow (흐르다)	flowed	flowed
forbid (금지하다)	forbade	forbidden

forget (잊다)	forgot	forgotten/forgot
freeze (얼다; 얼리다)	froze	frozen
give (주다)	gave	given
go (가다)	went	gone
grow (자라다; 기르다)	grew	grown
hide (숨다)	hid	hidden/hid
know (알다)	knew	known
lie (눕다)	lay	lain
lie* (거짓말하다)	lied	lied
*die (죽다)	died	died
*dye (염색하다)	dyed	dyed
rise (오르다, 올라가다)	rose	risen
*raise(올리다)	raised	raised
see (보다)	saw	seen
*saw(톱으로 자르다)	sawed	sawed/sawn
shake (흔들다)	shook	shaken
shrink (줄다, 줄어들다)	shrank/shrunk	shrunk/shrunken
slay (죽이다, 살해하다)	slew	slain
smite (세게 치다, 강타하다)	smote	smitten/smit/smote
speak (말하다)	spoke	spoken
steal (훔치다)	stole	stolen
take (잡다; 가지고 가다)	took	taken
tear (찢다; 뜯다)	tore	torn
thrive (번성[번창]하다)	thrived/throve	thrived/throven
throw (던지다)	threw	thrown
write (쓰다, 기록하다)	wrote	written

⑨ '접두사'가 붙는 동사는 원래의 '동사의 활용'에 준하며 그 동사와 똑같이 활용시킨다.

원형	과거형	과거분사형
come (오다)	came	come
become (되다)	became	become
get (얻다)	got	gotten
forget (잊다)	forgot	forgotten

give (주다)	gave	given
forgive (용서하다)	forgave	forgiven
ride (타다; 타고 가다)	rode	ridden
override (~보다 더 중요하다; 기각[무시]하다)	overrode	overridden
rise (오르다, 올라가다)	rose	risen
arise (일어나다, 발생하다)	arose	arisen
stand (일어서다, 서다)	stood	stood
understand (이해하다)	understood	understood
take (잡다; 가지고 가다)	took	taken
mistake (실수하다)	mistook	mistaken
wake (깨우다; 깨어나다)	woke/waked	woken/waked
awake (깨우다; 깨어나다)	awoke/awaked	awoken/awaked
*welcome (환영하다)	welcomed	welcomed
*broadcast (방송하다)	broadcasted/broadcast	broadcasted/broadcast